D1744264

四方田犬彦

モロッコ流《る》謫《たく》

新潮社

モロッコ流《る》謫《たく》　目次

MAROC

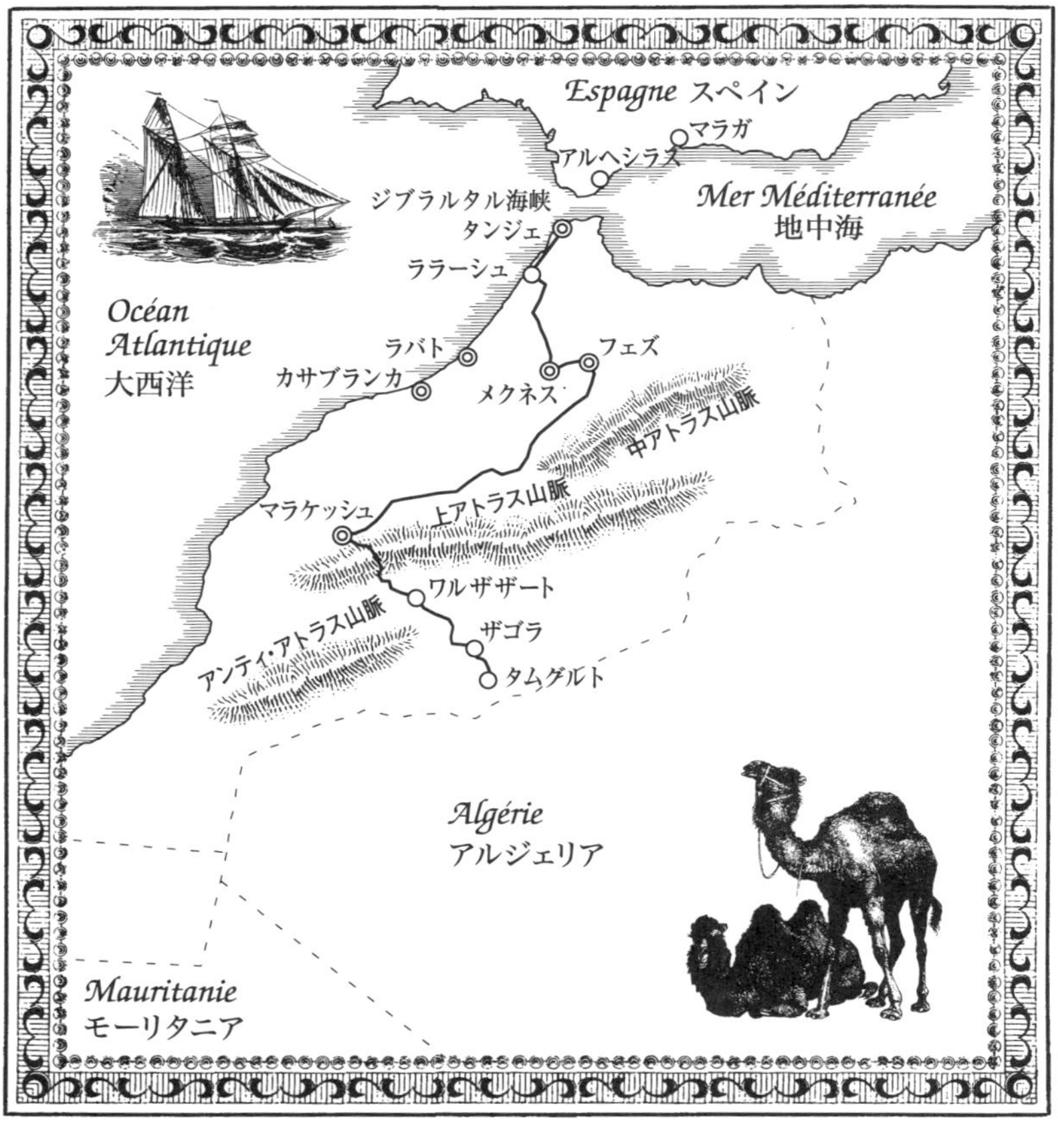
Espagne スペイン
マラガ
アルヘシラス
ジブラルタル海峡
タンジェ
Mer Méditerranée
地中海
ララーシュ
Océan
Atlantique
大西洋
ラバト
カサブランカ
フェズ
メクネス
中アトラス山脈
上アトラス山脈
マラケッシュ
ワルザザート
ザゴラ
アンティ・アトラス山脈
タムグルト
Algérie
アルジェリア
Mauritanie
モーリタニア

モロッコ流《る》謫《たく》

ひとりの同行者もなく
キャラバンの群に加わるのでもなく、
あたかも巣離れの小鳥のごとく……

イブン・バットゥータ
『三大陸周遊記』

プロローグ

マドリッドを発った飛行機は、雲を突き抜けてしばらくすると、ゆっくりとした運行に入る。窓からは白い雲のあいだに、ちらちらと赤茶色の山並みが見える。握られた拳のようなイベリア半島の一番南、比喩を用いるならば小指の根元にあたるリバル山地のうえを、機は横切ろうとしている。

機内にはほとんど客らしい姿が見えない。冬のさなかに、しかもラマダンの期間中にモロッコに旅行をする観光客などいない。ヨーロッパに出稼ぎに行っていた者たちが里帰りをする季節は、とうにすぎてしまった。機内アナウンスがスペイン語で、もうすぐタンヘルに到着いたしますと告げる。続いてアラビア語で。あの前につんのめりそうな、いくつもの子音の重なった言語で、おそらく同じことを語っているのだろう。わたしに聞き取れるのは、最後に付けられた「ショクラム」、ありがとうという言葉だけだ。

にわかに機体の揺れぐあいが激しくなる。靄《もや》のような雲が完全に切れた瞬間に、窓の向こうに青い海が展がる。地中海だ。手前には緩やかに曲がる海岸線が見え、白い砂浜のようすが、微かではあるがわかる。もっとも波のようすまではわからず、すべては精密に拵えられた美しい地形図のようだ。音声というものがいっさい遮断されているせいか、すべてが非現実的に思われてくる。小さな瘤のように控えている邑《まち》はアルヘシラスだろうか。よくわからないままに、すべては過ぎてゆく。飛行機は滑るようにして、海の上に躍り出てしまう。

向こう岸は見えない。しばらくは穏やかな海だけが続く。操業中の船が、青い砂糖菓子に振りかけられたアラザンの銀色の玉のように、眼下の圧倒的な色の展がりのなかに浮かんでいる。午後の陽光を受けて、海はときに鈍く照り輝く。光の過剰がときとして眩暈の昏さを招き寄せてしまうのだ。

機体は急に傾いて、降下の姿勢に入る。海を行き来する船の姿がしだいに大きくなり、白い波のうねりがはっきりと肉眼でわかるようになる。対岸が見える。白い家々の粒のような連なりが見え、断崖と椰子の樹が見える。いよいよタンジェに到着するのだ。そう思うと、心はつねに躍り弾む。地中海と大西洋を分かつジブラルタル海峡の通過は、わずか五分ほどで終了した。ここはその昔、ヘラクレスの柱と呼ばれ、ギリシャ神話の時代から世界を分かつ境界と信じられて来たところである。マドリッドを発ったのが一時三十分。スペインとモロッコの間には一時間の時差があるから、腕時計を一時間戻すと、奇妙なことに空港到着時刻が出発時刻より五分前の、一時二十五分になってしまう。時差はいつごろ設けられたものだろうか。スペインがタンジェを共同統治していた時代には、おそらく存在していなかったはずだ。それはムハンマド五世のモロッコが一九五六年に、フランスの保護領としての身分から完全に独立したあとに、ヨーロッパの旧世界からあえて身を引き離そうとして考案された制度であるようにも思われる。

わたしは口のなかで、習い覚えたばかりのモロッコ方言のアラビア語を復唱する。

メン・フォドゥレック・スマハ・リ。

カ・トゥクレム・イングレーシ。

ラ・イクリック・トゥクレム・ブシュヴィヤ。

わたしにこれを教えてくれたのは、ハディージャである。日本語にすれば、「すみませんが」「英語、話せますか」「もう少しゆっくり話して下さい」くらいの意味となる。ハディージャ。その長く黒い髪とくすぐったげな潤みを帯びた眼差し、額に強く描かれた眉を、わたしは思い出す。ボローニャで知りあったその年の夏、わたしはほとんど二日に一度の割りで彼女と会っていた。いや会っていたという表現は、なんだか過度に大人びた感じがして、適当でないのかもしれない。わたしたちはまるで二匹の子犬のように、言葉を通してじゃれあっていた。

ハディージャはわたしにアラビア語の手《て》解《ほど》きをし、わたしは彼女に日本映画の話をした。わたしはイタリア映画の勉強にボローニャ大学にやって来た特別研究員であり、彼女はラバトから来た留学生だった。どうしてパリじゃなくて、ボローニャに来たんだいと、わたしは尋ねた。ベルトルッチが推薦してくれたのよ。あの人がワルザザートの砂漠で映画を撮っていたとき、わたしが現地クルーで働いていたのを認めてくれたのね。でも変よねえ、とハディージャはいった。ここイタリアでは誰もモロッコのことなんか知らないし、興味ももってないというのに、わざわざ日本からやってきたあなたがモロッコのことばかり考えてるなんて。

アラビア語の通用する世界は、日本人には予想のつかないほど広範囲にわたっている。東はバグダッドから、エジプトやサウジ・アラビアはもとより、マグレブ地方、すなわちチュニジア、アルジェリア、モロッコに及んでいる。ちなみに「マグレブ」とはアラビア語で「西のはて」ほどの意味だ。当然のことながら、言葉も大きく異なっている。コーランに記されている厳粛な正調アラビア語は、モロッコでは学識と信仰のある知識人を除いて、けっして一般の民衆に近いものではない。中国における北京と広東ほどの差はないとしても、モロッコ人たちが日常に話している方言は、エジプトのそれとはまったく異なっている。

そりゃあ全然通じないわよと、ハディージャはいう。じゃあ、きみはどうして両方を喋れるわけだいと、わたしは尋ねる。子供のころから映画を観ていたからよ。モロッコでは歌謡曲も映画も、みんなカイロからやって来るの。だからカイロ弁は映画館で覚えたのね。中学生くらいになると、フランス語の授業の合間に友だちとわざと映画に出てきた言葉を真似しあったりして、きゃあきゃあ騒いでた覚えがあるわ。

わたしの口のなかで、モロッコ訛りのアラビア語はいつまでも居心地が悪い。アスピレーションの強さと子音の瞬間的な重合が、どうしても習得できない。日本語やイタリア語のように、太く単純な母音によって仕切られた言語に親しんできた人間にとって、それはもっとも遠い言葉であるような気がする。ハディージャにいくたびも目の前で繰り返してもらい、それを丸ごと鵜呑みにするというレッスンが続いた。今度モロッコに行くことになったら、絶対にクスクシエールを買ってきてよ。あの鍋がないとクスクスは作れないのだから。それからスメンも忘れないでねと、彼女はいった。ほら、ロラン・バルトのおかげで有名になった、あの有名なバターのことよ。


昼下がりの空港はがらんとしている。空はどこまでも高く、そして青い。降りたのはわたしを別にすれば数人のヨーロッパ人で、退屈そうな表情をしている。おそらく商用だろう。大方の乗客はこのままカサブランカまで乗ってゆくようだ。

形式だけの税関を潜ったあとで、小さな両替所で何十枚もの百ディルハム札を手に入れる。ハッサン二世の老獪な顔、西サハラを無血占領して、国民の前に懸命に威厳を示そうとしている野心家の王の肖像が、どの札にも描かれている。

数少ない客をめぐって、タクシーの運転手たちが押しかけてくる。車にメーターはあっても、ないのと同然だ。空港から市内までの料金は、つねに騒がしい交渉によって決められる。二百ディルハム？　高すぎる、ここへは何度も来てるんだと、わたしが断ると、すかさず傍らにいた別の運転手が、それでは百五十ではどうだと、間髪を容れず訛りの強いフランス語でいってくる。しばらく応酬が続いたのち、百で話がまとまり、車は埃っぽい道路にむかって出発する。

「ジャポネ？」運転手がいう。彼はまだ若くて、髪を短く刈りあげ、ひどく真面目そうな雰囲気をしている。

「あんたはこの車に乗るしかない。空港からホテルまで、歩いて行くことは絶対にできない」

「どうして」（イタリアにいたせいで、わたしのフランス語は、ともすればイタリア語の発音に足を掬われそうだ）

「それは危険だ。魔物《ジュヌーン》がどこに隠れているか、わたしはわからない」

「まさか」

「車のなかにいれば安全だ。連中は鉄とか金属を怖がるから。それに市内に近付けば、心配ない。けれどもその間が危ない。魔物はいつも木の繁みに隠れていて、木から木へとすばやく移る《ラピドマン》」

彼は本気なのか、それとも外国人であるわたしを弄《からか》っているのか。だが、こうした会話と関わりなく、車はオリーヴの灌木の間を恐ろしい速度で抜けていく。どの木も小振りで思い思いの場所に生えていて、平気で雑木と混じりあっている。樹齢を重ねたあまりに太く曲がりくねった幹をもつにいたったイタリアのオリーヴとは、とても同じ樹木だとは思えない。ときおり驢馬の背の両脇に布袋を乗せて、荷物を運んでいる人を見かける。

「モロッコ人だろうが、ジャポネだろうが、魔物にとっては同じことだ」

運転手はひどく生真面目に、そう付け加える。彼はわたしのことを気遣っているのだろうか。それとも仕事とはいえ、市街を離れて人気のない場所に車を走らせなければならない自分の恐怖心を克服するために、わざわざそれを見知らぬ外国人に話してきかせているのだろうか。車は土埃を立てながら、田舎道を走ってゆく。もうすぐ邑《まち》だ。

第一章　蜃気楼の港

タンジェ

わたしはまたしてもタンジェに戻ってきた。二つの海が混りあい、四つの、いや五つの言葉が日常交わされているこの邑《まち》に帰ってきた。

空港からのこの道を辿るのは、これで何度目だろうか。心は記憶を辿る。五度目、いや六度目？　何回かはタンジェに鉄道で入っているのだから、わたしはその数を差し引かなければならない。窓の外の風景を眺めているうちに、どの道筋もすでに通ったことがあるような気がしてくる。

最初にこの道を通ったのは十年以上前のことだ。ほとんど深夜といえるほど遅い時間だった。マドリッドはヴァレンタインの前夜祭で騒ぎたっていた。わずか一時間の飛行で到着したタンジェでは、それとは対照的に、いたるところを静寂が支配していた。市内へと向かうタクシーの窓からは、漆黒の空と、そのはるか高いところにあって煌々と輝いている月しか見えなかった。しばらくして邑が近くなり、道端のところどころに白いアラブ風の建物が見え出したとき、わたしの心は躍った。ホテルを予約していなかったわたしは、運転手にどこかエコノミカルなところに連れて行ってほしいと頼んだ。彼が人気のない新市街に車を走らせ辿り着いた先は、こともあろうにわたしが後にしてきた大陸の名に因んだオテル・ユーロップという名だった。三階建ての、平凡なホテルである。玄関を潜ったわたしが最初に目撃したのは、コンシエルジュが馴染みの男性客と唇を深く合わせて接吻をしているところだった。突然、男色という、長い間忘れていた言葉が思い出された。ニューヨークに住んでいたころ聞き馴れていた、ゲイとかクイアといった軽快な言葉ではない。昔、ジッドの『コリドン』を読んだときに憶えた、あの独特の隠微な響きをもった「男色」という言葉のことだ。

タンジェという邑は、蜃気楼のような印象を与える。遠くから眺めていて、近付こうとすると、一応その姿を垣間見させてくれるのだが、ひとたび離れてしまうと、それがどのような場所であったか、そこに到達するにはどのような道筋を辿ればいいのか、いっさいのことが曖昧となり、忘却の彼方のできごとに思えてくる。わたしはオテル・ユーロップの場所をどうしても憶い出すことができない。その晩遅くにベランダに出て、マドリッドの免税店で買い求めたシェリーの瓶を開けながら、もう一度中天に輝く月を見上げたあのホテルが新市街のどこにあったかを、どうしても探しだすことができない。まだ十年ほどしか経過していないというのに、すべては月の光の下で垣間見た幻の所産のように思えてくる。

＊

初めてタンジェという名前を聞いたのは、一九六〇年代が終わろうとするころに手にしたレッド・ツェッペリンのレコードからだった。そこに収録されていた「タンジェの果実」という短い曲に、奇妙な胸騒ぎを感じたことを憶えている。夏の日が色褪せて移ろうのが、なぜ悲しみなのか。苦しみなのか。タンジェよ、生きている夢の照り返しよといった歌詞が、ゆっくりとしたブルースモードで、いくぶん鼻に潜《くぐも》った甘い声で唄われている。世のなかがサイケデリックとフラワーチルドレンで沸き返っていたころの話である。もちろんその当時、東京で退屈な高校生活を送っていたわたしには、モロッコは地上のどこかにあるだけの、遥かに遠い場所であって、ネパールやインドと同様、自分とはまったく縁のないアメリカのヒッピーたちが、群れをなして「巡礼」に参じている場所くらいに想像することしかかなわなかった。

モロッコの現実の音楽と接したのは、それからまもなく、七〇年代の初頭のことである。ローリング・ストーンズのメンバーだったブライアン・ジョーンズが当地で録音したＬＰとやらを、友人から借金の抵当に預かったときだった。てっきりストーンズの新曲だと思って買ったのに笛ばかりのおかしな曲でさあと、友人は不満げにいった。『ジャジューカ』と題されたそのレコードをターンテーブルに乗せてみると、これまで耳にしたことのない、五拍子のリズムをもった不思議な音楽が流れてきた。いつ終わるとも知れない打楽器の激しい連打。甲高い叫び声。チャルメラとバグパイプに似た管楽器の合奏。それがひとしきり終わると今度はフルートが、どこまでも絡みつくことをやめない蔓草の蔓のように、装飾的なフレーズを演じ続ける。それはわたしがはじめて聞いた、宗教儀礼としてのエスニック音楽だった。あとになって大学で小泉文夫の民族音楽学の講義を聞いたとき、バグパイプと聴こえた楽器が実は、二本の木管の先に動物の骨を取りつけたガヤタという笛であり、フルートがニラという笛であると教えられた。わたしにこの不思議なレコードを預けた友人は、その後しばらくしてアメリカの先住民居留区に赴き、それから先は足取りが摑めなくなった。

ブライアン・ジョーンズは一九六八年にタンジェを訪れた。彼はながくこの地に住んでいたブライアン・ガイシンに導かれて、タンジェから南西に百キロほど行ったクサール・エル・ケビールの南の小さな村ジャジューカを訪れた。ジャジューカはわずかに五百人ほどの人口しかもたないが、独自の音楽をもち、宮殿お抱えの楽士をつねに輩出してきた村だった。村人たちはこれまで長髪の白人を目の当たりにしたことが一度もなく、ロンドンでの人間関係に疲れきってやって来たブライアンを歓迎した。到着の夜には祝宴が開かれ、山羊が屠《ほふ》られた。ブライアンは肝臓を口に含みながら、「この山羊はぼくだ。ぼくは今、自分の内臓を食べているんだ」と、傍らにいたガイシンに告げた。彼は痛々しい笑いを顔に浮かべていた。二人は村に数日滞在し、村人たちが何時間にもわたって演奏する音楽に、これまでロックミュージシャンとして知ることのなかったような宗教的法悦の体験をした。その後もブライアンは再度ジャジューカを訪れ、そのとき録音されたテープがロンドンからレコードとして発売されたのは、一九七一年のことである。だがそのとき彼はすでに（後々にまで謎を残したあの）自殺を遂げていて、『ジャジューカ』は誰にも理解されないままに終わった。もちろんここに記したことは、すべて後になってわたしに知らされたことである。

ブライアンの死後しばらくしてガイシンは、この村の楽士たちをタンジェに招いて、みずから経営する「千一夜」というレストランで演奏させた。彼はモロッコという国をめぐって欧米人が抱いているステレオタイプに対して、よほど腹に据えかねていたようである。わたしはニューヨークのアングラ本屋で、彼が書いた『モロッコ2』という小さな本を見つけたことがあった。それはディートリッヒの、かの有名なフィルム『モロッコ』に対する辛辣なパロディだった。

＊

エル・ミンザは旧市街から新市街へと移る坂の途中にある。タクシーを降りたわたしは、たちどころに道をゆく若者たちから話しかけられる。彼らはこのホテルの前に陣取っていて、観光客が何かの機掛《きっかけ》で自分たちに声をかけてくれるときを、一日中待っているかのようだ。わたしのトランクにすかさず手が伸びようとする。トルコ帽を被ったドアマンがそれを見咎めて、彼らを追い払う。

ドアマンに導かれて中に入ると、建物の内部全体がアンダルシア風のモザイックが清楚な印象のもとに、統一されているのがわかる。中庭の中央にある吹上げからは、静かに水が滴っている。エル・ミンザはけっして豪奢を前面に押し出したホテルではない。簡素さと涼しげなリズムが、独特の空間を作り上げている。両大戦間に建てられたこのホテルは、あるときはアメリカの実業家の所有となり、実業家がリフ山脈で山賊の人質となってからは、イギリスの貴族のものとなったりもした。第二次大戦中から五〇年代にかけては、間諜たちの巣窟として有名だった。そして現在はというと、プールと薔薇園をもった、趣味のいいホテルといった感じに落ち着いている。いつしかわたしは、ジュネが定宿とし、カポーティが好んだというこのホテルに滞在することが、タンジェで過ごす悦びのひとつとなった。

通されたわたしの部屋の窓からは、海が見える。まるでマチスの有名な絵のようだと、到着したばかりのわたしの心は弾む（わたしはいずれ、この絵について語ることがあるだろう）。わたしはふたたびモロッコに帰ってきた。この齢でこれほどに心に躍動をもたらすことが、地上にまだ残されていようとは！　後にしてきた東京での細々とした約束ごとや気遣いが、反古が燃えるように心中から消えてゆく気がする。イタリアは生きる悦びであったが、モロッコは驚異と謎そのものだ。そしてわたしは十年という時間をかけて、この謎を見つめてきた。だが謎は深まるばかりで、わたしはどこまでも核心に触れることができない。

＊

モロッコといえばディートリッヒの主演したフィルムを即座に思い出す世代は、まだまだ多いことだろう。あれは一九三一年に、日本に最初に到来したトーキー映画だった。もっともこの地を実際に足で踏んでみるまで、モロッコをめぐるわたしの観念は、おそらく大方の日本人がそうであるように、ハリウッド映画に拠るところが圧倒的に大であった。

最初に観たモロッコの映像がいったいどのようなフィルムであったか、今のわたしにははっきりとしたことがいえない。ヤコペッティが六〇年代初頭に撮って話題を呼んだ『世界残酷物語』には、たしかサハラ砂漠が出てきたはずだが、それがモロッコであるという保証はない。ヒッチコックの『知りすぎていた男』の前半に登場するマラケッシュの赤い壁の連続する不思議な光景は、ドリス・デイの歌う『ケ・セラ・セラ』と同じく、はっきりと幼いわたしの脳裏に焼き付いている。だが、この作品のなかでモロッコは、ちょっと奇抜な舞台装置という以上の意味を与えられていない。わたしのモロッコ観を形成するにあたっては、次に述べる三本のフィルムが大きな意味を占めている。

『知りすぎていた男』からは制作年代としては前になるが、戦時中に撮られた『カサブランカ』は、中学生のわたしに少なからぬ印象を与えている。スペイン戦争に参加して挫折したハンフリー・ボガートが、パリでの恋にも破れ、失意のうちにカサブランカでバアを開いている。おりしもナチス・ドイツの宣戦によって、この邑にはヨーロッパ中から白人の難民が押しかけている。

誰もがボガートのつてを頼って闇のパスポートを入手し、自由の国であるアメリカへ逃げ延びようとしている。たまたま彼のかつての恋人であったイングリッド・バーグマンが、東欧でレジスタンス運動を指揮してきた夫を連れて、カサブランカへやって来る。ボガートは過去を思い出して辛い気持ちになるが、最後に二人を無事に飛行場から旅立たせ、政治的ニヒリズムから脱却して、レジスタンスに加担することを選ぶ……。

おそらくこのフィルムほど、年代に応じてわたしの見方が変化した作品も少ないといえる。十四歳のわたしにとってそれは、いささか退屈なところもあったが、怜悧な美しさをもったバーグマンを中心とする、スリルに満ちた脱出劇だった。十八歳で名画座で再会したとき、わたしを魅惑したのはボガートのシニックなダンディズムであり、それに寄り縋ろうとする脇役のピーター・ローレの卑屈なお追従だった。「俺があんたを信頼するのは、俺みたいな人間とハナから付き合おうとしない類いの人だからさ」という彼の科白に、わたしはある人間的な真実を見たような気がしたのである。二十五歳で映画史という物語に自覚的になり出したわたしにとって重要だったのは、監督であるマイケル・カーティス自身が東欧からの亡命アメリカ人であり、このフィルムが第二次大戦への合衆国の参戦を鼓舞し肯定するというイデオロギーに裏打ちされているという分析だった。そして幾度目かのモロッコ行の後でわたしが思うのは、そこに数人の召使を除いていかなるモロッコ人も登場しないことへの強い疑問である。この作品は現実のムスリム都市カサブランカとはまったく無関係であって、ハリウッド製の甘美な植民地主義の神話によってのみ構成されているという事実が、そこから浮かび上がってくる。

『さよならモロッコ』というフィルムを観たのは、『カサブランカ』から大分経ったころで、一九七四年くらいのことであったような気がする。わたしは初めて、日本人の眼に映ったモロッコというものを、この作品で知った。愛川欽也が私財を投じ自作自演したというこのフィルムは、日本映画であるにもかかわらず日比谷の洋画封切館でロードショウ公開された。主人公は日本のCMディレクターで、マラケッシュまで撮影に来たついでに、ふとフランス人の美女の生命を助けてしまい、そのおかげで彼女と深い関係になってしまう。

荒唐無稽なラヴコメディといってしまえばそれまでである。しかしわたしはここに描かれている監督の、無償ともいえるモロッコへの愛着に感動を覚えた。ここにはほとんど外国語を喋れないにもかかわらず、なんとか未知の世界の見知らぬ人間を前に真剣にコミュニケーションをとろうと悪戦苦闘している日本人がいる。わたしは愛川欽也が即興的にカメラに収めた砂漠や市場の騒然とした雰囲気にも惹かれたが、それ以上に彼の喜劇役者としての演技に印象づけられた。またその背後にあるモロッコへの執着に関心をもった。『カサブランカ』がいかにも高みから見下したように、ありえないモロッコをアメリカ人向きに作り出しているとすれば、『さよならモロッコ』は現実のモロッコに正面からぶつかり、身振り手振り思い付くかぎりの方法でこの国への愛情を告白しているのである。世界中数ある国のなかで、どうしてモロッコだけをかくも好きになることがありえようか。まだ海外になど出たことのなかった十歳代の終りのわたしは素朴にそうした感想さえ抱いた。愛川が東映映画『トラック野郎』シリーズで名脇役として活躍する、直前のことである。わたしはそののち、思いがけずも映画批評を生業として二十年ほどを過ごしてきた。『カサブランカ』をめぐる評価は年とともに下がっていったが、『さよならモロッコ』については逆に、このフィルムの体現している無垢な情熱のことが、モロッコへの旅を重ねるたびに理解できてゆくような気がしている。ある国とその風土を、他のどの国にもまして好きになるということはありうるのだ。愛川欽也はそれをわたしに教えてくれたような気がしている。

もっともここまではモロッコといっても、マラケッシュやカサブランカといった著名な観光地の話である。わたしが最初にタンジェという邑をスクリーンを通して観たのは、それからずっと遅れて、一九八三年のことだった。それはスイスの監督であるダニエル・シュミットが、ポール・モランの『ヘカテとその犬たち』を映画化したときのことである。

『ヘカテ』と短く題名を改められたこのフィルムは、両大戦間のタンジェを舞台とし、ひとりの若い外交官が謎めいた領事夫人に散々に翻弄されるという物語である。全編が青白い月の光で撮影された感のあるこの作品では、フォン・スタンバーグの『モロッコ』以来、欧米の映画人たちがけっして描こうとしなかったモロッコの映像が登場していた。それは植民地統治者であるフランス人によって次々と銃殺されていくモロッコの民族主義者たちであり、狭いヨーロッパ人社交界のなかに漂う死臭、加えてマゾヒズムを中心とした性的倒錯の世界である。シュミットはタンジェを、白人たちが安心してメロドラマを演じることができる、異国情緒たっぷりの背景としてではなく、孤独と頽廃に満ち、しかも甘やかな夢幻の感覚に満ちた魔都として描いていた。

わたしはその後ロカルノで開かれた映画祭の会場でシュミットに会った。その傍らにはいつもアルゼンチン人の美少年が付き添っていた。彼は深夜にホテルの駐車場で会おうとわたしに言い渡し、出向いていったわたしに自分の書物を署名入りでくれた。九〇年代に至って彼は日本で、坂東玉三郎や杉村春子の登場する美しいドキュメンタリーを撮った。

シュミットの『ヘカテ』は、それまでのいくつかのフィルムとはまったく違って、怪しげで禍々《まがまが》しい魅力をもったタンジェという邑を、わたしに決定的に印象づけた。一九八〇年代最初の時点で彼がはたして、後にわたしが深く関わることになるボウルズのような同性愛の作家を英語で読んでいたのか、わたしは知らない。おそらく読んではいなかったのだろう。だが、ナチス・

ドイツに加担したかどでフランスを国外追放となった元外交官モランの、見方によってはかなり自伝的要素に満ちた長編小説を原作にもってくるあたりに、この魔法めいた邑をめぐる彼の、抜け目のない手の内を見る思いがする。シュミットはあきらかに十九世紀のロマン主義に始まるヨーロッパの芸術家たちの、タンジェへの神話的憧憬を計算に入れ、あたかもそのすべてに封印を記すことを狙って、『ヘカテ』を撮っているのである。

*

ここでタンジェの来歴について、簡単に説明しておいたほうがよいかもしれない。というのもこの邑は他のモロッコの都市とは比較にならないほどに古くから存在し、さながら海千山千の年増女のようにさまざまに宗主国と言語とを替えて、したたかに現在まで生き延びているからである。第一に、わたしがこれまで採用してきたタンジェという言葉にしたところで、単にフランス風の呼び方にすぎない。この邑では誰もが自分の帰属する言語に応じて、さまざまな名前で呼んでいる。住民の大部分を占めるアラブ人とベルベル人はタンジャといい、スペイン人はタンヘル、英語をもっぱらとする観光客はタンジールといい慣わしている。その由来は潟を意味するティンガによるとも、ギリシャ神話のヘラクレスが巨人アンタイオスを倒したのちに奪った彼の妻ティンギスによるともされている。ちなみに夫を殺した相手の男に奪われる人妻というのが、タンジェが抱えこんだ起源の物語であったことは、偶然とはいえ興味深い。『ヘカテ』の主題はまさにそこにあるからであり、わたしが後に記すことになるボウルズこそが、ある意味で妻を奪われた夫の生を生きてきたからである。

地中海の終点を示すこの港は、交易のうえからも、軍事的見地からも古来から重要な拠点と見なされ、紀元前からすでにフェニキア人、ベルベル人、そしてローマ人の争うところであった。ディオクレティアヌス帝はここに属領マウレタネア・ティンギタナの首都を置いている。ローマ帝国が滅亡したのちは、多くの地中海の都市がそうであるように、ヴァンダル、ビザンティン帝国、アラブのイスラム諸王朝がこの地を制圧しては、消え去っていった。十四世紀に『三大陸周遊記』を著した大旅行家イブン・バットゥータは、マリーン朝時代にこの土地に生まれていて、それを記念して現在のタンジェには彼の名の付いた大学が設けられている。

だが、ヨーロッパの近代はこの港湾都市の存在を放ってはおかなかった。大航海時代に入るとスペインとポルトガルが代わる代わるタンジェを領地とし、短い期間だがイギリスが要塞を築いて、それに続いた。二十世紀に至って、植民地争奪競争に出遅れたドイツがそれに反発し、一九二三年についにこの邑は列強八か国の共同管理のもとに、政治的にも軍事的にも中立の国際都市として再出発することになった。あらゆる関税が廃止され、自由貿易が可能となったあたりは、東南アジアにおける香港が辿った運命に近いものがあるかもしれない。スペイン市民戦争が起きようが、第二次大戦が生じようが、九つの国家が管理し、四つの通貨が使用され、さらに多くの宗教と言語が入り交じるタンジェのコスモポリタニズムを脅かすものはなかった。その結果、国際的陰謀とそれをめぐる諜報活動が世界のどこよりも活発化したことは、いうまでもない。先に論じた『ヘカテ』は、そのあたりの事情を背景としているが、モランのような対独協力者ですら平然と暮らしていけたのが、このタンジェなのである。

だがこうした政治的変遷だけを辿ってみたとしても、タンジェの華々しい来歴の半分をも語ったことにはならないだろう。というのも、この邑は十九世紀からこの方、休む暇なく欧米の文学者や芸術家に霊感を与え、彼らの創作に活力を与えてきたからである。

たとえば画家のドラクロワは、若くして名声を獲得したために、当時の大概の画家に倣ってイタリア留学の機会を逸してしまった。齢三十歳代の半ばに初めてタンジェの光に触れ、アラブ人や現地のユダヤ人の家屋の構造を身近に知ったことが、彼の絵画を決定的に変えることになった。従来の空想本位の異国情緒が姿を消し、絵画のなかの空間と光線にはっきりとした構造性が現われるに至った。二十世紀に入ると、ヴァン・ドンゲンやマチスからベーコンまで、多くの画家がタンジェを訪問し、ヨーロッパ旧世界の含意とは無縁の光と色彩に解放感を体験している。

タンジェへの巡礼は画家ばかりではなかった。オリエンタリズムの作家ピエール・ロティがタンジェをこよなく愛したことは、想像に足る。ヨーロッパの身近な対岸にあってどこの国家にも属していないという理想的な状況は、両大戦間から現在に至るまで、数多くの詩人、小説家、劇作家、写真家、そして音楽家をこの邑へと招き寄せることになった。タンジェは誘惑すると、彼らはいい慣わした。ジューナ・バーンズはここで『夜の森』を書き、テネシー・ウィリアムズとトルーマン・カポーティは仮初《かりそめ》の社交界で寵児となった。物価は驚くほどに安く、治安はアラブ世界とは思えないほどにいい。風光は美しく、快楽を禁じるものは何ひとつとして存在しない。五〇年代にこの地を訪れた白人芸術家は、ほとんど例外なく邑の魅惑に酔い痴れた。ロラン・バルトは群衆のなかに匿名でいられることの幸福を享受し、サミュエル・ベケットは孤独を確認するために毎夏をここで過ごした。ビート・ジェネレーションのアレン・ギンズバーグとウィリアム・バロウズにとって、タンジェはドラッグと少年愛の天国であり、ローリング・ストーンズの面々にとっては未知の魔術的な音楽へ参入するさいの便利な入り口だった。そしてこうした訪問者たちの中央に鎮座していて、彼らのほとんどに対してさながら静かな導師然として振る舞っていたのが、ポール・ボウルズとその妻ジェインであった。

モロッコがフランスの保護国という身分を脱して独立をはたしたのは、一九五六年のことである。タンジェは七か月遅れて、モロッコに返還された。スペイン人やフランス人は次々と本国へ引き上げてゆき、かつてベラスケス通りとかルイジアナ通りと呼ばれていた往来は、アラブ風の名前に変えられた。一九三〇年代のタンジェの街角を撮った写真を眺めてみると、商店の看板のほとんどがフランス語かスペイン語で記されていて、どこにもあの蛇のように揺れ動くアラビア文字が見当たらないことに気が付く。それから半世紀以上が経過した現在、同じ街角に立ってみるならば、逆にほとんどすべての看板がアラビア文字で記されていることに気付くだろう。もっともパストゥール大通りやラファイエット街のように、あまりに人口に膾炙した通りの場合には、旧来のフランス語が残されているのだが。

返還から四十年以上が経過した今日のタンジェには、往年のコスモポリタニズムを強く連想させるものは稀薄であるといってもいいかもしれない。かつてルイス・ブニュエルとエジプトのミュージカル映画を同時に上映していたセルバンテス劇場という映画館があったが、今ではなかば崩れかけた廃墟として残されているばかりである。タンジェは六〇年代の終りごろには、カトマンズや京都に並ぶヒッピーの溜まり場となった。だが時代の興奮が過ぎ去ってしまった今日、それは急速にモロッコのどこにでもある、埃臭い、普通のアラブ人の邑に近付こうとしている。やはりこのことでわたしが漠然と空想するのは、つい数年前に共産党政権の中国に返還された香港の命運である。この自由貿易港もまたタンジェと同様に、コスモポリタンに独特の魅力を喪失しようとしているのだろうか。

＊

メディナのスークを歩くとは、数メートルごとに切り替わる香りの領域のなかを、次々と移行してゆくことだ。ミントの香り。生暖かい湯気とともに、食べ物を煮ている香り。革製品の香り。蜂蜜とその表面に被せる蠟の微かな香り。捌《さば》かれて血を滴らせている羊の肉の香り。揚げ物の油の香り。店先に何十もの小山のように積み上げられた香料。その香りと色あい。ターメリックの黄色。トンガラシの赤。クミンの枯れ草色。シナモンの茶色。さらに夥しい種類の豆の色。色とりどりに詰め込まれたオリーヴの樽。恐ろしい雑踏のなかを、わたしはあたかもシナの祝祭の日に街中を練り歩く蛇踊りの蛇の鱗でもあるかのように、右に左に人の波に押されながら歩き続ける。屋台ではべっとりと蜜を塗った菓子やパンが売られ、商店の並びの前にはさらに露店が展げられ、さまざまな日用品が並べられている。売り子たちの呼び声。それは繰り返しの多いコーランの祈禱に似ていなくもない。段の上に立ち上がって声高に叫んでいる者がいれば、側に近寄ってみてはじめて聞き取れるような低い声で、途切れもなく何かを呟いている者もいる。

ヘンナを塗った手の大きな看板のある店先で、紫のベールを被りサングラスをかけた女が、もう一人の女と話しながら買い物をしている。薬屋だろうか、それとも化粧品屋だろうか。狭い店先には、さまざまな鉱物や乾燥させた薬草らしきものが並んでいる。女は青い鉱石を削った粉を指差す。店員はそれに花の種や実、それに辰砂に似た赤い鉱石を混ぜ、すばやく擂《す》り潰したあとで渡す。

女たちが去ったあとで、わたしは店員に先ほどの青い粉は何だったかと尋ねる。彼はアラビア語でハディーダザルカーアとだけ答える。二、三軒隣にいて、しばらく前からわたしの動向を窺っていた若者がやって来て、それは川の魚を捕らえるさいに上流で流す一種の毒という意味だと、親切にフランス語で教えてくれる。本当だろうか。どうしてあのサングラスの女が、そのようなものを必要とするのだろう。すると別の男が来て、それは手の甲のような場所にできる特殊な皮膚病の特効薬だと訂正する。わたしはふたたび狐に摘まれる。あの全身を紫のベールで覆っていた女は、あるいは何か宿命的な業病に冒されていたのだろうか。あるいは彼女の身内の誰かが。

わたしが興味をもっていると知って、店員は戸棚からヘンナのためのさまざまな器具や染料を取り出してきて、しきりに売り付けようとする。ヘンナは他人の邪意をもった眼差しから来る呪いを避けるために、女性がラマダンや婚礼の日に両手に描きつける、赤茶色の模様である。一見したところ刺青のように見えるが、一週間かそこらで消えてしまう。ヘンナを塗った手は、赤い蜘蛛の巣が指という指をびっしりと覆っているように見える。

*

ポール・ボウルズは一九一〇年にニューヨークのクイーンズに、歯科医の息子として生まれた。これは日本の作家との類比でいうならば、大岡昇平の一年年下に当たっている。彼は幼少時から音楽を好み、厳格な親の眼を盗んでこっそりとものを書き付ける早熟な子供だった。どこか海の向こうに架空の邑を設定して、そこに生きる人間の日記という形を借りた短編を、早くも十歳のときに執筆している。高校に進学すると、パリでガートルード・スタインが刊行している国際的文芸誌「トランジション」を購読し、シュルレアリスムの自動記述に影響された詩を投稿した。

それは掲載され、十八歳の少年はいきなりブルトンやジョイス、エリュアールといった当時の前衛的文学者と並んで、誌面を飾ることになった。南部の大学に入学こそしたものの、心は流浪を求めてやまず、パリに出るとそこで男性との最初の性的体験を結んだ。また十歳年長のアーロン・コープランドから、作曲法を学んだ。

才気に満ち、美しい容貌をした二十一歳のボウルズにタンジェ行きを勧めたのは、スタインである。彼女はあるときまで彼の内面において、女性であるにもかかわらず、抑圧的父親に似た超自我とも呼べる権能を振るい、詩人たろうとする彼の自尊心を深く傷つけた。ボウルズとコープランドは船で地中海を渡り、アルジェリアのオランから汽車でタンジェに入った。

ポール・ボウルズは、このときに受けた強い印象を、後に自伝『止まることなく』のなかで、次のように書いている。

わたしはただちに強い興奮に襲われた。まるで陸の風景が近付いてくるにつれて、軀の内側に仕掛けられていた装置が作動するかのようだった。はっきりとした念を抱いていたわけではなかったが、地上のどこかしらには、他のいかなる場所にもまして魔法の魅力を湛えた場所があると、心の隅では理由もなく信じながら、そのためにこの世界に自分が存在しているのだと思ってきたのだった。（……）ロマン派と同じく、一生のうちにはいつかは魔法の場所に寄り来たり、その場所の秘密を紐解けば、叡智と恍惚ばかりか、あるいは死でさえもわがものとすることがかなうのではないかと、漠然とではあるが、いつも心に想い描いてきた。そして今、山並みを前に風のなかに立ってみると、心の奥で装置が動き出すのが感じられた。まるでいまだ問われてもいない問いの解答だけを、一足先に鼻先に突きつけられているかのような気がするのだった。

「いまだ問われてもいない問いの解答」という表現は、実にいいえて見事であると思う。作家としてどころか、まだ作曲家としてもほとんど経歴のなかった当時のボウルズは、それでもこの港町を前にしたときに、何か強い直感を感じないわけにはいかなかった。もちろんそのときの彼は、やがて半世紀以上にわたってこの邑に留まることになるとは考えてもいなかっただろうし、そこで自分が小説家として世界的な名声に包まれることも、妻が現地の女性の手によって廃人同様の身と化してしまうであろうことも、予想していたわけではなかった。おそらく二十一歳の彼は、自分の内側に巣くっている薬物と同性愛への衝動が、このモロッコの地において究極の対象を見つけるだろうということすら、気付いていなかったことと思う。だが現在九十歳にも至ろうとするボウルズの生涯の全体を知りえたのちにわたしが思うのは、このタンジェとの最初の邂逅のおりに彼が感じた観念の正確さである。これは言葉を代えていうならば、彼の人生とはこの直感の観念にふさわしい事実を後から蒐集し、それを確認してゆくことであったということかもしれない。

ボウルズの経歴について語ると、一九三〇年代から四〇年代にかけては、ニューヨークとパリ、モロッコ、メキシコと、大西洋の二つの岸の間を、頻繁に往還している。その回数があまりに多いというので、彼は戦時中にドイツの間諜ではないかと誤解されたくらいである。作曲家としての名声は少しずつ確立し、オーソン・ウェルズやジョセフ・ロージーといった映画監督、ジョン・ケージといった作曲家などと親交を結ぶようになった（彼らはボウルズとほぼ同世代であるが、現在では例外なく身罷《みまか》ってしまい、皮肉なことにモロッコに逃れたボウルズがもっとも長く生きる結果となった）。その間に彼は七歳年下で作家志望の、風変わりな美女ジェイン・アウアーと結婚し、揃ってアメリカ共産党に入っては、ただちにそこから除名されたりしている。ホモセクシュアルであったボウルズと、レスビアンであったジェインの間にはたして性交渉があったのか、伝記作者たちは当惑しているようである。十九世紀のハヴァロック・エリス夫妻と同様、この夫婦の生態も謎に包まれている。ただひとついえることは、ジェインはやがて『ふたりの真面目な女性』という長編を発表し、それがかつてスタインに非難されて以来、ボウルズの内面に長らく眠っていた文学への情熱に、もう一度炎を点すことになったという事実である。

優れた読み手でもあったボウルズは、一九四〇年代前半にピエール・ド・マンディアルグやボルヘスの短編を英語に翻訳している。まだこうした幻想文学者が本国で単行本すら出していなかったころのことであり、その炯眼《けいがん》には驚かざるをえない。翻訳は作曲の片手間の道楽であったようだが、やがてそれが高じて短編小説の執筆が開始されるようになった。一九四五年には『水の際』と『遠い挿話』という、注目すべき作品が書かれている。前者はアマールという青年が見知らぬ邑に赴き、地下の公衆浴場で異常なまでに巨大な頭部をもち、手足を欠いた人物と出会い、その呪いを受けて一目散に逃げ出すという筋立てである。また後者は、ヨーロッパ人の言語学者が原住民に襲われて舌を抜かれ、村の見世物道化として長い時間を過ごすうちに、しだいに理性の摩滅を迎えるという内容である。いずれの短編もモロッコを舞台とし、他者と遭遇することの恐怖と魅惑を主題としている。

ボウルズが結果的には生涯続くことになるモロッコ滞在を決心したのは、一九四七年、三十七歳のときであった。甘美にして静謐な邑をどこまでも歩いているという気掛かりな夢をマンハッタンのアパートメントで体験した彼は、その日一日中考えているうちに、それがかつて訪れたタンジェであったと思いあたった。このとき同時に、彼を一躍有名にした長編『シェルタリング・スカイ』の着想に辿り着いてしまったという。ボウルズが最初にタンジェに渡り、最初は渡航に反対したジェインも、彼を追って翌年には大西洋を渡る。ボウルズは創作衝動において強い昂揚を迎え、『優雅な獲物』をはじめとする傑作短編を次々と完成しては、海の向こう側の出版社に書き送った。五〇年代には彼の噂を聞きつけて、ウィリアムズやカポーティ、さらにセシル・ビートンといったゲイの芸術家たちが、次々と到来する。まさに生涯の絶頂ともいうべき時間が、ここで体験された。

もっともタンジェ滞在は、ジェインには不幸しかもたらさなかったようである。彼女は創作に行き詰まり、アルコールに逃避した。ボウルズが次々とモロッコ人の少年たちとの交際を繰り広げてゆくのを横目で見ながら、みずからも市場の売り子である文盲の女性シェリファに入れこんで、そのいいなりとなるまでになった。二人はタンジェがモロッコに接収された後も彼の地に留まったが、もはや白人の天国は終焉を告げていた。六〇年代にボウルズはほとんど作品と呼べるものを残していない。ジェインがアルコール依存症から抜けきれぬままに重い鬱病に罹り、その看病のため対岸のマラガにある精神病院に通い詰める日々を送っていたためであった。ジェインは七〇年に突如カトリックに改宗して七三年に他界し、それを知ったボウルズは強い怒りに駆られたという。この死について、ジェインのレスビアンの相手であったモロッコ人女性が魔女であって、恒常的に毒を仕掛けていたとか、呪いを掛けていたという風評がやまず、ボウルズはそれに苦しむことになった。自伝を発表するが、そこにはくだんの魔女はおろか、妻ジェインのこともほとんど言及されていない。そのころになると、かつてはメイラー、マッカラーズと並べて戦後アメリカ文学の希望の三人とまで称えられたボウルズの名は、アメリカ本国ではほとんど忘れ去られ、四冊ある彼の長編小説はすべて絶版というありさまとなっていた。

急ぎ足で語ってみたが、以上がタンジェという邑と、そこに住み続けたボウルズの、目眩《めまぐる》しくも華麗な物語である。さてここらで、何がわたしをしてこの不思議な港町へと向かわせる直接の機掛《きっかけ》となったかについて、多少告白めいたことを語っておくべきだろう。実はここにも映画が深く絡んでいるのである。

＊

一九八〇年代の中頃、わたしはニューヨークの大学に客員研究員として呼ばれた。といってもさしたる義務というものはなく、ただ気が向けば週に一度か二度、日本映画を上映したあとに講義めいたものを喋ってくれればよいという条件である。これは東京の大学の夜間部で誰もが嫌がる英作文の授業ばかり持たされていたわたしにとっては、信じられないほどに気楽な身分だった。わたしは黒澤明や小津安二郎について好き勝手なことを喋り終わると、そのまま地下鉄でマンハッタンの下町に出て、映画や芝居ばかり見ていた。大学での知り合いはさほどできなかったが、インディーズの映画界では興味深い人物に何人か出会うことになった。

ポール・ボウルズの文学作品に出会ったのは、そうした時期である。東京を立つ以前から名前だけは聞いたことのあった人物ではあったが、アメリカの著名な世界文学事典は彼がすでに死亡したと記していたし、日本で翻訳があるという話もついぞ耳にしたことがなかった（のちに一九五〇年代に存在していたことが、確認された）。しかしわたしが訪れた先のニューヨークでは、事情がいささか違っていた。八〇年代の前半まですっかり忘れられていたこの作家は、今や生ける伝説として、ふたたび話題とされていたのである。わたしの周囲の文学好きのアメリカ人たちは、バロウズ、ブコウスキーと並んで、ボウルズこそは二十世紀アメリカ文学を彩るスキャンダラスな3Bの一人だと、夢中になって論じていた。その書物は三十年の空白ののちに次々と復刊され、聖マルクス通りやスプリング通りにある、知的流行に聡い書店で平積みにされていた。わたしはそうした時期に彼の小説集や詩集、それに作曲集に出会ったのである。

わたしにボウルズの翻訳を強く勧めてくれたのは、旧知の映画監督ジム・ジャームッシュだった。彼の女友だちであるセイラ・ドライヴァーはその数年前、ボウルズの『きみは私ではない』という短編を映画化しており、ジャームッシュはそのカメラを担当していた。あの人は別格だからぜひ日本語に訳すといいと、彼はいった。その言葉に励まされてわたしはボウルズの全短編集を買い求め、端から読み出した。ただちに判明したのは、彼がこれまでわたしが知っていたいかなるアメリカの小説家よりも冷たく、厳密に研ぎ澄まされた文体を所有しているという事実だった。けっして奇妙な単語の羅列に耽ったり、難解な言語遊戯に終始するといった類いの作家ではない。ただ前置詞や接続詞のほんの細やかな用法において、独特の距離感を演出するのである。きわめて単純な喩えを出してみよう。たとえば普通の作家なら「彼はその人物を憎んでいた。しかし誕生日に花を贈った」と書くところを、ボウルズは「彼はその人物を憎んでいた。そして誕生日に花を贈った」といった具合に書いてしまうのだ。わたしはこの怜悧な眼差しに深く魅惑されたが、それがいったい何に由来するものか、当時見当がつかなかった。今ではそれが彼の、つねに世界と歴史の外側に位置していたいという願望から必然的に導きだされたものであることを知っている。と同時に、そこにはどこまでも深層を忌避し、事物の表面しかけっして愛そうとしない、ワイルドから三島由紀夫、あるいは写真家のメイプルソープにいたる独自の美学的系譜が横たわっていることにも、わたしはあるときから気がついている。

わたしはしだいにボウルズへの自分の関心には、三つの核があることを、朧気《おぼろげ》ながら探り当てた気になってきた。

ひとつは二十世紀の文学史、それもアメリカ文学といった次元ではなく、より広く世界文学の歴史のなかで、彼が類い稀れなる結節点を形成しているという事実である。世代的にはロスト・ジェネレーションとビート・ジェネレーションの中間に位置する彼は、「トランジション」を通して前者と重なり、ドラッグと同性愛の主題を通して後者に大きな影を投げかけている。ボウルズはサルトルやカミュといったフランスの実存主義文学の、英語圏への最初の紹介者であり、テネシー・ウィリアムズのために舞台音楽を書く作曲家であり、ヴィスコンティの『夏の嵐』の脚本家でもあった。だが欧米におけるこうした芸術的活動と、マグレブの即興的な口承文学の貴重な記録採集は、ボウルズのなかではいささかも矛盾することなく、同じだけの意義を与えられている。こうした美学的多様性を見据えながら、あたかもその統合点に立つかのように見える彼のあり方は、わたしを魅惑して離さなかった。

第二には、より原理的な意味あいではあるが、彼が帰還の不可能という主題を生涯をかけて探求してきたということである。モロッコに留まること半世紀、その間に彼は民族音楽を採集し、市井の名もなき青年たちと交わり、タンジェがコスモポリタンな都市であることを止めても、けっして祖国に戻ろうとしなかった。『遠い挿話』から『シェルタリング・スカイ』、さらに一九九二年に執筆され、おそらくは彼の最後の作品となるであろう『故郷から遠く離れて』まで、ボウルズの主人公たちの多くは、未知なるものの誘惑に耐え兼ねてあまりに遠くに行きすぎたために、もはや元の場所に帰ることが適わなくなったという状況を生きている。そして奇しくもそれは、作者の人生そのものとも重なりあっている感がある。ホメロスの『オデュッセイア』からメルヴィルの『白鯨』まで、あらゆる世界文学が帰還者の語りを頑強なまでに定型としているならば、ボウルズの主題体系の独自さが理解できるだろう。

最後に、これは第二の点と微妙に重なりあい、また矛盾をも含んでいるのだが、にもかかわらずボウルズの作品は徹底した達観という姿勢を貫くことで、凡百の「第三世界」旅行記とは比較にならない地点に到達している。マグレブ世界を描こうとする作家たちは、ともすれば安手のオリエンタリズムの罠に陥ってしまい、自分の語りが拠って立つ場所に無自覚のままに終わる。ボウルズはいかなる場合にも自分に超越的な全能の視座を許そうとはしない。だが彼は例外なく、自分を世界の外側に置いて語ろうとしている。人物は内面によってではなく、つねに外側から、冷たい眼差しのもとに描写される。わたしがニューヨークで親しくつきあった詩人のジョフリー・オブライエンはそうした彼の性癖を捕らえて、現在生きている作家のなかでもっともフロベールに近い人物であると論じたが、ここには贔屓の引倒しではなく、彼の本質が横たわっている。とはいうもののサルトルを読むことから文学的出発を遂げた人物が、最終的に到達したこうした審級は、いったい何を意味しているのだろうか。これがわたしが衝突《ぶつか》った最後の問題であった。

＊

ジャームッシュがわたしにボウルズのモロッコでの連絡先を教えてくれた夜のことは、今でも憶えている。ベルトルッチが『ラストエンペラー』を撮り上げたというので、一九八七年の十一月の終りごろであったか、わたしは北京から来たばかりの陳凱歌《チエンカイクー》とともに、リトルイタリーで開かれた晩餐会に呼ばれたのだった。ベルトルッチと主役のジョン・ローンはどうやら撮影中に反目があったのか、同じ卓を囲みながらも、一言も口を利かなかった。ジャームッシュは映画好きの監督だけあって、陳の過去のフィルムを逃さず観ていたが、陳はインディーズの監督など一顧だにしようとしなかった。パーティが終り、次に誰かのアパートに行って呑み直そうという話になったとき、ジャームッシュがわたしを呼び止め、ポケットからくしゃくしゃの紙切れを渡した。今日はきみに会えると思ってこれを写してきたのさと、彼は高く盛り上がった白髪頭を揺らしながらいった。そこにはボウルズのタンジェでの私書箱が記されていた。それで、きみは彼には会ったのかと、わたしはジャームッシュに尋ねた。いや、駄目だった。彼は人嫌いで、誰も会えないので有名だよ。電話さえ引いていないのだからねと、わたしと同い年の監督は答えた。彼はそれだけいうと、セイラの手をとって、深夜のマンハッタンを歩いていった。

わたしはタンジェのボウルズに手紙を書いて、いくつかの短編を翻訳したいとの希望を述べた。もとより返事は期待していなかった。翻訳の許可を取るのに、何も原作者に挨拶をする必要はない。出版社からエージェントに話を回してもらえればすむことだ。だが、その頃すでにわたしは、ボウルズという稀有の文学者の存在様式そのものに深い関心を抱くようになっていた。故国アメリカを捨てて、名声にも無関心なままに、すでに半世紀以上も大西洋の向こう側にあるモロッコに留まっているという独自の生き方が、何か途方もない謎のように感じられたためである。

信じられないことではあるが、三週間ほどして、ハッサン二世の肖像切手を貼った手紙が、チェルシーに住んでいたわたしの手元に到来した。ボウルズ本人の直筆によるものだった。自分の作品を日本語に翻訳してくれることはうれしいが、その前にモロッコの風物や光を知っておいたほうがいいと思うと彼は書き、私書箱ではない自分の住所の方を封筒の隅に記してきた。ローマ数字の使用から細かいコンマの打ち方まで、厳密に古典的書法が守られた手紙で、それは作品に見る彼の文体の厳格さに対応しているように思えた。わたしはタンジェに向かうことを決めた。身近にいるアメリカ人の何人もが、わざわざモロッコ詣でまでしながらボウルズに会えず仕舞いで終わっていたことを知っていたわたしは、出発の直前にギンズバーグに連絡を取った。彼は一九六〇年代の始めにタンジェでボウルズと会い、親交を結んでいる。もっともわたしを前にしたギンズバーグはテルアヴィヴに朗読に行く直前で、もっぱら三島が禅を学ばなかったために切腹に終わったといった話しか、口にしようとしなかった。帰りがけに彼はいった。ポールによろしくいっておいてくれよ。それから超越的存在は不在であると、まだ信じているのかって、聞いてくれたまえ。

こうしてわたしはタンジェでボウルズに会うことになった。とはいうものの、その家を探し出すのにはまるごと午後を費やさねばならなかった。広場でたまたま声をかけてきた自称ガイドの青年に助けられて、与えられた住所だけを頼りに新市街を歩き続ける。彼にしたところで、場所を知っているわけがないので、通りで出くわす知りあいに次々と声をかけては、試行錯誤を繰り返す。誰もが暇を持て余している邑のことだ。当然、通りをゆくわたしたちの後ろに二人、三人と列ができ、やがてそれは小さな群れをなすまでになった。一時間ほど歩いたあげくに、わたしはようやくボウルズのアパートメントに辿りついたが、その間にいつしかわたしのカメラはなくなっていた。後になってボウルズにそれを話すと、きっとその群れのなかにひとり人間でない魔物が混じっていたのだろうと、いわれた。

ボウルズはアメリカ領事館の裏側にある、六階建ての小さなアパートメントの四階に住んでいた。周囲は閑静な西洋風の住宅地で、メディナの喧騒を感じさせるものは何もない。アパートの下は雑貨屋になっていて、わたしがボウルズを訪ねてきたと知ると、エレヴェーターが故障しているから歩いていくことだねと、スペイン語で説明してくれた。

初対面のボウルズは白いワイシャツにネクタイ、それに青いベストという格好でわたしを迎え入れると、日本風にいって十畳ほどの応接間に通してくれた。彼は小柄で、けっして声を立てることなく、言葉を選びながら語った。

意外なことに、彼の口から最初に漏れた固有名詞は、わたしがつい二か月ほど前に会ったイタリアの映画監督のものだった。「ベルトルッチがついこないだ、ここまで来てね」と、ボウルズはいった。「『シェルタリング・スカイ』を映画にしたいというんだ。ぼくは彼のフィルムを観たことがないのだけれど、きみはどう思うかね。なんでも中国の皇帝について最近撮ったとか、いっていたが……」

わたしは『ラストエンペラー』の感想を話した。ボウルズによれば、ベルトルッチはこの部屋を訪れたその日の夜に、怪しげな誘いに乗って裏路地に連れこまれ、現金からパスポートまでいっさいを強奪されたのだという。ボウルズいうところの「魔物」である。彼は翌朝になって、それを報告に来たよと、老小説家は付け加えた。「これに懲りてもうモロッコに二度と来ないというのなら、映画の話はここまでだろう。もしそれでももう一度彼がここにやって来るとしたら、ひょっとしたら映画は実現するかもしれないがね」

わたしは彼が淹れてくれたチャイニーズ・ティーを飲みながら、自分が考えている日本語での短編集の企画を説明した。わたしが選んだ作品の選択を、ボウルズは興味深そうに眺めていた。とりわけある短編を選んだときには、不思議だ、これまでどこの国の翻訳者もこれを選んだことがなかったのにといった。それからは対話が弾み、ジョン・ケージやらファン・ゴイチソロといった彼の知人の消息の話になった。彼は笑いながら、自分は詩人であったためしは一度もないよといった。それから、亡命作家という表現はこと自分に関するかぎり大袈裟で、似つかわしくないとも。「いつでもアメリカに戻ろうとすれば戻れたわけなのだからね。一番最後に大西洋を渡ったのは、二十年ほど前かな。それっきりだよ。最近では生ける伝説だなんてニューヨークの新聞が書いてくれるのだけれど、タンジェにいるぼくには何の意味もない。伝説で年金資格が下りるというのなら、話は別だがね」

帰りしなにわたしは尋ねた。「もう旅行はしないのですか」

「もうしないよ。だって船がなくなってしまったからね」と、彼は寂しそうに答えた。

わたしが手掛けた翻訳は、幸運なことに、ニューヨークを引き上げてしばらくして東京で刊行された。おりしもその直後にベルトルッチの『シェルタリング・スカイ』が完成し、世界的に話題を呼んだ。スクリーンにはボウルズ本人が登場し、メディナのプチ・ソッコの前のカフェで意味ありげな結語を呟くという場面があった。あのときのベルトルッチは、災難にもめげずタンジェに舞い戻ったわけだなと、わたしは苦笑した。彼は自分の体験を無駄にはしなかったのだろう。フィルムの冒頭には、主人公はタンジェの曖昧宿でベルベル女を買ったあとで厄介ごとに巻き込まれ、命からがらに逃げ出すという場面があるが、これは原作にはなく、ベルトルッチが新たに付け加えたものである。

わたしのボウルズ紹介は、どうやら日本では成功した感があった。それにしても、この国にはアメリカ文学の研究家や翻訳家があまたいるというのに、これほどの大物を今まで放置しておいたというのはどういうことだろうと、わたしは思った。やがて別の出版社が、ボウルズの著作集の企画をもちかけてきた。それは全六巻で完結し、わたしは彼のもっとも長い長編である『蜘蛛の家』を訳出した。他にも彼をめぐる伝記や対談集が次々と刊行され、いくつもの雑誌が特集を組んだ。わたしはタンジェに立ち寄るたびにそれを彼に手渡したり、また郵便で送った。いつの間にか、ボウルズは日本で（アメリカでいうところの）ビッグネイムと化していたのである。渋谷のデパートは、まだ一冊の翻訳も出ていないにもかかわらず、ジェイン・ボウルズの顔を大きくあしらったポスターを制作し、企業のイメージ広告に用いた。わたしがそれをタンジェに送ったときは、さすがにボウルズ本人も驚いたようで、ただちに感謝と当惑の入り交じった手紙を寄越してきた。彼には高度資本主義の最先端にある東京で、いかに新奇さが求められ、恐ろしい速度のもとに消費されてゆくかが、想像できなかったのである。

あるとき、わたしのもとにアメリカの出版社から、ボウルズのもっとも新しい書物だといって、短編集の形態を取った日記が送られてきた。そこにはわたしが彼の前に現われた最初の日のことが、描写されていた。

*

ボウルズとの再会。

アパートメントの四階に行くエレヴェーターは、またしても故障している。わたしは薄暗い階段を登り、表札のない扉のベルを鳴らす。応答がない。何回押しても反応がないので、諦めて帰ろうとすると、隣の部屋に住む主婦が気配を知って扉を開ける。わたしに事情を説明させる暇も与えず事情を見抜いた彼女は、強い力でもって扉を叩き、ポール！　ポール！　と叫ぶ。ボウルズはかれこれこのアパートメントに四十年にわたって住んでいる。彼女としてみれば、気心の知れた静かな老人で、ただ普通の老人にしては来客が多いくらいのところなのだろう。ほどなくゆっくりと扉が開き、ボウルズがその陰に立っているのがわかる。

ボウルズに会うのは、これで五度目か、六度目だ。正確にいつ訪問するかは知らせておかなかったが、彼は、ああ、きみだったのかという表情を見せる。彼はパジャマのうえに白いガウンを羽織り、わたしを迎え入れてしまうと、外の冷気が部屋のなかに入ってくるのが心配だといわんばかりに、扉を閉める。それからわたしに、奥の寝台に横になりながら話していいかねと尋ねる。この丁寧さは彼に生来のものであったと、わたしは思い出す。

彼はつい最近、アメリカに短期間戻って、鼻と喉の奥に出来た腫瘍を手術で取り去ったらしい。病院の院長が自分の愛読者で、そんなわけでいろいろと便宜を計ってもらったと、打ち解けた感じでいう。よく見ると、鼻筋のところに短い傷跡が残っている。じゃあ飛行機に乗ったわけじゃないですかというと、まあ仕方なくねと、苦笑しながら付け加える。その後の経過は良好で、毎朝きちんと髭を剃っているという。気分がいいようだ。

寝台のわきには、カミュの『最初の人間』の原書が転がっている。どうやら読みかけのところで、わたしが到来したようである。これはつい最近出版され、世界中の読書界で話題を呼んでいる、彼の未完の遺作だ。わたしは以前に、ボウルズとカミュを比較する論文を日本語で書いたことがあった。そのなかで四〇年代にボウルズが執筆した『遠い挿話』と、五〇年代にカミュが世に問うた『追放と王国』のなかの一編が、プロットにおいてあまりに似ていることを指摘した。わたしは前々から気にかかっていたその間の事情を、ボウルズに尋ねる。

「ぼくはいつもカミュを読むのが好きだったね、今でさえも」

ボウルズは落ち着いた調子で答える。もっとも彼は自分がカミュに創作上で示唆を与えたことは、まずなかっただろうと、いう。「第一、カミュは英語などほとんど出来なかったし、ぼくの書いたものがフランスで読まれるようになったのは、彼が交通事故で死んでからずっと後のことさ」

わたしは『蜘蛛の家』を訳し終えたことを報告する。ボウルズは口元に軽い笑みを浮かべて、ハムドゥリラーとアラビア語でいう。ことが成就したときにアッラーに感謝を述べる言葉だ。

「あれを外国語にするのは大変だっただろうね。フランス語の訳は、この近くに住んでいる女性が十年ほどかけて、こないだ終わったばかりだ。よくわからないところを尋ねに来たことがあった。でも刊行は遅れたね。反フランス的だと出版社が思ったのだろう」

「アラビア語とか、ベルベル語が沢山出てくるので、最初はどうしようかと思ってました。でも協力してくれるモロッコ人がいて、綴りを見てすぐに、これはフェズの方言だと見抜きましたね。彼女は、どうしてこんなに正確に音を再現できたのだろうと、いってました」

「それは、ぼくは作家である前に音楽家だったからね」

ボウルズは右手を自分の耳に当てる。「ぼくはまずフェズでアラビア語を習って、といっても語学学校なんてあるわけがない。路上で触れた言葉をそのたびごとに覚えていくわけだが。ジェインは遅れてやってきたけれど、彼女が接したのはタンジェのアラビア語さ。だからぼくの言葉がおかしいといって、いつも笑ってたよ」

「ベルベル語はどうでした？」

「これはなかなか外国人には勉強する機会がなかったな。昔は音楽の採集に行くと、都市を一歩出るなら、もうアラビア語の通じない世界がどこまでも広がっているという感じだった。モロッコはいうなればイスラムの植民地だよ。アラブ人がベルベル人を征服して、彼らをまるでアメリカ・インディアンのように扱っているわけだ」

「そんなことは、あなたはこれまでどこにも書いてませんでしたよ」

「誰がそんなことを書くものかね。モロッコ国内でモロッコ人が書こうにも、秘密警察がうようよいて、みんなひどく怖がっているし、国外でそんなことを叫んでみたところで、誰も耳を傾けるものか。仕方がないことだよ。どうなるかなんて、ぼくにはわからないよ」

寝室のＴＶのうえに一羽の鸚鵡が止まって、わたしたちの対話を不思議そうに見下ろしている。ボウルズはときおり彼に向かって、Are you crazy? Are you crazy? と、話しかける。鳥が彼の満足のいく返答をしないので、彼は口を窄《すぼ》めてみせる。わたしは『蜘蛛の家』の細部をめぐって、いくつかの質問をする。その結果わかったのは、あの長編に描かれたホテルの細部の挿話は、ほとんどがボウルズみずからが見聞したものであったということだ。彼はなおも言葉を続けて、モロッコは独立してから悪くなったという。一時は独立主義者たちが実権を握ったように見えたが、国王がフランスやアメリカの支持を取り付けて、秘密警察を組織し、彼らを弾圧した。どうしてそうなったのか、わからない。ともあれ、そうなってしまった。今となってはどうでもよいことなのだが……。これが過去に向き直るときのボウルズの口癖だ。

寝室から書斎へと向かう壁には、わたしが何年か前に送った、ジェインの巨大なポスターが貼られている。ここに来る人はかならずこのポスターの前で記念写真を撮って帰るんだよと、ボウルズはいささか嬉しそうに語る。

キフはどこにでもある。

＊

プチ・ソッコのカフェでは、客たちが一人の例外なくある方向を向きながら、真剣な顔をしている。身動きひとつしない。全員が男だ。彼らはカフェの奥に据え付けられている一台のＴＶが映しだすサッカーの国際試合を、食い入るように見入っている。その眼差しの間を濛々と煙が立ち込めている。キフの煙だ。

港に近い広場のまわりに並んでいる安食堂に座っていると、いつも誰かが話しかけてくる。モロッコの煙草はいらんかね。モロッコの煙草だって？　あるのはキフだけだ。それも今風に紙巻きになったもの。この土地では輸入ものの煙草は、恐ろしく高い関税が付されている。マルボローの一箱が貴重な通貨のように流通してゆくさまを、わたしはいたるところで目撃してきた。キフはそれとは逆に、どこにでもある。誰もが睾丸のようにポケットの奥深くに忍ばせていて、頃あいを見計らって互いに取り出す。一人の老人が、あんたのもっているフランスの煙草と交換してくれないかと、執拗にテーブル越しに話しかけてくる。物々交換はあっけなく成立し、わたしは十本ほどの紙巻きのキフを手にする。白昼の砂浜に出て吸っていると、裸足でサッカーに興じている子供たちの喚声が、遠くに聞こえたり、近くに聞こえたりしてきて、ひとりでに笑いが発怒《こみあげ》てくる。

ボウルズはキフについて、『中庭の百匹の駱駝』のなかで、こう語っている。

キフを吸う者は好んで、二つの世界があるのだという。ひとつは冷たい自然の法則が支配する世界で、もうひとつはキフの世界だという。後者では誰もが、自分の本当の姿が写しだされるぐあいによって、「現実」を知覚する。そうした意識のときには、宇宙を組み立てている物質は、そのままカナビスによって組み替えられ、自分の思うがままになる。体験中の本人にしか、こうした世界変容は面白くない。しかしキフを巧みに吸う者は、世界の変容のあり方をコントロールして、毎日の生活に役立てようとする。自分の解釈が正しいと思ったときには、それで決定と見なして、迷わず行動の目的を定める。だから熱心な吸飲者は、神のお告げに似た決定をただちに得たいときには、「もうひとつの世界」に向かうことをしばしば巡礼の旅のように考えている。

キフはカナビス、すなわちインド大麻の大葉を乾燥させ、細かく刻んだものである。パイプに詰めたり、煙草のように紙巻きにして吸飲する。キフはアルコールとは逆に、人をもの静かで瞑想的な気分へと導く。最初の一服はひどくいがらっぽい。その次もだ。だがしばらく煙を吸い込んでいくうちに、ふっと眼の前の世界が遮断されたような感じになり、物音が遠ざかっていく。存在しているのはわたしの心だけだという、長い間忘れていたはずの「真理」が、戻ってくる。ゆらゆらと立ちのぼるキフの煙に包まれながらうっすらと眼を閉じるとき、モロッコ人は此岸の喧騒を忘れ、静謐で内面的な宇宙へと、あたかも深海に沈んでゆくマリンスノウのように、ゆっくりと降下してゆく。

マジューンはキフとは違う。使用法を間違えると、恐怖じみた結果に終わる。カナビスが原料という点では同じだが、これは粘着性のペーストである。いや、むしろ彼らの表現を尊重して、ジャムと呼ぶべきか。ボウルズの語るところでは、ビスケットに塗って日没を眺めながら、たっぷりの熱い紅茶とともに口にするのが一番であるという。タンジェではお菓子に混ぜたり、棒状の飴にして用いることが多いようだ。

あるときボウルズは知りあいに誘われるままに秘密の場所を訪れ、はじめてマジューンのねっ《スティ》とりした棒《ツキーフィンガー》を手に入れた。それは口に含んでも埃っぽい味しかしない物質である。当時高台に家を借りていた彼は、ただちに丘を登りきると、満身に太陽の光を浴びて横になった。しばらくすると、眼を開けてはいられないほどに強烈な体験が、襲いかかってきた。自分がどんどん空中に浮遊し、太陽と高さを競いあうまでに上昇する幻覚に囚われる。幻覚はしばらく続き、一時間ほどして彼は家に帰ったが、暖炉に火をくべたところ、またしても弱い幻覚に襲われたような気になった。炎が何やら自分にむかって話しかけているかのようだった。そこで不動の姿勢で炎をじっと見つめていると、『シェルタリング・スカイ』の主人公ポートが苦悶のうちに熱病死を遂げるさまが、眼前に浮かび上がってくるような気がしてきた。これまでどうにも書きあぐんでいた死の光景をめぐって、霊感が舞いおりてきたというべきか。ともあれ薬物に助けられて、ボウルズは最初の長編を完成した。

マジューンの効果が現われてくるのは、本当は一時間かそこらが経過してからである。もっとも分量を間違えたり、心になにかしら迷いごとが横たわっていたりすると、ときに予想もつかぬ悲惨な事態を招くことがある。ボウルズの妻ジェインは、事実それを体験した。彼女はフェズである家に招待され、そこで美しい少年からマジューンの入ったキャンディを勧められて、知らぬうちに食べ過ぎてしまった（わたしは後にこの少年について、長く書くだろう）。彼女は帰宅してから恐ろしい体験をした。その晩は一睡もできず、そればかりか夜の長さがいつもの十倍ほどに感じられた。別室で眠っている夫の身の上に何かが起こったのではないかという不安の念が、その次に生じた。やがてそれは形を変えて、夫がこの部屋に忍びこんで自分を殺そうとするという強迫観念へと変化した。この不幸な体験以来、ジェインはマジューンはおろか、キフにいたるまで、あらゆる薬物に深い嫌悪感を抱くにいたった。彼女がアルコールだけを宿命の友として、やがて精神の正気を喪うに至ったことは、先に述べた通りである。これはキフの煙に囲まれながら『シェルタリング・スカイ』を完成させたボウルズとは、大きな違いだといえる。

モハメッド・ムラベはいつもキフを吸っている。彼がそばを歩くと、軀中からその臭いが漂ってくる。ムラベのあり方を見ていると、キフの吸飲が魔術の実践と並んで、モロッコ人の日常生活のなかで占めている位置の大きさを窺い知ることができる。

ムラベがボウルズとの共同作業を通して世に問うた十冊に近い英文の作品集のなかで、一九六九年に刊行された『ム・ハシッシュ』という短編集は、キフを正面から主題としている。それは一日中キフを吸っている男たちを主人公とし、その効用を高らかに讃美している。ちなみに題名は、ハシッシュ漬けになった者とか、ハシッシュに帰依した者くらいの意味である。

ある短編には、酒ばかり呑んでいて、結婚以来いっこうに妻の外出を許さない男が描かれている。そこで妻は、夫の親友のキフ好きの男と籐の茂みで逢引をすると、その入れ知恵で夫に妙薬を飲ませ、いいなりに操るようになる。別の短編では、教主《カリフ》が痔の痛みに苦しんでいる。そこへ無花果《いちじく》の樹の下でキフを吸っていた男がやって来て、われこそは東方の名医であると偽り、教主にキフを吸わせる。教主が恍惚としてきた瞬間を見計らって、男は彼を後方から犯し、その効果もあって（？）教主はみごとに全快する。まるで『千夜一夜物語』にでも登場しそうな笑話だが、キフ吸飲者の悪戯ぶりはこんな程度では収まらない。

大市場の頭目にあたる敬虔な老人がいて、日がな周囲の誰彼にむかってコーランの功徳を説きまわっている。それもテープレコーダーを手に入れたものだから、さっそく預言者の聖句を録音し、最大ヴォリュームで街角の拡声器から流すといったありさまである。近所迷惑も甚だしいのだが、ことがコーランであるだけに、市場の連中も面と向かって文句をいうわけにはいかない。そこで老人の息子が一案を思いつく。悪友と語らってテープレコーダーを盗み出し、コーランを逆様に朗読して録音しておく。

信仰心の篤い老人はといえば、その日もカフェを散策してけしからぬキフ好きを発見すると、家へ連れて帰り、ありがたいテープを聞かせて改心を促そうとする。もっとも器械から流れてくるのは、ケロケロといった蛙の鳴き声のような言葉だ。不思議に思った老人がテープの速度を早めると、今度は鳥の言葉になっている。老人はその意味が少しもわからない。一方、キフ好きはただちにこれが息子の悪戯したテープであると気付き、説教の意味はよおくわかりましたと答えると、老人にキフを勧める。老人は機嫌をよくしてキフを吸っているうちに、どうやら自分でも説教の半分くらいはわかってきたようだと、相槌を打つ。やがて老人もカフェの常連となり、日がなキフの煙をくゆらすまでになる。テープレコーダーはというと、すっかり関心がなくなって、息子の玩具になり下がる。

『ム・ハシッシュ』の巻末に置かれた「キフ切りの話」は、キフに代表されるモロッコの伝統的な娯楽習慣が、フランス植民地政策に発するモロッコの近代化、西洋化の流れのなかで、権力によっていかに愚かしい迫害を受けてきたかを語っている。これは読みようによっては、かなり悲痛な短編である。

主人公はこれといって定職をもたず、キフの葉を切り刻んではカフェの客に売り捌いて、細々とした生計を立てている青年である。あるとき彼は専売局の役人に誰何され、煙草密売の理由で連行される。お前は自分のしていることが犯罪であると、どうしてわからないのか。彼はフランス人の役人からこう恫喝《どうかつ》されるが、もの心ついたときからキフに馴染んできたこともあって、その意味が理解できない。ムスリムにとって罪とは飲酒である。そこらに生えている、誰のものでもない一枚の葉っぱを巻いて吸おうが、罪とは何も関係のないことではないだろうか。青年は信じられない金額の罰金を払わされ、葉を押収されて釈放される。あるとき彼は、自分を捕らえた役人たちが裏で大量の煙草の葉を取引きしているさまを、目撃してしまう。

ほどなくして彼はふたたび逮捕される。今度はどうやら罰金ではすみそうになく、下手をすると懲役かもしれない。役人は、キフは健康に悪いはずなのに、なぜ吸うのかなどと、偽善的な質問を投げかける。青年は怒って答える。健康に悪いのはキフじゃない。金がないってことでさあ。「憚りながら、俺は酒はやらねえ。神経が細いもんで、キフを吸うのは気を鎮めるためでさあ。誰かが喧嘩を吹っかけてきても、キフを吸ってりゃ気にはならない。自分が今座っているのか、立っているのかだって、どうでもよくなっちまう。人に殴られたって、わかるものか。人様に害を及ぼすなんて、金輪際ありっこねえ。お役人さんたちは俺みたいな一束いくらって小悪党はほっといて、トン単位で取引きをしている連中をしょっぴいてもらいたいものだ」

長広舌の効あって、青年はようやく釈放される。彼は早速行きつけのカフェに戻ると、心配げに眺める周囲の人たちにむかって大丈夫だったと答え、慣れた手つきで葉を刻みにかかる。

キフをめぐるピカレスクな小話をさんざんに聞かせたあとで、こうした現実味のある、かなり自伝的な短編をもってくるところなど、ムラベはなかなか大した芸人だと思う。この短編の主人公の切ない道化ぶりの背後には、近代化にともなう官僚主義がモロッコの民衆のおおらかな生活様式をいかに破壊してきたかをめぐる悲痛な認識と、にもかかわらず、したたかにその裏をかいてみせる小悪党の狡智才覚とが、たくみに描写されている。

ムラベには最初にタンジェを訪れたころに、何回か会ったことがあった。わたしは彼の処女作である『ひとつかみの毛髪の愛』をそれ以前に読んでいたので、あれは素晴らしい物語だというと、彼は無愛想に、しかしニヤリとしながら、自分はいまだに字を書くことができないし、何を喋ったか、昔のことだからすっかり忘れてしまったよといった。いかにも一筋縄ではいかないといった雰囲気の男だった。

『ひとつかみの毛髪の愛』は魔術を主題とした中編小説である。主人公は作者と同じモハメッドという十七歳の青年で、タンジェのホテル経営者であるゲイの「ナザレ人」と、今でいう「援助交際」の関係にある。「ナザレ人」とは土地の言葉で、白人一般の意である。モハメッドはミナという隣家の娘に恋をしているのだが、いっこうに脈がない。そこで邑外れに住む魔女のもとにミナの毛髪をひとつかみ持ってゆき、媚薬を調合してもらう。その甲斐あってミナはモハメッドに靡《なび》き、彼はお人よしのナザレ人から大金を巻き上げると、盛大な結婚式を挙げる。もっとも幸福は長くは続かない。どうもこれは怪しいと睨んだミナの母親が占い師に相談すると、娘は呪術にかけられていたと判明する。ミナが母親に命じられた通りに、魔女が調合した薬を焚きこめた火鉢のうえを跨ぐと、大きな爆発音がして、彼女は妄想の愛情から自由になる。だがモハメッドは相変わらず妻を病的に愛しているので、ここでも魔女の助けが必要となる。何年かが経ち、彼はバスに乗っていて、見窄《みすぼら》しい田舎女が三人の子供を連れているのを見かける。それは他家に嫁いだミナで、子供のひとりは彼の子供である。彼はミナに金を渡して別れ、自分がもはや女に耽溺せずに女を享楽できるようになったことを、神に感謝する。

　こうした物語を読むと、タンジェに生を送っている者たちの狡猾さ、抜け目のなさを、今さらながらに思い知らされるとともに、彼らが一方で魔術の実在を今日なお深く信じているという事実に驚かされる。わたしを空港から乗せたタクシーの運転手がひどく真面目な口調で、魔物が金属を怖がると口にしたのも、けっして観光客を不用意に脅かしてみようという軽い意図からでたのではなく、彼が生まれ落ち、今なお生きている世界の厳粛な法則を伝えようとしたのだと、わかってくる。

　一九六〇年代の中頃、まだ十代の少年であったムラベは、さるアメリカ人の家で住込みの料理人をしていた。あるとき街角でふと知りあったナザレ人が思いがけない大金を渡し、フェラチオをさせてほしいと申し出た。なんと金とは馬鹿馬鹿しく手に入るものかと、彼は思ったという。ボウルズと協力して『ひとつかみの毛髪の愛』を完成させたムラベは、あるときジェインのアパートにこっそりと忍びこんだ。長い間ジェインはシェリファの関心を得るために大金を彼女に注ぎこみ、何ごともそのいいなりとなっているという危険な時期にあり、ボウルズですらそれを止めることができないでいた。その結果、狂気に陥ったジェインが、マラガの精神病院に収容されていたことはすでに述べた。不在のアパートにはシェリファが植えた、いっこうに成長しない観葉植物の鉢があった。ムラベがある直感からその鉢の土を退けてみると袋が出てきて、その中には陰毛、乾燥した血液、爪、アンチモンなどが入っていた。彼は非常な恐怖に襲われたが、勇気を出してすべてをただちにトイレに流し、ボウルズにありのままを報告した。それ以後、シェリファはぴたりと姿を現さなくなったという。ジェインが魔女に呪い殺されたという噂は、おそらくこの事件が大きく喧伝されたものだろう。だが、キフやマジューンがモロッコの現実であると同時に、魔物や魔女の存在もモロッコの現実なのだということを、この挿話は端的に語っている。それはけっして幻想物語のなかだけの出来ごとではないのだ。

ムラベとボウルズとの友情は二十年以上も続いたが、八〇年代の終りにある事件がもとで、彼はボウルズのアパートメントにお出入り差止めとなったようである。わたしはその顚末を、ボウルズ本人の口から聞いた。それはまるでムラベの小説そのもののような話だった。

事の起こりは、写真家のシェリーが、タンジェに住みたいといい出したことに始まる。シェリーはわたしも一度ボウルズのアパートメントで会ったことがあるが、心底彼の生き方を畏敬していて、ニューヨークから無邪気にやって来たという印象の女性だった。そこへムラベが近付いてきて、一万ドルを俺に預けてくれれば立派に家の一軒も建つぜといった。シェリーは彼に金を渡したが、彼は当然のことながらそれを半ば使いこみ、家の建築は中途のまま放りだされた。シェリーが抗議すると、ムラベはもう九千ドル出してくれれば家はちゃんと建つのになあと、いけしゃあしゃあと答えた。財力の尽きたシェリーには、それはできない相談だった。事態を見兼ねてこっそりとムラベに金を渡したのは、ボウルズである。そして家が完成すると、ムラベはあっさりとそれを別人に売り飛ばしてしまった。まさに黙阿弥の白浪物にでも出てきそうな、堂に入った悪党ぶりとしかいいようがない。

だが、話はそれでは終わらない。ボウルズによると、あるとき妙に澄ました顔をしたムラベが白い薔薇を手にやって来て、いそいそと大きな花瓶に生けると帰っていった。ボウルズは妙なこともあるものだと思ったが、家の金を出してやったことの礼を表現したかったのかもしれない程度にしか、考えていなかった。たまたま翌日、傷心のシェリーが赤い薔薇を両手に一杯抱えて彼のもとを訪れた。手元に手頃な花瓶が見つからなかったので、彼女は何げなしに白薔薇を別の花瓶に移し、そこに赤薔薇を挿し直した。そこへ運悪くムラベが入ってきた。彼は自分の薔薇が蔑如《ないがしろ》にされていると知ると、叫びだし、シェリーに向かってクッションを投げ付けた。悪いことにその日はラマダンの最中で、誰もが昼間は腹を空かせ、多少なりとも苛立っている時期に当たっていた。ムラベの怒りはそれだけでは収まらなかった。彼は暖炉の薪を手にとると、それでシェリーを打とうとした。もしここに料理人のアブデルワハブがいて彼を制しなかったとしたら、大変なことになっていただろうと、ボウルズはいう。この部屋はユダヤ人ばかりじゃないか。ユダヤ人がムスリムの清らかな空気を汚すことは許されない。みんな殺されるといいんだ。ムラベはそれだけいうと、出ていった。それ以来、彼は戻ってこないのだという。

事件が起きたとき、その部屋には何人かの人物がいたが、誰もがショックを隠せなかったようである。とりわけシェリーはひどく動揺して、泣いていた。ただひとりボウルズだけが終始冷静で、事の次第を少し離れたところから眺めていた。

「どうしてあなただけが冷静でいられたのですか」

わたしはすべての顚末を知らされたあとで、思いきって尋ねる。

「ムラベが罪の意識を感じていると、わかったからさ。モロッコ人は自分の悪を認めたときにこそ、他人に対して攻撃的になるものだ」

「だって、あなたは九千ドルを持ち逃げされたままで、平気だったのですか」

「あの場合、それ以外に方法はないだろう。シェリーには払う力がもはやないわけだし。けれどもわたしは、たとえ家が建ったとしても、彼女がそれを手にすることはないだろうと思っていたよ。ムラベは金を彼女に戻すと誓ったが、そんなことは当てにする方が間違っている。あとのことは、もはやわたしにはわからない。たぶん誰にも、ムラベを含めてあそこに居合わせた誰にもわからないだろう。これからどれだけ時間が経ったとしても、わからないだろう」

＊

夕暮れどきのカスバ。大気のうちにそれとはなく薄い酢のような憂鬱な気分が漂ってくる時分だ。明るいウルトラマリンから、ピンクの照り返しを受けた青へ、さらに濃い藍色へと、刻々と色を変えてゆく海を、断崖のうえから眺めている。崖下にはひどく貧しい家が立ち並んでいて、洗濯物が微風に旗めいている。対岸は見えない。地中海と大西洋という、ふたつの水が出会う眼前の海は清澄そのものであり、わたしの立っている場所のすぐそばには塵埃《ごみ》が積み上げられている。

子供たちが路地の隅に集まってわたしを見つめているのがわかる。水を汲んでいる子がいて、その側でバケツを叩いて遊んでいる子がいる。狭い路地の両側をなす壁という壁は、白い漆喰でいくたびも塗り直されていて、鍾乳洞のような不思議な景観を見せている。よく見ると、壁の色にも細かな違いがあり、あるところでは青白かったり、別のところではピンクの色調が混ざっていたりする。歩いている大人たちをほとんど見かけないのは、今がラマダンの期間だからだろう。わたしは人気のない迷路を廻ったのちに、ホテルへと戻る。

エル・ミンザでは、王宮を象った豪華な食堂の中央に、すでに四人の楽師たちが演奏をしている。ヴァイオリンとウードが蔓草のように、どこまでも絡まりあう旋律を甘く奏で、タンバリンと小さな打楽器が小刻みにそれを区切ってゆく。白人の滞在者が何組か、思い思いのクッションに座って、それを聴いている。あるいは聴いているふりをしながら、自分たちが白人世界から持ちこんできた話題を並べて、お喋りに耽っている。太った踊り子が登場して、腰をくねらせながら、わたしの方に向かって目配せをする。曲芸師が蠟燭を立てた盆を片手に登場し、次々と客たちの卓をまわってチップを集めてまわる。彼はゆく先々でカメラの被写体となる。注文した料理は大きな陶器とともに仰々しく運ばれ、その円錐形の蓋を取ると、なかから肉団子とプルーンを煮込んだ料理が現われる。クミンと大蒜《にんにく》、それに名も知らない香辛料の混ざりあった香りが、湯気とともに立ちあがる。

わたしは食事を終えて、人気のない中庭を横切り、ホテルの外へ出る。暗がりのなかで、たちまち恐ろしい雑踏がわたしを取り囲む。昼間のラマダンの行が無事に終わったからだろう。つい先ほどの人気ない雰囲気とはうってかわって、人通りが復活している。リベルテ街の坂を下ってメディナの門の前、もっとも大きな広場であるグラン・ソッコへ通じる径には、両脇にびっしりと露店が並び、カセットテープから玩具、食器、大工道具、それにパンやお菓子まで、ありとあらゆるものを売っている。蠟燭とランプが、並べられた商品のひとつひとつに、隈取りのような影を与えている。広場に面した映画館には、インド映画の巨大な看板が掲げられ、そのなかでは恰幅のいい男が恐怖に顔を歪ませた美女を救出しようとしている。わたしの手前を、盲人が若者に手を引かれて歩いている。子供たちが菓子パンを手に走りまわり、母親は知り合いを見つけてお喋りをしている。グラン・ソッコの群衆の上には夜空が広がり、わたしに無限という観念を思い出させる。その高みには半月が輝いている。

メディナの門を潜ることをやめ、城壁の外側を廻ってゆくと、突堤に出る。しばらく歩いてゆくと、やがて人通りが絶え、暗い砂浜が始まる。浜辺には鉄道の線路が平行して延びているはずなのだが、あたりはすっかり暗くてわからない。ただ波の打ち寄せる音だけが、しだいに近付いてくるのがわかる。砂のうえを歩いてふと振り返ると、タンジェの邑の全体が、夜景として迫ってくる。月の光が家々の白い壁を照らし、そこに黒い影を刻みこんでいる。わたしは今この光景を見ている自分を、この先、いつ、どのようにして思い出すことがあるだろうか。わたしはやがて訪れるであろう死の間際に、この光景を見ていた自分というものを思い出すことがあるだろうか。

ふと近くの砂のあたりで、何物かがすばやく動いている気配がする。わたしは一瞬身構え、空港で乗ったタクシーの運転手が口にした謎めいた言葉を思い出す。砂のうえを走っていったのは、数人の子供だった。彼らは海岸の暗がりのなかで、ボールを蹴って遊んでいる。足のほとんどが裸足だ。ただ一人靴を履いている子供がいて、すばしっこく動く足先の白でそれとわかる。

第二章　蜘蛛の迷路

フェズ

タンジェを朝に発った列車は、穏やかな平地をすぎてゆく。窓から視界に飛びこんでくるのは一面の野の緑と、ところどころに白い点のように見える農家ばかりだ。それがしばらくすると土肌の色が赤く変わり、荒れ地が目立って多くなってくる。フェズまでは、途中メクネスで乗り換えて六時間の行程である。

そう、ふたたびフェズへの途に就くのだ。わたしは決意したように、自分にいいきかせる。あの崩れかけた蟻塚のような邑《まち》、世界でもっとも複雑な迷宮と呼ばれている、かつての王都のことが思い出されてくる。記憶はもう十年も前にこの邑を最初に訪れたときに溯る。わたしの印象のなかで、フェズはあまりに巨大すぎてどうにも嚥下することのできない、要塞のような場所として残されている。それはタンジェのように、一年を通して海の微風が通りを横切り、いく種類もの言葉が飛び交うコスモポリタンの邑とは対照的に、逃げ場のない内陸にあって、モロッコ的なるものを何世紀にもわたって黒く煮詰め、壁という壁、小径という小径にべっとりと塗り重ねたような息苦しさと、異教徒であるわたしにむかって獰猛で邪悪な眼差しを差し向けてくるところであった。

こうした感想をもった原因のひとつは、擂鉢《すりばち》状に内側が窪んだ旧市街の中心、土地がもっとも低くなっている川べりに設けられた皮鞣《かわなめ》し工場をたまたま覗いてしまったことが、作用しているかもしれない。近付くにつれてしだいに強くなる悪臭に包まれながら、怖いもの見たさに坂を下って足を運んだその工場では、巨大な岩盤のうえに、人間の軀がすっぽりと入るくらいの穴が何十と穿《うが》たれていて、まだ少年のような男たちがその回りで忙しげに働いていた。穴という穴に茶褐色や赤の染料が貯蔵されていて、そのなかに羊の皮を漬けては染め上げてゆくのである。働いている少年たちのほとんどが裸足で、その足には例外なく茶色の撥ねがかかっていた。わたしが偶然に降り来ったのは、世界に名高いモロッコ皮の製造工房だった。腐乱した肉がたてる独特の臭気が鼻腔を襲い、しばらく立っていると、軀の全体が裏返るような嘔吐感が込みあげてくる。ふと眼を暗い通路のわきへと逸らすと、そこには皮を剝いだあとの羊の頭が山ほどに積み上げられていた。彼らはおしなべて静かに眼を閉じている。

皮鞣し工場での強烈な印象は、わたしのフェズ観を、モロッコのいかなる他の邑とも違うものに仕立てあげている。日本語の古来の用法に従えば、「悪」という言葉には、強いとか、圧倒的といった意味が含まれていた。この伝でいうならば、たとえ敬虔なるムスリムの都でありながらも、悪のフェズと呼んでみたい気持ちが、わたしのなかにあった。そしてわたしは、その邑に、タンジェとは違った意味で、長らく魅惑されてきた。

列車の形式的な検札が終わって、車掌が出ていってしまうと、コンパートメントにすかさず皮ジャンパーを着た青年が入ってくる。少し猫背で、こちらの眼を窺いながら、しきりと個人的な話をし始める。

英語がわかるか。自分はフェズに住んでいて、妻はカナダ人だと、何本もの皹裂《ひび》の入った写真を見せてくれる。彼女は今カナダに住んでいて、自分も来年はあちらへ行くのだという。わたしはちょうど食べていたクッキーを差し出す。彼は苦笑しながら、今はラマダンで、つねによきムスリムでありたいからといって、それを拒む。今からフェズに帰るところだが、もしあの邑がはじめてだったら案内してあげよう。ホテルはどこに泊まる予定なのか。さあフェズが始まったぞと、わたしは覚悟する。弁舌と企み、それに歓待の掟とが、まるで彼らのアラビア文字の典雅な曲線のようにいくえにも絡みあった世界が、ここから開始されるのだ。

だが青年のせっかくの計画は、車掌の突然の出現によって、泡と消えてしまう。車掌は彼にむかって、一等の座席券を見せろと強い調子で詰問し、それに答えられないでいる青年はコンパートメントの外に摘み出される。彼は出しなに、自分の失策を見つけられた子供のように、なにかひどく気まずそうな表情をして、わたしに笑いかける。ほどなくして列車はメクネスに到着する。わたしはフェズ行きの列車に乗り換えるために、別のプラットフォームに向かうが、そこには青年の姿は見えない。彼はメクネスより手前の駅で下車してしまっていた。おそらく彼が説明したことの半分以上が罪のない虚偽ではなかったかと、わたしは思い当たる。

フェズを再訪しようと思い立ったのは、ボウルズの『蜘蛛の家』を翻訳したからであった。『シェルタリング・スカイ』の分量をはるかに凌ぎ、構成や奥行きにおいて作者がモロッコ的なるものと四つに組んだ感のあるこの長編と格闘しているうちに、作者が執筆途上で向きあっていた問題を、自分なりの視線で確認しておきたくなったからである。この恐るべき邑には、以前最初に旅行したときにも数日間滞在したことがあったが、残念ながら核心を見届けないままに別の場所へ移ってしまった印象をもっている。今回わたしの内に突きあがってくるのは、小説の舞台となった場所を逐一確かめておこうという衝動である。

『蜘蛛の家』の翻訳には二年ほどの時間がかかっている。それはフィレンツェで夏に着手され、わたしがひとたび東京に戻った時点で中断された。翌年ボローニャ大学に招かれたわたしは、ようやく自分だけに集中する時間をもてるようになり、午前中をこの書物の翻訳に費やした。朝早く起きるという習慣を、なんとかイタリアに滞在中に自分のものにしておきたかったのである。これはバールでの夜更かしが睡眠時間の長さよりもはるかに価値があると考えるイタリア人の間に生きていると、けっしてたやすいことではなかった。わたしは何回か挫折したが、ともあれ一年のうちに翻訳を完成させることができた。

わたしが翻訳を完成させるにあたっては、ハディージャの力が大きく与っている。

一九五〇年代のフェズを描いたこの長編には、随所にわたってフェズ訛りのアラビア語とベルベル語が使用されており、しかもそれが登場人物の決定的な科白に用いられていたりする。原書では器用にその直後に英語でのいい換えがなされている場合もあるが、それを棒訳するのもつまらない。わたしが翻訳しているうちにフランス語の翻訳がでた。タンジェに長く住んでいて、ボウルズとも深い行き来のある年配のフランス人女性が、あたかもベランダで編物でもするような調子で、相当に長い時間をかけてなしとげた仕事ではあった。もっとも残念なことに現地の言葉の部分はそのままにして、簡単な語彙集を巻末に付けているにすぎない。

一般に西洋の翻訳者や読者はこうした場合、現地語を理解不可能な発音の連なりのままにして、その異国情緒を楽しめばよいという態度をとることが多い。日本に輸入される西洋映画でアジアやアフリカの原住民がその土地の言語で何かを話す場合にも、白人の登場人物が語るフランス語や英語には字幕が与えられるのに、前者には何の翻訳もなされないというのが、まず大方の場合である。非西洋人の語る言語の意味になどわざわざ理解を示す必要がないという名誉白人的な言語観が、戦前から日本の映画配給業者の間に横たわっているのだろう。わたしは『蜘蛛の家』を翻訳するにあたって、こうした愚かしい真似だけは避けようと思っていた。ましてボウルズは半世紀以上もモロッコに住んでいて、多言語性という事態にきわめて敏感な観察力をもっているばかりか、科白のひとつひとつに周到な仕掛けを施している作家である。身近の者に尋ねてもわからないからといって、粗雑な翻訳ですませておくことはできないなという気持ちが、こちらにあった。そんなときわたしは運よくハディージャに出会ったのである。

わたしが書き抜いてみた二百を越す単語や成句のリストを眺めたハディージャは、これはラバトじゃないわ、フェズの方言ねと、たちどころにいった。彼女はボウルズについては、自分が関わった『シェルタリング・スカイ』というフィルムの原作者という以外にほとんど何も聞いておらず、『蜘蛛の家』については粗筋すら知らないという状態だったが、この人はともかくとても耳のいい人よ、発音の細かなところまで正確にアルファベットで再現していると指摘した。ボウルズの語るところによれば、フェズに半年ほど住んでいたとき、住んでいたパレ・ジャマイの塔の部屋を起点にして、あの迷路じみたメディナのなかを何回も何十回も散歩し、ついに自分なりの地図を拵えてみたという。ちなみにこのパレとは、十九世紀にスルタンの側近が所有していた邸宅で、旧市街の北の境界、ギッサ門の傍らに位置している。この地図は小説を書くときに、ずいぶんと役に立ったようである。

わたしとハディージャとの共同作業は、厳粛な語学のレッスンとはほど遠い、思い出すだけで笑いが込みあげてくるような類のものだった。

まずわたしがカブルホゼルという単語を示すと、ハディージャがそれは甘いお菓子《ドルチェ》だとイタリア語で説明し、渦巻きのような模様のパンの絵を紙に描いてみせる。じゃあそれはカーブ・エル・ガゼルというゴマを塗ったクッキーと同じものかい？　わたしがフランス語で書かれたモロッコ料理大全のような書物をもちだすと、彼女は両端がくっつきそうな眉を合わせて悩み、それは違う、うまく説明できないがともかくフェズにしかないものだと答え、先に描いた絵にさらに細かい描き足しを加えようとする。でもモロッコにはもっと美味しいお菓子がいっぱいあるわ、アーモンドのサブレとか、メレンゲを乗っけたビスケットとか、それからルグハイーフとか、スフェンジュとか、ああいうのはどう説明すればいいのかしら……。こうして話の中心は、彼女が子供時代にどんなお菓子を食べて育ったかという思い出に移ってしまう。

話がお菓子のときにはこの程度ですむ。だがこれが別の範疇に属する単語であるときには、そうはいかない。後でゆっくりと述べることにするが、『蜘蛛の家』の主人公は動乱の旧市街を喧嘩と策略で生き抜いてきた少年である。当然のことながら、その言葉遣いに罵倒語が占める割合は多く、ボウルズはそれを現地語で綴っている。シュカマは密告《たれこみ》、アカブトゥは蛙野郎、モハズニはポリ公と、しばらく順調に作業が進んでいるうちに、ズアメルという言葉に出くわした。ハディージャはわたしがこの言葉を口にした瞬間にげらげらと笑いだし、いったいわたしにその言葉を説明させようとするの？　といって、ソファを叩いて笑いの発作を押さえようとした。わたしは女よ、それもムスリムの。そんな言葉は口が裂けてもいえないわ。なおも執拗に意味を問いただすわたしを避けて、彼女は壁の隅に逃れ、ついにはそこにへたりこんでさえ笑いを止めることをやめなかった。そして最後に小さな声のイタリア語で、それはフィノッキオってことよというと、またしても我慢できないといったふうに腹を捩《よじ》って笑い出すのだった。日本語でいうならば、オカマくらいの意味か。ボウルズの長編の翻訳は、こうして『千夜一夜物語』に登場するかのような滑稽な対話を何回となく繰り返したのちに、ようやく完成した。それは東京で、彼の著作集の最終配本として無事に刊行された。

ここで『蜘蛛の家』の内容に立ち入ってみたいと思うが、それには先だってどうしてもフェズという邑の来歴を簡単に語っておかなければならない。それはある意味で、モロッコ史そのものでもある。

フェズが最初に都市として建設されたのは八世紀の終り、バグダッドのアッバース朝に追われたアリの子孫、イドリスによる。ちなみにアリとは始祖ムハンマドの娘婿である。北をリフ山脈に、南を中アトラス山脈に挟まれたこのあたりは、もとよりベルベル人の領域であったが、ここにアラブ人によるモロッコ最初の王朝が開かれたのである。次の世紀に入ると、アンダルシアとカイルワーン（今日のチュニジア）からアラブ人が移住して、邑の中央を流れる川を境として、それぞれ東と西に住み分かった。千年以上経ってすっかり住民が混交してしまった現在でも、このふたつの名は地区の名称として残されている。

すでにその時期にはカラウィーン学堂が設けられ、神学から天文学までアラビアの学問は、この地において殷賑をきわめたとある。もしラテン語のウニヴェルシタスという言葉を西欧以外の領域にも適用するとすれば、この学堂こそはオックスフォードやボローニャよりも古くからある大学といえるだろう。カラウィーン学堂を通してヨーロッパにイスラム数学が伝えられたことは、科学史の世界では常識とされている。さらに加えてモロッコにおいて最初に建設されたこのアラブの邑は、イスラム世界とヨーロッパ、そしてサハラの彼方にあって黄金を産出したアフリカを繋ぐ、重要な商業都市として盛名を誇った。とりわけアンダルシアからは絹や革、金属加工の技術が到来し、現在にいたるフェズの商工業の礎を作った。ちなみにわたしが所有しているアンダルシア＝モロッコ古典音楽の六枚組のCDは、フェズで録音されたものであり、今日のヨーロッパがもはや喪ってしまった音楽における中世が、形を変えてこのモロッコの邑に流れこみ代々継承されてきたと知ることは、ある知的興奮を呼び覚ます。

フェズが都市としてもっとも絶頂を迎えたのは、いくつかの王朝の後、マリーン朝がふたたびここを王都としてしばらくした十四世紀初頭である。この王朝はしばしばスペインに軍を送り、北アフリカ全域にわたって覇権を握った。もしフェズが日本における京都に似た存在であるとすれば、この王朝は室町幕府に相当するだろう。だがポルトガルによる沿岸地域の占拠に政治的内紛が重なって、マリーン朝は滅亡する。十六世紀に南の砂漠に勃ったサアード朝は、マラケッシュを新たな王都とした。その後を継いだ現在のアラウィー朝は、一時はフェズを首都としたもののメクネスに移り、この旧都を放置した。フェズはペストに苛まれ、他のイスラムやヨーロッパの諸都市から隔絶されたまま、衰退の一途を辿った。このあたりの事情は、江戸時代から明治にいたる京都の政治的、文化的失墜に似ていなくもない。話は少し飛ぶが、『蜘蛛の家』の主人公の少年の父親シ・ドリスは、アリの子孫でフェズ屈指の名家の出という設定である。ファッシ（フェズっ子）の誇りをもったこの老人は、現王朝をけっして正統と認めず、民族主義の嵐が吹き上がるなかでも前スルタンの肖像画を家の壁に掲げようとしない。ボウルズが近代から取り残されたフェズの化身としてこの悲しみに満ちた老人を活写したとき、フェズのすべての来歴が彼の射程のうちにあったというべきだろう。

一九一二年に締結されたフェズ条約によって、モロッコはフランスの保護領となるが、その頃のフェズは昔日の威光のおおかたを喪っていたようである。植民地の全権を担うことになったリヨテ将軍は、従来のフェズ、すなわちメディナのわきに、フランス人街である新市街《ヴィル・ヌーヴェル》を建設する一方で、メディナを手付かずに温存するという方針をとった。ここらあたりが日本人には真似のできない、フランス植民地主義の老獪さであるが、結果として中世都市としてのフェズの雰囲気が破壊されずに残ったことは奇貨とすべきであろう。もっともかつての学問の都フェズが、カラウィーン学堂を根拠地として、反フランスの抵抗運動の中心となったことも記しておきたい。フランスがヨーロッパ式の教育制度のなかで育てあげた若いフェズの知的エリートたちは、両大戦間に祖国の独立と近代化を切望するまでになった。イスティクラルと呼ばれる独立運動の集団が一九四四年に結成され、アルジェリアやチュニジアの独立闘争の影響もあって、戦後急速に発展しフランスを脅かす存在となった。

　ここからが『蜘蛛の家』の物語に直接関わってくることになる。スルタンのムハンマド・ベン・ユーセフはイスティクラルを公然と支持し、法律文書に王の署名をしないという戦術に出て、フランスへの抵抗を企てた。彼はド・ゴールの怒りを買って、一九五三年にマダガスカルに流刑となり、新しく傀儡のスルタンが擁立された。だが民衆の先王への思慕は深く、夜空に満月の陰りを見てはそこに王の憂いに沈む顔を読み取ったり、密かにではあるが彼の肖像画を家に掲げるといった行為が後を絶たなかった。イスティクラルは公然とフランス人へのテロ活動に走り、それに対してフランス当局は容赦ない弾圧を加えた。この長編が舞台とするのは、一九五四年のラマダンからアイド・エル・ケビル、すなわち羊の大祭までの二か月間、言葉を換えていうならばフェズの「一番長かった夏」である。ボウルズにとって執筆の契機となったのは、その年の晩春にフェズを訪れたさいに目撃した、フランス軍戦車で包囲されたメディナのありさまであったと、彼は自伝『止まることなく』のなかで書いている。タンジェを訪れたわたしにむかって彼は、パレ・ジャマイのメイドの歯痛の挿話から、人が出払ってしまった食堂の雰囲気まで、小説に描かれている細部のほとんどは、自分があのときに見聞した通りだよと語った。

ちなみに混乱と無秩序の極にあったフェズが、その後どのような変転を辿ったかというと、一九五五年にフランスはついにイスティクラルに屈服し、先王の帰国を許した。翌五六年にモロッコが独立すると、彼はムハンマド五世を名乗り、新政府の面々には少なからぬフェズ出身の民族主義者が起用された。だが王とイスティクラルの蜜月は長く続かず、彼はほどなくして直属の軍事警察を駆使して弾圧を開始した。イスティクラルは王の嫡男であるハッサン二世の代になって、七〇年代に壊滅した。

今日の行政と近代的学問の中心はラバトであり、商業のそれはカサブランカである。フェズは独立後も往古の栄光を回復できないばかりか、中途半端な近代化の進行により、フランス時代に保護されてきた都市の伝統的なあり方が危機に陥ろうとしている。ユダヤ人街であったメラーの住人のほとんどがイスラエルに移住してしまったことも、それに与っている。七〇年代にいたってようやくユネスコが動きだし、この旧都を世界文化遺産に指定した。街並みの保存と修復が叫ばれ、観光都市としての再生が期待されているのだが、なかなか思うように事態が進んでいないというのが現状である。

『蜘蛛の家』の主人公は、アマールという十五歳の少年である。彼はムハンマドの子孫である教学師《フキーフ》の家に生れ、父親はシェリフとしてメディナの人々から尊敬されている。アマールは自分の遠い先祖が聖都ムーレイ・イドリスを建設したことを想い、自分が余人にないバラカを継承していることを誇りに感じている。バラカにわたしは翻訳書のなかでは一応「法力」という語を当ててみたが、字義通りに訳するならば「神の恩寵」とか「ご大切」くらいの言葉のほうが適当かもしれない。それは本来が聖者にのみ与えられている超自然的な力であり、奇蹟を行なったり、病人の治療に用いられる。

アマールの父親は血統として受け継いだバラカのおかげで、邑の人々の心身を癒し、彼らから深く慕われていた。先に述べておいたが、彼はフェズの旧家のつねとして、現在のアラウィーの正統性など認めてなどいない。それどころか世界に生起するあらゆる事象はあらかじめコーランに記されていると頑強に信じ、フランス人であれ、イスティクラルであれ、すべて「政治《ポリテイック》」なるものは人を騙す不正であり、虚偽であると、息子のアマールに教え聞かせている。

アマールは空想好きで、才知に長けた少年である。彼はもはやコーランが世界の問いのすべてに答えてくれるわけではないと、漠然と感じている。なるほどフランス人とはペストや飢饉のような存在で、神がムスリムの忠誠を試すためにお遣わしになったものだと口に出していってはみるが、本当のところでは、父親の信じる萬古不易の世界はもはや疲弊しきっていて、亀裂が走っていることを知っている。アマールは学校で文字を学ぶことを拒否する。父親は息子がムスリムの道徳訓さえ学ぶならばそれもよしという態度で、息子の気紛れを容認する。息子は次々と職人見習いに出ては嫌気が差して戻ってくる。彼はようやくメディナの城門の外にある陶器工房に弟子入りし、持ち前の才覚ゆえに認められる。このとき彼は陶工からはじめてフェズを取り囲む政治的危機を教えられ、イスラムの世に終末が近いのではないかという強い不安を抱く。

アマールには、イスティクラルに心酔する友人がいる。彼はモロッコ人などみんな驢馬《ヘミール》だと罵倒し、テロルの命令を受ければ死をも辞さないといった発言をする。アマールは彼といっしょに郊外に泳ぎにいって、なぜか無性に腹が立ってしまい、殴り倒してひとりで帰ってしまう。そのとき彼は偶然にもイスティクラルの隠れ家を訪れてしまうのだが、彼らと深い交渉をもつには至らない。帰りしなに通った新市街では、フランス人の若者たちが公園のベンチで抱きあっている。アマールはそれを見て、どうしてフランスの男がわざわざ娼婦を外に連れ出して、破廉恥な真似ごとに及ぶのかが理解できないし、遊園地に設けられた人形の見世物小屋の細工を見て、これはナザレ人がムスリムの女たちを堕落させ、娼婦の手口を教えるために拵えた仕掛けだと判断する。だが父親の権域である旧市街から一歩外へ出たことの意義は大きく、彼の世界観に根本的な変化の兆しが現われてきたことを意味している。

ボウルズはこのアマールに対して、ステンハムというアメリカ人を登場させている。ステンハムは戦前にアメリカ共産党に身を置いた前歴のある中年の作家で、モロッコに魅せられてすでに数年この地に滞在しているという設定の人物である。もちろんここにボウルズの自己戯画化があることはあきらかである。彼はメディナの城壁に接するかたちで建っているホテルの尖塔の最上階に部屋を取り、眼下の世界で生じているあらゆる出来ごとの外側に留まり続けることを主義としている。いやそればかりか、彼は自分の人生についてすら、どこか遠いその外側に立ちながら眺めているといった性癖の持ち主である。かつて理想主義を抱いて現実の政治闘争に関わり、手酷く裏切られたという経験が、彼に主観性の宇宙に隠遁する、純粋観察者の位置を与えた。現下のフェズで戦わされている政治的対立についても、ステンハムはフランス側にもイスティクラル側にも加担しようとしない。わずかに例外があるとすれば、それは寡黙なベルベル人の農民だろう。彼らはステンハムに似て、あらゆる権力闘争からあらかじめ排除されている点で、共感の対象たりえるのである。

ステンハムはフランスの植民地主義にけっして好感は抱いていないが、彼らの政策ゆえにメディナが中世そのままの形で残されたという事実は認めている。遅かれ早かれ独立派が実権を握るだろう。そのときモロッコは本来の魔法と祝祭の国であることを止め、他のイスラム国家と同じ、退屈な発展途上国へと堕してしまうだろう。アマールとは違った意味で、彼もまた一種の終末論に囚われている。彼がフェズに牽かれるのは、「この古い邑以上に自分の恐怖をすぐれて体現するものはない」という確信ゆえにである。その周囲には、フランスを支持し、モロッコの停滞を近代化によって引き上げるべきだというイギリス人の実業家やら、異国情緒にわれを忘れ、自国の価値観を声高に喚き散らしては軽薄にイスティクラルへの共感を口にするアメリカ人女性といった脇役が登場するが、いずれもがステンハムの内面の確信を揺るがしにかかる存在ではない。彼の冷えついた達観の姿勢に対し、ただ一人本質的な異を唱え、予期もせぬ形で彼を攪乱させるのは、アマールだけである。

『蜘蛛の家』ではアマールとステンハムの物語が別々に語られる。二人がはじめて出会うのは、小説がすでに三分の二ほど進行したあとのことだ。

ラマダンが終り、メディナの家々が羊を屠る祭りの時期が近付いてくる。だが、その祭司の長である肝腎の王が不在とあっては、祭りを始めることができない。イスティクラルは民衆にむかって祭りを中止せよと呼びかけるが、もし供犠をその年に怠ったとすれば罪障が祓われることがなくなり、民衆はみずからイスラムの終焉を招いてしまうことになるだろう。この二律背反に苦しむメディナでは、日増しにフランスへの憎悪が高まり、テロルが横行するとともに、警察による暴行の度合いが激しくなる。陶工はムスリムが祭儀の王なしで生きていけるとするならば、それは罪であるという。しかし罪が咎められぬまま世界に充満したとき、信仰は消滅する。その結果、あらゆる罪が消滅し、それはもはやムスリムの信仰の終りだと宣言する。そしてアマールは、もはや自分が携えてきたバラカでは現実を秩序づけることができないと思い知らされる。こんなとき、彼はメディナの城門の傍らにあるカフェで、女連れのステンハムと偶然に出会うことになる。ほどなくしてメディナの怒り狂った群衆が門を突破しようとし、城外に待ち構えていた警察隊の銃撃を浴びるという惨事が生じる。アマールはステンハムとともに警察による外国人保護を受ける形で、このアメリカ人の滞在するホテルへ連れていかれることになる。

ここではメディナの城壁の、まさに境界線上にあるカフェが、物語のなかでは空間としてきわめて興味深い意味を担っている。それはアマールにとっては、父親とコーランに代表される中世的旧世界が終り、不断に変化する現実の歴史に接する場所、つまり内部が終焉して外部に至ろうとする場所である。一方、ステンハムにしてみれば、メディナの絶対的な外部であるホテルの塔から出て、喧騒のメディナにまさに入ろうとする端緒の場所であり、比喩的な意味で、彼が世界の外部での達観を止めて、進行する歴史的時間の内側にふたたび参入しようとすることをも示している。こうしてカフェからホテルへの道筋のなかで、二人の人物の外と内の運動があたかも交錯する形でなされ、互いの運動が喚起と牽引とを繰り返すことになる。

アマールとステンハムがアラビア語で行なう対話を、前後の説明を省略して引用してみることにしよう。

「きみは宗教について詳しいんだ。何かぼくに教えてくれないか」
「ぼくは何にも知らないよ。動物と同じさ」
「何も知らないって？　でも知ってるはずだろ。とってもいい宗教じゃないか」
「唯一のものさ。でも今ではぼくたちはみんな獣同然だ。邑に出て、何が起こっているか、見ればいい。あれがムスリムの過ちだと思わない？」

「ムスリムにも悪いところがある。でももっとも罰を受けるべきなのはフランス人だと思う。ある人が家にいて、誰かが侵入してきたらどうするか。ムスリムのすることを簡単には責められないじゃないかい？」

「アラーはすべてをご覧になっていらっしゃる。フランス人がぼくたちの家に来た泥棒だというのは、そのとおりだよ。ぼくたちは彼らから学ぶことができるんじゃないかと思って、彼らを招いた。何か教えてくれると思ったからだ。そして彼らは何も教えてくれなかった。どうしたら上手な泥棒になれるか、ですらね。だからぼくたちは彼らを追い出す。でも今では彼らはその家が自分のものだと思っている。ぼくたちが召使だと。ぼくたちには戦う以外に何ができるだろう？　それはすでに神によって書かれていたのだから」

「きみは彼らが憎いのか？」

「ああ、ぼくは憎んでいる。これも書かれていたことだ」

「つまり、きみは憎まなければいけない、ということかな？　きみには自分が憎むのか、憎まないのかが、決められない」

「でも、ぼくは今、憎んでいるんだ。アラーがぼくに憎むことをやめよとお命じになる日には、ぼくの心を変えてくださるだろう」

「世の中が本当にそんなふうだったら、そのなかで生きていくのは楽だろうな」

「世の中で生きていくことが楽だったためしは、絶対にない。神がそれを望まれないのだ《エラビ・マブラシュ》」

「それで、きみは彼らを憎んでいる。きみは彼らを殺したいと思うかい？」

「なぜ、そんなことばかり聞くのか？　なぜ、ぼくのことをそんなに知りたがるのか？　今はそんなことをしているときじゃない。ぼくがこの騒ぎについて考えてることなんて、屁ほどの価値もないよ。ぼくは自分の名前を読むことも、書くこともできない。いったい他の人にとって、何の役に立つというのか？」

アマールが天賦の才として授かったバラカのもつ道徳的権能が、最大限に発揮される場面である。だがそれはフェズのムスリム社会が解体を迎える寸前にあって、最後の輝きを示しているといってもよい。このシェリフの息子には、目の前にいる未知のナザレ人が説く自由意志の実存哲学が、まったく理解できない。だが彼もまた、ムスリムに好意をもつステンハムにしてアッラーの知ろし召すこの世の摂理を理解できないことに、歯痒い思いを抱いている。議論は前提となるものが違うために統合されないが、スリリングに進行する。アマールはステンハムに対して信頼を抱きはじめ、彼が自分を守ってくれるのではないかと一抹の期待を抱くまでになる。ここでは互いにその存在を知らないままに、相反するヴェクトルに突き上げられる形で二人の人間が向かいあっている光景が、感動的に描かれている。アマールが外部へと脱出するにはステンハムの力が不可欠だが、同じことはステンハムにもいえて、彼が達観の姿勢を捨てて世界の内部へと回帰するためには、アマールという他者の存在が必要なのである。

その後、二人はふたたび別々となり、アマールはイスティクラルの隠れ家に向かう。彼はもはやモロッコが巨大な牢獄であり、囚人にはいかなる希望も残されていないのだと、認識するまでになっている。だが、ここで彼は首領格の人物に置き去りにされて、官憲の襲撃を受けるという決定的な裏切りにであってしまう。運よく隠れ家の屋根に逃れ出たアマールは深夜の空を眺めながら、これまで自分を支えていたはずの天賦の才の虚妄を思い知らされる。同時に彼ははじめて政治の世界の苛酷さに向きあうことで、程度こそ違え、ステンハムのアメリカ共産党体験に似た絶望を知る。彼はイスティクラルからも放擲されたのだ。

エピローグはフェズの新市街である。アマールは母親がメクネスにいると咄嗟に嘘をつき、車でフェズを去ろうとしているステンハムにむかって、同乗させてほしいと願い出る。ステンハムはそれを鮸膠《にべ》もなく拒絶し、家へ帰れと無情にいい残して行ってしまう。もはや帰る家が完全に消滅してしまったアマールは、一瞬呆気にとられる。彼はただちに気を取り直して自動車を追いかける。車はどんどん遠ざかってゆくが、彼は走っているうちに、自分があたかも空中を飛行しているような、勝ち誇った気持ちになってゆくことを知る。

この終りでは、旧世界の崩壊を知ったアマールが、ディアスポラの身として完全に外部の存在となったことが告げられている。孤児となったことの寄る辺なさと圧倒的な解放感とが、同時に提示される。フェズの化身であるこの少年は、もはや出自も来歴も喪失したまま、道路の途上に置き去りにされた。これが一九五四年のモロッコなのだと、ボウルズは語ってやまない。アマールがかつてのステンハムのように、生涯みずからを世界の外側に置いて暮らすことを選択するか、それともこの起源なしという状況を実存的に援用して、世界のただなかで生き延びてゆくのか、ボウルズは結論を語らないままに筆を止める。

ステンハムの方はどうであったか。世界の内側に回帰できるかもしれないという彼の試みは、またしても挫折に終わる。このアメリカ人は中世の麗しきフェズの崩壊を前にして、自分の夢を紡ぐ空間が消滅したと確認すると、ただちにそこを引き上げてしまう。もっとも彼の敗北はあらかじめ先取りされていたものであったといえなくもない。というよりも、達観する隠者には、もとより挫折という事件は認識されないというべきかもしれない。最終章はどこまでもアマールの視点で描かれ、ステンハムは名前さえも言及されず、ただ「男」とのみ語られている。この男は、あるいは彼を導いてくれたかもしれない少年を見捨て、軽薄で声高のアメリカ女と手をとりあって、メクネスへと向かう。ボウルズは彼らの間に性的交渉があったということを、いかにも俗悪な暗示を用いて語っている。

ボウルズはこの長編小説が一九八一年に再版されるときに執筆した序文のなかで、自分が本来描こうとしていたのはフェズの伝統的な日常生活であったが、書き出してみてそれが解体の途上にあることがわかったと、率直に語っている。彼は最初、王の帰還とフランス植民地統治の終了によってモロッコがヨーロッパ的なるものを排除し、伝統的な生活様式に回帰するのではないかと期待していた。だがまもなくそれが誤算であったことが判明する。新生モロッコはかつてなかったまでに近代化政策を推し進め、その結果ヨーロッパを中途半端に模倣した退屈なだけの「第三世界」が生じることになった。それを察知したボウルズは方向を転換し、フェズにおける伝統的社会の解体の過程そのものを体現するような小説へと向かうことになった。一九五五年三月にスリランカの小島で書き上げられたこの作品は、同年の十一月、ニューヨークのランダムハウスから刊行された。それは奇しくもムハンマド五世が王座に返り咲いて、民衆が熱狂的な興奮に沸き上がっていた月でもあった。

こうした緊迫した状況のもとに書かれたこともあって、『蜘蛛の家』にはそれまでのボウルズの作品にないドキュメンタリー的要素が強く見られる。彼はつとめてイスティクラルにもフランス植民地主義にも与しない姿勢で筆を動かしてきたが、結果として書物はどうしても政治性をもって受けとられることになった。「非政治的であることもまた、ある政治的立場をとることに等しく、それは誰をも満足させない」と、彼は序文で記している。だがこの危惧をあえて踏み越えたからこそ、この長編がオリエンタリズム丸だしの観光文学にも、解放の神話を喧伝する抵抗文学にもなりえなかったことは、慶賀すべきことだろう。後に改めて論じることになるが、著者の述懐するところによると、『蜘蛛の家』はモロッコ人からもフランス人からも非難されたという。なるほど、独立の興奮覚めやらぬモロッコの近代的知識人が、内容があまりにペシミスティックであるという理由からこの書物を嫌うことは、わたしとしても想像できなくはない。ボウルズのほとんど全作品を翻訳しているフランスにおいてさえ、この長編の刊行がごく最近までなされていなかったのは、ひとえにここにフランス植民地主義者の悪と暴行がつぶさに描かれていたからに他ならない。のちになって、モロッコ民族主義者の父と称されるアラール・エル・ファッシが本書を手に取り、個人的に賛意を示してくれたが、時すでに遅しの感があったと、ボウルズは回想している。

アマールには実在のモデルがいる。ボウルズがこの長編を書く数年前から親しく交際していたアハメッド・ヤクビなる青年がそうであって、書物が完成した年には二十四歳だった。モロッコの伝統的な家族意識や道徳意識からヨーロッパ人観、はては不良少年たちのうちうちでしか通じない卑語、罵倒語のたぐいを知るにあたって、ヤクビの日頃の振舞いや言行から多くを得たとは、わたしが直接にボウルズから教えられたことである。

ヤクビはフェズの旧家に生れ、幼いときから聡明であったという。彼は一九四七年の夏にフェズでボウルズと知りあい、母親が丹念に拵えたマジューンをジェインに教えこんだ（マジューンについては第一章を参照。インド大麻を原料とした粘着性のペースト）。そこで摂取量を間違えた彼女が地獄の苦しみを体験するという、ひと齣もあったらしい。ヤクビが絵画に秀でていることとを見て取ったボウルズ夫妻は、それからフェズを訪れ、パレ・ジャマイに滞在するたびに、十代の終りの少年が進歩してゆくさまを眺めていた。だがポールの彼に対する態度がしだいに変わってゆくさまを間近に見ていたジェインは、書簡集から判断するかぎり嫉妬に苦しんでいたようである。

少年の天才的な話術に魅惑されたボウルズは、彼がキフを吸飲しながら即興的に展開してみせる荒唐無稽な物語を記録し、そのいくつかを英訳して発表している。わたしは最初にボウルズの翻訳短編集を上梓したさいに、そのうちのひとつ『昨夜思いついた話』を、重訳ではあるが収録しておいた。男と女が自在に姿を変え、魔術を互いに駆使して復讐と求愛とを同時に行ない、生まれ出た畸形児たちが両親も知らぬままに生きていくことを決意するという、ユーモラスにしてシュルレアリスティックな風味をもった短編である。この作品はのちに横浜ボートシアターによって舞台にあげられた。

ヤクビはボウルズに、タンジェとはまったく異なった伝統的なフェズ世界を開示する、水先案内人《チチェローネ》の役割をはたした。それが機掛《きっかけ》となって、一九五五年には『蜘蛛の家』が書かれることになる。一方ボウルズもまた彼を連れて、ボンベイから香港、日本、ニューヨークと、世界中を旅行している。日本風にいえば、まずお稚児さんということだろう。ボウルズが『蜘蛛の家』を執筆中も、スリランカで彼はつねにそのかたわらにいた。ヤクビは世界の行く先々で個展を開き、五二年には個人映画作家ハンス・リヒターのフィルムに、ボウルズとともに出演している。やがて彼はタンジェにアトリエを構えていたフランシス・ベーコンのもとに通い、本格的に抽象画の勉強に向かった。もっともボウルズとヤクビとの関係は、五八年に青年が十四歳のドイツ人の少年を誘惑したかどで逮捕されたあたりで終わる。結局ヤクビは潔白が証明されて釈放されたが、ポールは急に彼に冷淡となり、その関心を別の青年、たとえばカフェの夜警を勤めていたラルビ・ラヤチや、料理人のモハメッド・ムラベに移してしまう。ヤクビは単身ニューヨークに渡り、抽象画家として身を立てようとする。彼は二度結婚し、子供を設けたが、一九八〇年代の終わりに癌で他界した。ジェインとポールについての伝記を著したミリセント・ディロンは、七〇年代の中頃、彼がロアーイーストサイドの劇場ラママで、美術を担当していたころに会ったことがあると記している。自分とボウルズとの間にはいわゆる性的な関係はなかったと、彼は説明したという。ディロンはまた周囲にいた者たちから、彼が「治療の力」に秀でていたという証言を得ている。それは『蜘蛛の家』のアマール少年が父祖伝来のバラカに長じていたことと、みごとに符丁が合っているように思われる。わたしはちょうどその頃、ニューヨークに長く滞在し、ラママにも何回か足を運んだことがある。あるいはヤクビとそこで擦れ違っていたかもしれない。

タンジェにあるモロッコ現代美術館には、ヤクビの手になるグワッシュが一点展示されている。けっして大きな作品ではないが、青と灰白色を背景として蟷螂や飛蝗《ばった》を思わせる四匹の昆虫が群がって、なにか策略でも練っているかのような、謎めいたタブローである。ベーコンの影響は、これを見るかぎりでは窺えない。一九八六年に制作されたと表示があるから、五十歳代の半ばに至って死期を悟った画家が遺したもののひとつだろう。わたしがアマールの原型となったこの人物について知っているのは、これと先に述べた『昨夜思いついた話』のふたつである。いずれもが非凡な空想力の所産であることは、疑うまでもない。『蜘蛛の家』にはアマールがフェズ近郊の山々の形を指して空想めいた言葉を吐き、周囲を当惑させるという挿話があるが、どうやらそのあたりにヤクビの素顔が素描されているのではないだろうか。

ボウルズがこの才気煥発な少年から大きなものを受けとったことは、否定すべくもない。それまで『シェルタリング・スカイ』や『雨は降るがままにせよ』のなかで、もっぱらマグレブを訪れる西欧人たちの頽廃を主題としていた彼は、この長編ではじめて問題としてのモロッコを真正面から見つめ、これまで物語の背景脇役にすぎなかったモロッコ人に主人公の役をふり当てた。観察できるものだけを純粋に外部から眺めるという審級を取っていた著者が、事物の内側を観想しようとして書かれた小説として、『蜘蛛の家』はボウルズの著作のなかで独自の位置を占めている。刊行当時には『シェルタリング・スカイ』ほどに話題を呼ばなかった作品ではあったが、四十年以上が経過した今日では、多くの論者が彼の最高傑作と呼ぶことに躊躇しない。

ステンハムという人物の造型にあたって、ボウルズが自分自身をモデルとしたことは、先にも述べておいた。世界の外側に隠者として留まり続けるみずからのあり方を、彼はときにかなり自嘲的に描いている。そこに悪魔祓いという意図を読み取ることは、困難ではない。だが、作品の巻末におけるステンハムの気付かれざる挫折は、いったい何を意味しているのか。どこまでも歴史のなかの近代化を拒否し続け、モロッコを美しくもノスタルジックな観賞物として以上に見ることのできない彼の存在は、イデオロギー的にはどのような位置に置かれているのか。ボウルズが一九五五年の時点で曖昧のうちに縫合してしまったこの問題は、実のところ彼の生涯に付き纏うものとなる。

興味深いことに、本来が作曲家であったボウルズにとって文学的出発の契機となったのは、第二次大戦の終了直後に読んだサルトルの戯曲『出口なし』を翻訳したことであった。先に引用したアマールとステンハムの対話の場面からは、その当時の彼が選択と自由という問題をめぐって、多分に実存主義的な発想を引き摺っていたことが窺い知れる。だが全世界で生起するいっさいの事態について、知識人として積極的に発言すべきであると主張したサルトルに対して、その後のボウルズは、世界のいっさいから離脱し、歴史的時間の外側に出たうえで純粋な観賞者の立場を取るという、正反対の立場をみずから選ぶようになった。これは皮肉な逆転といえる。

ここで忘れてはならないのが、ボウルズがサルトルと同じ時期に、ジャン・ジュネの『薔薇の奇蹟』を読み出しているという年譜的事実である。世界の外側で優雅に達観を決めこむのではなく、その汚穢に満ちた周辺を放浪し続けてきたジュネのなかに、ボウルズは何を発見したのだろうか。彼は『蜘蛛の家』でついに故郷も家族もバラカも喪失し、純粋に起源を欠いた孤児となったアマールの肖像を描いてみせたが、ジュネの小説に登場する浮浪者や孤児の映像からは、何を読み取っていたのだろうか。わたしはこのエッセイの最後にジュネに言及することで、その問題に接近してみようと思う。

＊

今、フェズはわたしの眼前に広がっている。

北側にあるギッサ門そばにあるパレ・ジャマイから見下ろしてみると、盆地に発達した旧市街全体が、蟻か蜂の巨大な巣窟のように見えてくる。耳を澄ませてみると、微かに驢馬の鳴き声や、鋸で木材を切る音、店の呼び声、荷車が径を行く音といったさまざまな音声が混じりあって、名状しがたい音が立ち上ってくるかのようだ。

これはボウルズが好んで採用し、また『蜘蛛の家』のステンハムに採らせた視点でもある。ボウルズは一九四七年から毎年、パレ・ジャマイの尖塔の一番上の階に長く逗留し、下界を眺めながらもの思いと執筆に耽るという生活をしていた。それに飽きると彼はメディナに降りてゆき、迷路という迷路を丹念に辿りながら、何か月もかかって自家製の地図を作り上げた。

わたしはパレ・ジャマイのコンシエルジュに、今でもまだ尖塔は残っているのかと尋ねる。彼は怪訝な顔をして、自分はここに勤めだしてから二十年以上にもなるが、最初から尖塔などなかったと答える。おそらく一九六〇年代の初期にこのホテルが大規模な改造を行なったときに、取り毀されてしまったのだろう。ラマダンの期間中は観光シーズンを外れてしまうためか、ロビーを見渡しても、わたしの他に客らしい者はだれもいない。偶然だが、それは『蜘蛛の家』のなかに描かれている状況に、似ていなくもない。元スルタンの宮殿を改造したというこのホテルは、白と藍色を繊美《こまや》かに遇《あしら》ったモザイックが、どこまでも続く回廊の壁を覆い、葦簀《よしず》張りが涼しげな印象を与えている。

ギッサ門からいよいよメディナのなかに入る。地獄下りの開始だ。下り坂は狭く曲りくねっているうえに、泥濘《ぬかる》んでいる。何頭もの驢馬がそこを通過してゆく。わたしはそのたびごとに、径の両側の汚れた壁に身を寄せなければならない。家具と皮製品の製造工場が密集しているせいか、材木が積み上げられている。しばらく歩くと、玩具屋や生地屋が並ぶようになる。店で扱っている商品が少しずつ小さくなってくる感じがする。やがていくぶん広い通りに出る。メディナの西側にあるブージュルード門から奥へと延びている二本の大通り、タラー・ケビーラとタラー・セギーラが交わっているあたりであり、文字通りメディナの心臓とも呼べる地区である。見回してみると、皮製品から金物までを店先に並べ立てた商店が、軒を連ねている。

大通りを東へ曲り少し路地に入ると、フェズという邑を建立した聖者ムーレイ・イドリスの廟があり、ここはこの旧市街が九世紀に始まった、まさに起源の場所といえる。とはいうものの、冷静に地図を眺めながら自分が立っている場所の見当が付けられるのは、ここらあたりまでである。聖者廟の周囲にはコーランから日常雑貨まで、ありとあらゆるものを売る店が並び、そのなかに絹のジュラバや高級装身具を扱う店が混じっている。ジュラバはモロッコ男性の服装で、上からすっぽりと被る上衣なのだが、三角に尖った頭巾がついているのが特徴的だ。これが水木しげるの漫画に登場するネズミ男の格好に似ていることが、なんともおかしい。このあたりの賑わいは中世以来の、遠方からの礼拝者を相手にした市がそのまま発展したものだろう。それにしても、恐ろしい混雑ぶりである。わたしは迷いだし、なかば我を喪いそうになる。ひとつには、通りを行き来する群衆の喧騒が、わたしに落ち着いた思考を許そうとしないということがある。ラマダンはもうすぐ終わろうとしている。径を行く人々の顔には、心なしか疲労と苛立ちが浮かんでいないわけでもない。だが、それにしてもこの混み具合は、何だろうか。もしこれが一年のうち、こうした特殊な時期でなかったとしたら、往来の雑踏はさらに度を越していたことだろう。

　わたしが当惑してしまうもうひとつの理由とは、外国人の観光客と当て込んで近寄ってくる若者たちだ。タンジェでもそうであったが、フェズの自称ガイドは、わたしがいくら断っても、どこまでも後を追いかけたり、手前を歩いて行く先々で話しかけようとしてくる。五月蠅《さばえ》なすという表現はまさに彼らのために考案されたものではないかと、いいたくなるほどだ。運よく絨毯屋かスーヴニールショップにわたしを連れていくことに成功すれば、彼らはわずかの小遣い銭にありつくことができるのだろう。おそらく彼らは、もしローマの場末か新宿に生を受けていたなら、パゾリーニが四十年ほど前に ragazzi di vita「生命ある若者」と呼び、中上健次が長編小説のなかで共感をこめて描いたような、あの孤独で無為な青年たちの眷属であったに違いあるまい。外国人に金を無心するというこうした現象の背後には、モロッコ社会が抱えこんでいる恐るべき失業率と貧富の差が横たわっている。ツーリズムの世界的流行がファッシの若者たちの、本来は誇り高きプライドを、すっかり世俗の性分に変えてしまったのだ。多くの観光客の眼にそれが卑屈に映るのも、無理のないことかもしれない。

ともあれ密集した商店街をほうほうの体で出ると、巨大な扉が設けられている。フェズの街区を仕切る門のひとつで、ここからマグレブ世界最大のモスクであるというカラウィーン・モスクが始まることになる。このモスクは九世紀に建てられた当初は、単にチュニジアのカイルワーンからの移民のための、小さな礼拝所だった。それが歳月をふるうちに改築に改築を重ね、列柱の数からして二百七十に及ぶという巨大なものへと成長していった。というわけであるから、他のムスリム世界にある大モスクのように、周囲の建物から隔絶した場所に堂々とファサードを構えて聳えているわけではない。むしろ多くの小さな門をもって外部の俗界と結びつき、いたるところから信者の訪問を受けている。

イスファハンでも、イスタンブールでも、またパリでも、モスクは、たとえ異教徒であっても自由に入ることができた。だが、ここモロッコにかぎっては、信仰のないわたしは内部に入ることはできない。門の外から内部を窺ってみると、広々とした中庭は青と白の幾何学模様のタイルで隙間なく埋め尽くされ、中央に水盤があって、滾々と水が溢れている。壁は単純に白く塗られているが、門柱の浮き彫りは無限反復に近い構造をもち、『千夜一夜物語』の比喩を引用するならば、あたかも「哲学の夢のように」美しいということができる。

この中庭がグラナダにあるアルハンブラ宮殿のそれを連想させたとしても、驚くにはあたらない。というのは一四九二年、コロンブスのアメリカ発見の年にスペイン側のレコンキスタが終了するまで、フェズに王都を置いたマリーン朝はイベリア半島に領土をもち、数百年にわたって積極的な文化交流がなされてきたからである。スペイン南部は元来はモロッコの文化圏であったと認識したほうが、論理的かもしれない。

カラウィーン・モスクは礼拝の場であるとともに、イスラム神学を始めとする学問と教育の場として、長い間機能してきた。十世紀にはすでにコーランの訓読講義がなされていたというのだから、これはかつてわたしが身を寄せていたボローニャ大学よりも古い。ただ「ウニヴェルシタス」という名称が使われていないだけのことである。写本一万冊をもつ図書寮は、文字通りイスラム世界で最大の規模とされている。この場所からイベリア半島を通ってピレネー越しに、アリストテレスの論理学や古代の数学がヨーロッパ世界に伝えられたと考えると、ある感慨が起きてくる。

モスクのなかでは白衣にターバンの姿で祈っている者もいれば、屈託のない表情で敷居のところに腰かけ、顎に手をやって物思いに耽っているという感じの者もいる。普段着の主婦が噴水の下で手を濯ぎ、子供が戯《ふざ》けてぐるぐると回りを歩いていたりする。誰もが裸足なのは、モスクの戒律の要求するところだろう。建物の屋根は、なべて美しい緑色の瓦で統一されている。わたしはモスクの周囲をぐるりと廻って、観光客相手のレストランの屋上に登る（それはラマダンの最中に真昼どき、メディナの中で食事を取ることのできる、数少ない場所のひとつだ）。はるか上方から見下ろしてみると、モスクの一様に尖った細長い屋根が、何十となく整然と列をなして並んでいる。瓦の緑と壁の白とが、実に清潔な雰囲気を湛えていて、周囲の茶や灰白色に燻んだ俗界の家屋の連なりと、一線を画しているように見える。

カラウィーン地区を離れ、メディナのなかでもっとも低いところにある川を渡る。橋は細く、下を流れる水は汚れている。微かに獣の臭いが漂ってくるのは、この川を少し行ったところに、以前に訪れたことのある皮鞣しの工房があるからだ。橋を越すと、アンダルシア地区、つまり九世紀にスペインのアンダルシアから亡命してきた者たちが開いたあたりとなる。ボウルズの『蜘蛛の家』の主人公であるアマール少年は、この地区にあるうらさびた住宅地に生まれたという設定である。アンダルス・モスクはカラウィーン・モスクほどに、周囲が賑わっているわけではないが、歳月を経てきた木の壁と、そこに隙間なく彫り込まれている文字文様のたぐいが、実に美しい。

旧市街を日がな散策していると、他の邑ではなかなかわからなかったふたつのことに気付かされる。ひとつは、アラビア文字が壁面の装飾に用いられたときの、独特の素晴らしさである。最初それは驚異として現われる。踊り狂う蛇のように、またその蛇が周囲に撒き散らす毒液の滴のように、書法はいかに厳粛な場所でなされていようとも、そのまま自在な舞踏の跡であるかのように見える。だが文字はわたしの行く先を、どこまでも付いてまわる。モスクの門と柱廊に、商店の看板に、住居のなにげない壁面に記された文字は、さまざまな書体のもとに波打ち、飛沫を散らし、途切れてはふたたび優雅な曲線を描いて続いてゆく。その跡を眼で追うことは、わたしに強い陶酔感をもたらす。アラビア語を解せないわたしにとって、それは世界の内在する純粋な痕跡、意味からも声からも解放された線の戯れでしかない。だが、なんという複雑で優雅な規則をうちに秘めた戯れであることだろう。

この陶酔に似た感情は、モロッコに固有のものであるような気がする。わたしにとってたやすく発音することのできるハングルは、強い自己主張の身振りとして映る。アルファベットは機能的な音符であり、キリル文字は不機嫌な厳粛さ、中国の簡略化された漢字はいかなる官能性とも無縁な政治のあり方を連想させるだけだ。だがフェズでわたしを取り囲み、どこにいても襲いかかってくるアラビア文字は、そのいずれとも違った、恍惚とした感情へとわたしを誘惑する。もしモスクの壁に朗々とした書体で刻みこまれたコーランの一節が、ただそれを受けとるばかりではなく、読みうるテクストとしてわたしに与えられていたとしたら、それは日本語に解釈された同じ書物を読むこととはまったく異なった体験となることだろう。わたしは書店でコーランの原書を一冊、買い求める。すべての頁にわたって美しい色彩の額が設けられ、美しい飾り文字が大きく遇《あしら》われた書物だ。おそらく生涯の最後まで、わたしはこの書物を朗誦することはできないだろう。だが、ハイデガーが説くように、謎に立ち向かうもっとも礼節に満ちた態度とは、それを永遠に謎に留めておくことかもしれないのだ。書店の主人はひどく機嫌がよく、アラビア語でしきりと話しかけてくる。わたしが純粋の表層の眼の悦びとして求めたテクストを、彼は深い真理の顕現として受けとっている。

わたしがフェズのメディナでもうひとつ感動するのは、この一見混沌に見える巨大な邑が、よく観察してみると実に細かな秩序をもち、機能的にして厳密な法則のもとに造りあげられているという事実である。たとえば都市を建設するさいにもっとも基本となる水道設備であるが、邑のもっとも低い場所を流れる川の側に悪臭を放つ皮工場を置き、排水の便を第一としたところにも、都市計画者の見えない炯眼が感じられる。加えて街角のいたるところに見いだされる噴水の存在だ。噴水は燦然としたモザイックに飾られていて、水を汲みにきた住民たちの集う場所であり、驢馬の休息の水桶であり、公衆便所とハマム（浴場）の中心でもある。メディナの迷路を歩いていると、ふと壁ごしに水が流れている音がすることがある。この邑には見えないところで、毛細血管のように精密な水脈が存在しているのだ。しかしその事実を思い出させるのは、絶えることなく吹き上がってくる噴水の水ばかりである。ここまで考えが及んだとき、いかにも達観した地点からフェズを迷路と呼んですますことにさほどの意味がないことが、瞭然とする。わたしが立っているのは、深く考え抜かれた都市空間であり、それはけっして崩れ出した蟻塚の比喩をもって語りうるものではないのではないか。ただ、ホテルの尖塔の上に立って眺めているかぎり、それが秩序を欠いた混沌といった印象を与えることは否定できない。わたしは『蜘蛛の家』の主人公のひとりであるアメリカ人が感じていた認識の限界を、ボウルズが充分に察知しておきながらも、その先をさらに一歩踏み出せなかったことを、残念に思う。

＊

ラシッドに電話をする。ハディージャから、フェズに行ったらぜひ会うように勧められた知人だ。

電話の向こう側からは、ただちに女の早口でアラビア語が飛び出してくる。ミィン・ケンリシュ・スメッリ（ごめん、できません）、ラシッド、フェイン・イェンケンリ・ネルカ（どこですか?）、とりあえずこれだけはと憶えてきた言葉を繋げると、相手の声はとたんに消魂《けたたま》しい笑い声となり、しばらく間をおいて男の声の英語に代る。ラシッドの声のようだ。話はイタリアにいるハディージャから手紙で聞いている。ちょうどいいときに電話をくれた。今日はラマダンの中日《なかび》で、家で宴会をするから、遊びに来ないかと、いかにも気さくに誘ってくれる。後ろの方で複数の女たちが笑っている声が、まだ聞こえている。

ラシッドは高校で英語を教えていて、新市街の中ほどにあるチュニジア通りに住んでいるという。パレ・ジャマイからだと、車を飛ばして行くしかない。

タクシーは最初、旧市街を左手に低く眺めながら城壁の外側を通り、やがて公園の緑地帯をしばらく抜けたあとで、近代的な街角へと入ってゆく。アラビア文字の看板さえ出ていなければ、南ヨーロッパのどこかだといっても通用するような街並みが、どこまでも続いている。先にわたしが迷った迷路の旧市街とは対照的である。新市街では道路が整然と並び、適当な要所ごとに広場が設けられて、遠くまで見晴らしがきくようになっている。オスマンによる十九世紀のパリ改革以降、フランス人が都市計画において獲得した明証性と普遍性という観念が、そこには横たわっている。邑を形成しているこの二重構造は、モロッコのあらゆる都市において見られるが、とりわけ圧倒的な旧市街をもつフェズでは、その対照が際立っている。


新市街のアパートメントのなかは、夜の九時だというのに、人でごった返している。一か月にもわたる長い行が中ほどまで終わったというので、次々と近所の人々や知りあいが祝福の言葉を述べに、挨拶に来ているらしい。ラマダンはムスリムが生涯において守るべき五つの戒律のひとつであるのだから、これは新年のように晴やかなものなのだろう。

ラシッドの家の家族構成は、以下の通りである。

父親はかなりの地位にまで行った官吏で、今は隠居している。胡麻塩混じりの髭を口元に蓄え、口数はけっして多くはないが、近くに住む友人たちが到来すると、親しげな表情となり、抱擁して迎える。広間の壁には、彼がまだ四十歳代の若さでメッカを訪れたときのモノクロ写真が、大切そうに額に入って飾られている。

母親は太っていて、頭に緑の飾りをつけた上から、ピンクの布で髪を覆っている。彼女のまわりにはいつも実の娘とラシッドの妻がいる。それに若い女中。女たちは台所を中心にして群がっていて、なかなか男たちのいる居間に来ようとしない。異邦人であるわたしの存在が、やはり気になるのだろう。もっとも内々では笑い声が絶えない。女たちはそれぞれに子供や赤ん坊を連れている。ラマダンがもうじき明けるというので、誰もが快活な顔をしている。そこへ近所の知りあいの家から、続々と子供たち、母親たちが訪れる。子供どうしは当然のことながら親しい遊び仲間なわけで、彼らが右手を用いて行なう遊戯は、日本のジャンケンとほとんど同じである。

一家のなかで英語を解するのは、三十歳ほどのラシッドだけである。彼は気さくで愛想がよく、好奇心の幅の広さを感じさせる。はじめて会ったにもかかわらず、わたしを旧来の友人ででもあるかのように、家族の面々に紹介する。ハディージャはどうしてるといった話題に始まって、どうしても英語で彼とばかり話してしまうことになる。これまでパリには三回行ったことがあった。けれどもフェズが一番いいと、彼は愛嬌のある眼付きでいう。やはりファッシだけのことはある。この邑の住民は、よほどのことがないかぎり、他の邑へ移り住むことがないというのは、本当のことらしい。

ラシッドは言葉を続ける。教師の収入だけではやっていけないので、なにか副業をしたい。アイデアはあるのだが、先立つ資本がないのが問題だ。日本にいい仕事でもないだろうかという。もっともさほど深刻そうな表情であるわけでもない。食堂の壁には、みごとな筆跡のアラビア文字が額に収められて飾られている。意味を尋ねると、ラシッドはよくぞ聞いてくれたとばかりに嬉しそうな表情になって、それがコーランの一節であると説明してくれる。

「イスラムは巨大な光にして善。空より来りて、民に幸せをもたらすものなり」

イシャーンはラシッドの弟だ。快活な高校生で、眼差しに愛嬌があるところがラシッドと共通している。サン・テグジュペリを読んでいるのだという。ちょっとこれを読んでほしいといって、フランス語の書き付けを見せてくれる。拙い筆法であったが、同級生の女の子に献げた自作の詩で、ちゃんと韻を踏んでいる。

父親が立ち上がって、何かを女中に命じる。彼女は隣の部屋から、七輪に似た器具を運んでくる。なかには炭火が熾《おこ》っているので、運ぶのがひと仕事だ。父親はクッションに座りながら身を屈め、七輪の内側を覗きこむと、懐から小さな飾りものの小匣を取り出して、そのなかのものを炎のうえに焚きこめる。そして徐《おもむろ》に右手で香りを掬うようにして、顔やジュラバに振り掛ける。居あわせた年配の客たちも、ラシッドも、黙ってそれに倣う。イシャーンですら、もう一人前の大人であるというような眼差しをしながら、神妙に右手を用いて衣服に香を焚きこめる。

七輪を近付けてみると、さすがに香しい薫がする。ムスリムがことのほか身体の清潔を重要視し、入浴を欠かさない習慣をもっていることは知っていたが、彼らは同時にあるものの色や音と同じく、あるいはそれ以上に、その匂いに重きを置く生活を送っている。たしかに市場を横切ってみると、まるでパレードであるかのように、店ごとにまったく別の匂いが漂ってきて、これを標識とするなら、盲人ですら行く先を間違えることがないだろうと思うときがある。父親が小匣に忍ばせていたのは、植物の乾燥させた根と実、それに若干の樹脂などを混合させたもののようだ。来客のために香を焚くというのが、モロッコにおける歓待の掟なのだろう。それは食事が始まる前に、その場を清浄なものに変えておくという儀礼かもしれないと、わたしは考える。

ハリラが運ばれてくる。毎日の断食明けにまず口に入れるべきスープである。この数日間、夕陽が沈みかけて、コーランの朗誦が街角に流れるたびに、旧市街の商店の人々がさっと店の奥に入り、床に円陣を組んでこのスープを口に運ぶところを、わたしはいくたびともなく眺めてきた。彼らの何人かは眼が合うと、いっしょに食べに来いといわんばかりに、親しげにこちらに向って手招きをしてくれた。思うに大量に作り置きしておいて、時間を見て温め直すのだろう。どろりとして生温いスープには、羊肉と玉葱のブイヨンの味がし、レンズ豆が底のほうに沈んでいる。

ハリラがひと廻りしたところで、鰯のフライとピーマンのラタトゥイユ、それに空豆を油で煮込んだものが運ばれてくる。ラタトゥイユはレモンと唐辛子を利かせてあるらしく、口に含んでみると相当に辛い。男たちは食卓を囲みながら、お喋りに忙しい。彼らはパンを千裂《ちぎ》って油ものを摑むと、右手だけで器用に口に運んでしまい、いっさいの小皿や食器を必要としない。

女たちはというと、まだ食卓に出てこようとしない。無理もない。彼女たちは母親の指揮のもとに、クスクスの最終的な仕上げに忙しいのだ。ラシッドに唆されて台所に覗きにいってみると、たちまち喚声が挙がる。若い方の女中が蒸しあがったクスクスにバターを塗《まぶ》したり、手で揉みしだいたりするさまを横から母親が見ていて、ときおり手本を披露している。少女は指が熱くて、つい混ぜることに躊躇してしまうが、母親はどうやらとうの昔に馴れっ子になっているらしく、湯気を立てている小麦粉の粒のなかにどんどん指を差し込んでは豪快に混ぜあわせ、蒸しぐあいを確認している。その後ろではラシッドの妻がクスクスに掛ける野菜スープの味加減を見ている。

ついにクスクスが到来する。その恐るべきや、盥一杯ほどの分量が大皿に載せられ、女中二人がかりの手によって運ばれてくる。すでに台所で羊肉や野菜などを乗せて、調理ずみとなっているので、後は直接に手で食べるだけだ。来客を含めて、すでに食卓の人数は十人を越えている。大皿が食卓に置かれると、ただちに八方から手が差し延べられる。誰もスプーンなど使う者はいない。右手の二本の指を使い、クスクスを皿の縁に押しつけて固めると、親指の腹を用いて巧みにそれを握って口へと運ぶ。あまりの迫力に圧倒されてしばらく手をつけないでいると、隣に座った近所の男が心配そうに話しかけてきて、わたしの小皿に装ってくれたりする。

クスクスの山に差し出される手のなかには、ハルクスで複雑な幾何学模様を描きこんだものが何本か混じっている。手の持ち主はきまって十代の少女である。ハルクスはヘンナに似て、灰や木炭、油に香料を混ぜて練り上げたペーストを、細い篦《へら》を用いて両手の裏表に塗り付け、あたかも黒いレース編みの手袋をしているかのように両手を演出する習慣である。ラマダンの期間中に、誰か年長の女性が魔除けのために少女たちに施したのだろう。手で触ってみると、鼈甲飴の細工もののように、パラパラと剝げてしまう。祭日が終わって何日もすると、この簡易な刺青は自動的に剝離して、元の手に戻ってしまう。少女たちはいかにも自慢げに両手を天井の光に翳してみせる。三角形や菱形を幾重にも重ねあわせ、空隙にびっしりと網目の反復模様を描きこんだ手は、形而下の存在である人体そのものに、抽象的な思考を体現させているようで興味深い。

わたしは思い出す。クスクスを知ったのは、七〇年代の終りごろ、はじめてパリを訪れたときだった。人類学を勉強している学生に連れられてパリ大学の学生食堂に潜りこんだとき、本日の定食という形で登場したのが、この奇妙な穀物とスープだった。正直にいっていったい眼前の食物が何を素材としているのか、皆目見当がつかなかった。てっきり粟《あわ》や稗《ひえ》といった雑穀ではないだろうかと思いこんだのが、第一の見立てである。このときはフランス風に、一人ずつ皿に予め取り分けられていたのだが、数日後にバルベスのマグレブ人街に行って食べたときには、まったく違う印象をもった。古着屋とレコード屋、肉屋などが忙しげに立てこんだ一角に、その店はあった。そこでは丸テーブルに客が勝手に座るようになっていて、鶏とか羊とかメルゲス（マグレブの辛味の利いたソーセージ）といった注文をぶっきら棒にするだけで事がすんだ。クスクスはというと眼の前に砂山のように積み上げられていて、客は自由にそれを口にすればよいのである。ときおり卓の上のクスクスが少なくなり、下の板が透けて見えるころになると、料理人が台所からごっそりと追加しに来るのだった。わたしはそのとき、この不思議な舌触りの粒々が、小麦粉を丸めて作ったものだと知った。この店はチップを受けとろうとしなかった。誰もそんなものを払う者がいないからだと、店を出てから思い当たった。

ずっと後になってイタリア語を習いにフィレンツェにひと夏を過ごしたとき、わたしは空き時間を利用して地元の料理学校にしばらく通ったことがあった。先生として教壇に立ったのは白く短い髭をした老人で、最初にわたしを中国人だと思ったのだろう。マルコ・ポーロがパスタをシナから持ち帰ったというのは歴史的に誤りですぞと、笑いながらいった。もっとも古い乾燥パスタはアラブに起源を有するもので、現在のクスクスにその跡が残っていますと、彼は付け加えた。それからアイスクリームを始めとして、イタリア人が日常に享受している甘いもの《ドルチェ》の多くが、シチリアを通じてアラブ世界に起源をもっていることを、その時わたしは教えられた。

ラシッドの家でのクスクスは、かつてバルベスで見知らぬマグレブ人たちと卓をともにしながら食事をしたときのことを思い出させる。円陣をなすことこそが伝統的な食べ方であって、パリや東京の洗練されたレストランで、一人ずつ別々に出されるものは、フランスにあるあらゆる外国料理がそうであるように、フランス風に馴致され、作り替えられたものなのだろう。パリのマグレブ人街に辿りついた単身労働者にとって、見知らぬどうしとはいいながら、同じモロッコ人とともに円卓を囲むことのもつ意味に、わたしは突き当たる。ラシッドはパリに三回、行ったことがあるという。彼はひょっとして、わたしが訪れたことのあるクスクス屋の界隈に滞在していたのではないだろうか。わたしと同じように、あの店で円卓を囲んで、クスクスを頬張ったことがあるのではないか。

男や客たちがクスクスをひとしきり食べてしまうと、これまで給仕をしていた母親と女中たちが大皿を脇に譲り受けて、食事を始める。男たちは満腹になってしまったのか、クッションの上で姿勢を崩しながら、だらだらとお喋りをしている。部屋の一角でカード遊びに興じる者もいる。誰もが好きなことをしている。居間のTVでは、昔のエジプトのミュージカル映画を放映している。ラマダンの間に夜更かしに馴れてしまったのだろう、小さな子供たちが部屋のなかでバドミントンごっこを始め、その玉がクスクスの皿のうえに落ちてしまって、叱られたりもする。客たちが満足そうな面持ちで、ゆっくりと帰ってゆく。わたしはラシッドと父親に礼をいい、再会を約束して外へ出る。ラシッドは、パレ・ジャマイまで、自分の車でわたしを送っていくという。家族の全員がわたしを見送りに、玄関までやってきて、めいめいに何かをいう。明日の昼にまた食事に来てくれたまえと、父親がいう。

ラシッドとの対話。どうやら彼は大家族の喧騒から逃れて、わたしと静かに話をする機会を待っていたようである。

「イスラム教のことをどう思ったか」

「ラマダンがあんなに賑やかだとは、知らなかったよ」

「ラマダンは大切な修行のひとつだ。あらゆるムスリムがそれを守らなければいけない」

「ラシッド、きみは自分がいいムスリムだと思う？」

「いつもそれを心掛けている。けれども本当に立派なムスリムとは、生まれたときから信仰ある家で育ってきた者ではない。別の信仰をもっていて、あとで学んでイスラムに改宗した者だ」

「東京にも、たしかモスクはあったはずだ。コーランだって、日本語で何種類も翻訳がある。ぼくもペーパーバックで少し読んだ」

「コーランを翻訳することはできない。それは唯一つの言語で書かれているからだ。許されているのは、他の言語によってそれに註釈を加えることだけだ」

「アッラーの他に神を求める者の危うさは、みずから家を築かんとする蜘蛛のごとし」

「そうだ、その通りだ！　きみがもしイスラムに本当に改宗するのなら、ぼくの家では羊を二匹生け贄にして、それを祝うことだろう。いつでもいい。その気になったら、教えてほしい」

わたしはふと、ムスリムとなった自分を空想してみる。早朝に起きて、礼拝をすまし、沐浴を終えると謙虚に慎ましく生きる自分を思い浮かべる。十九世紀末に日本に渡ったイスタンブールの知識人が書いた日本論を、昔読んだことがあった。彼は日本人こそがイスラムの信仰にもっとも適った民族であると、東京から自国の新聞に書き送っていた。だが、わたしはどのようにして神の超越性という観念を受け容れることができるだろうか。

「日本では、ムスリムは戦争が好きだとばかり思っているみたいだけど……」

「それは違う。真のイスラムとは平和のことだ。アルジェリアとかイランが人々に制度として強要しているイスラムは、間違っている。モロッコでは教育でイスラムを取り上げても、その後は自由で、強要するということはない。モロッコが一番いいと思う。イランはシーア派で、こんなものはイスラムとは別のものだ」

わたしたちの乗った車は新市街をあっという間に抜け、旧市街の曲がりくねった城壁の外側へと差しかかろうとしている。

*

アラブの都市計画がヨーロッパと違って、邑に公共性の現われともいうべき、広々とした広場を作ることに無関心であったとは、都市論の立場からよくいわれているところだ。新市街を建設したのは二十世紀初頭にモロッコを保護国としたフランスであって、その意図はここにフランス人が屈託なく植民できるような、ヨーロッパ的な都市を築くことにあった。そしてそれは、下手に手をつけると収拾がつかなくなる旧市街をそのまま中世のままに留めておくことの、代償ともいえる選択だった。結果として、フェズの伝統的な都市の景観は、不用意な近代化によって損なわれることなく、保存されることになった。こうした皮肉に満ちた理想状態が、モロッコの独立とともに終りをつげたことは、先に述べた通りである。ここで少し寄り道をして、フランスの統治政策について感想を述べておきたい。

日本人としてユニークなモロッコ旅行記を書いた人類学者山田吉彦（きだ・みのる）は、一九三九年、まだフランスの保護下にあったこの地を訪れたときの印象を端的に、「リオテ《マ》ー《マ》の名はモロッコから離すことが出来ない。モロッコはリオテーの作品といってよい」と、記している。この優秀にして奇矯な軍人を総督に迎えたことが、植民地下のモロッコの命運を決めたと見ることは、あながち誤っていない。今少し横道をして、リヨテについて触れておきたい。

ユベール・リヨテが最初に植民地統治に関わったのは、一八九四年にインドシナのトンキンに赴任したときであった。その後、彼はマダガスカル、アルジェリアのオラン南方地区、東モロッコと、次々とアフリカを平定して、軍人としての功績をあげた。彼は熱心な王党派のカトリックであり、政治的にはきわめて保守的な立場にあった。だがこの将軍には、ホモセクシュアリティという、当時のブルジョワ社会がけっして公式的に容認できない欲望に、伝記作家の言葉を借りるならば「熱病のように」取り憑かれていた。自分好みの下士官を平気でベッドに呼んでは昇進をいいわたすことに、いかなる躊躇ももっていなかった。北アフリカこそはその少年愛の欲望を満たす絶好の土地であるように思えた。一方、彼は若き日にパリの文学的サロンに通い、アンリ・ドゥ・レニェやプルーストとも親交があった。こうした経歴は彼を優秀ではあるが、軍人としては異端の存在に仕立てあげ、ために彼はパリに戻ると席を暖める間もなく、別の植民地へと追放さながらに送られるといった生涯をすごした。

前にも触れたことだが、一九一二年にモロッコがフランスの保護下に入るという条約がフェズで締結されたとき、フェズの旧市街はおよそヨーロッパ人が足を踏みいれることを遅《ため》らうほどに不潔で、危険で、混沌としているように思えた。一方でファッシたちはマラケッシュなど野営地ぐらいにしか考えておらず、キリスト教徒やアルジェリア人ばかりか、他の都市のモロッコ人さえ馬鹿にするほどの、高いプライドを抱いていた。彼らは奴隷制度こそその少し前に廃止したものの、断固として西洋的な近代化を拒む姿勢を見せていた。イスタンブールやアレクサンドリアをはじめ、多くのイスラムの都市が急激な西洋化を受け入れていくのと違い、フェズには中世の世界がほとんど手付かずのまま残されていた。ブージュルード門の前では語りものの芸人や歌手、楽師たちが集まり、そのなかでとりわけ話芸に秀でた者が宮殿に召されて、スルタンの前で物語を披露するといったことさえ、珍しくなかった。フェズを訪れたフランス人は、どうにも旧市街に宿泊できず、隣りあったユダヤ人地区であるメラーに泊まることを強いられた。

リヨテはモロッコを統治するにあたって、できるだけ無駄なフランス人の役職を省こうとした。片方にモロッコ人のスルタンを従来通りに置き、もう片方にフランス人の軍人を置いた。現実に支配を担当するのはスルタンの配下の官吏であったが、ただスルタンはフランス人の顧問によって統制されていた。リヨテはといえば、軍司令官とこの顧問の双方の上に立つ存在であった。彼はフェズの伝統にあえて手をつけようとせず、むしろあらたに門を築いたり、城壁の補修を行なったりした。先に述べた保護条約のなかには、宗教的建築物は学問と祈禱の場所以外であってはならないという条項があり、これは現在までことモロッコに関するかぎり、外国人観光客がモスクの内側に入れないという規則としてみごとに踏襲されている。それを決定したのが狂信的な原理主義者などではさらさらなく、むしろ統治者のリヨテの側であったことは、記しておくべきだろう。彼の政策の背後に十九世紀のフランス美術や文学を席巻したオリエンタリズムが強く作用していたことは、あきらかである。モロッコの真の文化的価値を唯一理解できるのはモロッコ人ではなくフランス人でなければならないという自負が、おそらく統治者としてのリヨテの胸中を横切ったことであろう。文化的他者への寛容とも見えかねない、そうした彼の文化的自負を養ったのが、同時代人であったプルーストとの交際であったり、性的倒錯を求めての悪所通いに由来する屈折した意識であったことは、想像に難くない。

わたしは旧日本帝国が二十世紀の前半に植民支配していたアジアの地域を旅行するたびに、そこで日本的なるものが一度ならず強い嫌悪と克服の対象とされていることを、しばしば思い知らされている。韓国のソウルは、かつて日本が建てた近代建築を取り壊すことに懸命であり、上海では占領時代に付けられた地名を口にする者など一人もいない。だが、それにつけても感心するのが、リヨテによるモロッコ統治のしたたかさであって、彼の墓は、今でこそパリの廃兵院《アンバリッド》に置かれているが、それまではフランス人であるにもかかわらず、長い間さながら聖人の廟でもあるかのように荘厳に、首都ラバトに置かれていた。モロッコの都市生活者の多くは、フランス人が建設した新市街に住み、その生活を享受しているし、知識層の日常生活のなかにはフランス語が深くにまで浸透している。フェズでの保護条約の締結は、一九一〇年の日韓併合のわずか二年後であり、モロッコの一九五六年の独立は朝鮮半島での日本統治の終る十一年後である。日本とフランスの植民地統治には、期間にしてわずかに九年の違いしかない。にもかかわらず韓国とモロッコが旧宗主国に見せる態度の違いは、日本の植民地統治がいかに付焼刃の、底の浅いものであったかを物語るとともに、リヨテという異端の総督の悪魔的な天才ぶりをも証明しているといえる。

*

正午。旧市街。

ラマダンが終わりに近づいているので、人々は一様に晴れやかな表情をしている。街角では着飾ったなりをした子供たちが燥ぎまわり、敷石にチョークで図形を描いて遊んでいる。家族連れが写真館に赤ん坊を連れて行って、記念撮影をしてもらう光景も見受けられる。街角に備え付けられている拡声器から、コーランを読み上げる声が流れる。狭い径を、背中の両側に袋を背負った驢馬たちが、何頭も過ぎてゆく。路上で売られている菓子のたぐいには早くも黒々と蠅が蝟集《たか》っていて、客がその前で足を止めてもいっこうに飛び去ろうとしない。わたしは突然に、昔愛読していたランボーの『母音』という詩を思い出す。

夕暮れ。ふたたび旧市街。

みごとにモザイックを敷き詰めた壁面のある噴水に、人々が思い思いに水を汲みにくる。少し離れたところでは、若い職人たちがモザイックの修理を行なっている。彼らは雑談ひとつせず、恐ろしい速度で小さなタイルを隙間に嵌めこんでゆく。

喧騒の目抜き通りから脇に入って、人気のない住宅地の石段を降りてゆくと、ふと自分が何者かに見つめられている気配を感じる。あたりを見回してみても、白い壁ばかりで、誰もいない。ただどこか高いところにある小さな窓から、こちらを窺っている者がいる。

早朝。パレ・ジャマイの上にある丘の墓地。

まだ明けきらぬ弱い光のなかで、ひとりの青年が真新しい墓石の前で優雅に足を組みながら、ゆっくりとした単調な旋律を用いて、なにかを朗誦している。彼が身につけている服の白と墓石の白とが、遠くから眺めていると重なりあっている。青年の少し後方には、いくぶん若そうな少年が従者のように控えている。彼らはつい先ほどに現世を去った魂を慰めるために、ここに出向いてきたのか。あるいは、単に朗誦の練習をしているのか。二人はいつまでも姿勢を崩さず、夜明けが薔薇色の空全体に展がっていく間、そこに留まり続けている。

第三章　砂と書物

アトラス越え

フェズを朝早くに出発したバスは、中アトラス山脈に左側の背を凭せかけるようなかたちで、マラケッシュへむかって長い行程を行くことになる。

乗客は、オランダ人の二人連れとわたしを除けば、ほとんどすべてがモロッコ人の男である。彼らは寡黙で、知らないどうしで気軽に口を利きあうというわけではなさそうだ。思い思いの格好で頭に布を巻いたり、茶色や灰色のジュラバのフードを肩に垂らしたりしている。誰もが大量の荷物をバスのなかにもちこもうとするので、出発は結局一時間近く遅れることになるが、どうやらそのようなことはいっこうに気にならないようである。

フェズの新市街を出たバスは、たちどころにのどやかな牧草地帯に出る。淡い緑をした草がまばらに生えているかと思えば、名も知らぬ黄色い花が絨毯のように周囲一面を覆っている場所を通り過ぎたりする。ところどころに黒い山羊の群れが見える。山並みの麓のほうに驢馬と人影が見えるが、あまりに遠くにいるので米粒のようにしか見えない。ただ空だけがどこまでも高い。日が高く登ってゆくにつれてその青さはますます強くなり、あたかも世界全体が巨大な青い炎のなかに包みこまれているような印象を与えるまでになる。

モロッコという国は簡単にいって、大西洋に向いた海岸地域とサハラ砂漠の北端に当たる内陸部とに分割される。その間を背骨のように走っているのがアトラス山脈である。地図のうえから詳しく眺めてみると、それは四枚の葉を折り重ねたように、いくぶん複雑な地形をなしていて、北東から南西にかけてリフ・アトラス、中アトラス、上アトラス、アンティ・アトラスの四つの山脈に腑分けされる。比較的なだらかな丘といった感じのリフと比べて、後の三つの山脈は二千メートルを越す高地が延々と続き、もっとも高い頂きは四千メートルにも達する。

アラブ人は低地の都市にあってこそ優位の存在のように見えるが、こと山中に入ればベルベル人の領域だ。もっともアラブ人から見て「異言を話す者《バルバロイ》」でしかなかった先住民を、その名称のもとに一括りにすることは、本来は適当ではないだろう。彼らは大まかにはタマジット、タシュリット、ズナートといった三つのグループに分類されるが、さらに細かな部族の差異が横たわっている。アトラスの山並みに接近するとは、このベルベルの世界に参入するということに他ならない。

やがてバスは山間の小さな邑《まち》アズルーを過ぎたあたりから、はっきりと山脈に入りこむようになり、視界に背の高い杉の林が入るようになる。道はぐねぐねと曲りだし、右手に渓谷を臨むことになる。三時間ほどしてバスがふいに停車する。乗客たちはものもいわずに次々と外へ出ては、軀を伸ばしたり、煙草を吸ったりしている。停車場の前には簡単な食堂があって、店先には円錐形をした陶器が炭火のうえにいくつも並べられている。タジンの香ばしい香りがする。鍋を意味するこの料理は、羊肉にアーモンドや豆を混ぜた、スパイシーなシチュウだ。バスを降りるとたちまち二、三人の現地人がわたしを取り囲み、キフを買わないかと持ちかけてくる。小休止を終えたバスは、ふたたび出発する。

わたしは最初にモロッコに旅したときに出会った平岡千之《ちゆき》のことを、ふと思い出す。NYを立つ直前に、知りあいになった美術商から、もしラバトに立ち寄ることがあれば、ヒラオカに会うといいわ。彼はあの有名なミシマの弟で、モロッコに長く住んでいるからと、電話番号を教えてもらったことがあった。いかにも謎めいた情報だった。これはなにかの聞き間違いではないか。日本人、しかも三島由紀夫の弟がいったいどのような理由で日本を長く離れ、モロッコに住んでいるというのか。わたしにそれを教えてくれた女性は、しかしそのわけを話そうとしなかった。ただ、パリでいろいろな不思議なパーティに連れて行っていただいたときのことは、今でも思い出すことがありますと、彼に伝えてくださいと、微妙な調子でいった。

ラバトで駅裏のホテルに荷物を置いたわたしは、ただちに教えられた電話番号にかけてみた。するると明るい女性の日本語で、ただいま大使に交替いたしますという返事が戻ってきた。三十分ほどしてホテルのロビーに、年齢は六十歳くらいの日本人の紳士が、にこやかな表情で入ってきた。そしてわたしを発見するなり、こんな粗末な場所に日本人が泊まってはいけません。車が待たせてありますから、今からわたしの家にいらっしゃいと、弾んだ調子でいった。彼は日本大使として、数年前からこの地に赴任していたのである。わたしたちを乗せた車は王宮のわきを抜け、堂々とした門の下を潜ったりしながら、郊外の広々とした大使公邸へと向かった。

平岡千之は快活で、冗談ずきの人物だった。医者に固く止められているからと、わざわざドイツから運ばせたノン・アルコールのビールを口に運びながら、自分がこれまで赴任してきたビエンチャンやダカール、パリでの挿話を、面白おかしくわたしに語ってくれた。その気さくさと上機嫌は、これまで日本の外交官という職業に対してわたしが抱いていた、陰気で官僚的な映像とは、似ても似つかぬものだった。ただともすれば言葉の端々に、もはやこの人物が現世というものをどこかで投げてしまっているのではないだろうかという、ニヒリズムが隠されていることを、わたしは微かに感じていた。彼は夫人が食卓に就いているときにも、自分の若き日の性的冒険を冗談めかして語ることを躊躇しなかった。モーリタニアとの漁業交渉がいかに困難であったかという話題のあとで、ニューギニアに赴いた日本人の女性文化人類学者が、いかなる罠にかかって原住民に輪姦されたかという話を、まったくためらいもなしに語るのだった。もしひとつだけ平岡さんを失望させたことがあったとすれば、それはわたしがゴルフをしないということだったろう。彼はモロッコの皇太子に俳句の作り方を教えることに飽きてしまって、日本から来るゴルフ相手を待ち焦がれていたのである。

わたしは数日にわたって大使公邸に滞在した。その間、平岡さんはラバトとサレという隣りあった邑を、それこそくまなく案内してくれた。驚くべきことに、彼は年齢にして二回りほども違うわたしがその昔に執筆した、スウィフトについての論文を読んでいた。それどころか、当時皇太子妃であった美智子妃がアイルランドに親善旅行に発つさいに、随行員のひとりであった彼は、わたしの論文の内容を要約して聞かせたというのである。最初ホテルでお会いしたときには、てっきり四方田さんの息子さんが来られたのかと思って、声をかけたのですよと、彼は笑いながらいった。

わたしの側に遠慮があったとすれば、それは目の前で愉快そうに語っている人物が、あの三島由紀夫の実の弟であるということに起因していたといえる。平岡さんは兄ほど細長い顔立ちはしていなかったが、それでも笑うと目のあたりに、わたしが雑誌や写真を通して知っている、あの著名な、そしてスキャンダラスな最後を遂げた天才文学者を思い出させるものがあった。兄弟の間の関係というものは微妙なもので、カインとアベルの往古から、余人には窺いしれない複雑な感情が長い時間のうちに双方に蓄積されているものである。プルーストはかの長大な自伝的小説のなかに、一度たりとも実在した弟のことを書きこんでいないし、中上健次は死ぬまで兄の自殺に拘り続けた。まして平岡千之の場合にはと、わたしは同情した。おそらく日本に留まっているかぎり、彼は生涯を通して彼そのものとして紹介されず、どこまでも三島由紀夫の弟といわれ続けるのではないだろうか。

ある晩のこと、食事が終わってブランディーに切り替えたころ、平岡さんはふと思い出すかのようにわたしにむかって、そうそうぼくの兄貴が小説なんかを書いててねえと、切り出してきた。でも、四方田さんの世代くらいになると、ああいう古臭い小説はもう受けないのだろうなあ。

封印が破られたなと、わたしは感じた。三島由紀夫は今でもみんなが読んでますよ。ぼくも夢中になって読んだ憶えがありますと、わたしは答えた。突然に平岡さんの顔が快活になった。そう？　そうなんだ。いやあ、実はぼくも高校時代に文学に憧れをもっていなかったわけじゃあなかったんだが、兄貴が役人の仕事が終わって家に戻ると、書けない書けないといいながら机に齧《かじ》りついているのを目の当たりにしてるとねえ、やっぱり家業を継いだほうが楽だと思って、外交官を目指したというわけなんだ。

ひとたび封印が破られてしまうと、平岡さんは兄の思い出を次々と語りはじめた。死の何年か前のことだったが、当時ビエンチャンの日本大使館にいた彼のもとに、パリの三島由紀夫から、日本に戻る前にそちらに立ち寄るという通知が来た。ラオス国王に、このたび日本の有名な小説家が参りますがと謁見を求めると、王からはひとこと、その者はプルーストを解するかというご下問があった。王は若き日にパリで学んだころ、『失われし時を求めて』の魅力に取りつかれ、故国に戻っても学友であった現総理大臣とプルーストの長編に登場する情景の話ばかりを、数十年間にわたってしてきたのだとのことだった。数日後に現われた三島由紀夫は、その意味で王の理想的な話し相手であった。機嫌をよくした王は、彼のために特別に、幼げな王子や王女たちにむかって『ラーマーヤーナ』の芝居を演じるように命じた。三島はたどたどしい科白回しで演じられる舞台にひどく感銘を受け、やがてその一切は、彼が帰国後に執筆した『暁の寺』にそっくり写しとられることになった。

バスの窓から見える風景は、いまや一変している。何時間にもわたって中アトラス山脈の端に沿っていた道は、ふたたび平坦な農耕地に戻り、午後の高い太陽の下をただひたすら南西を目指して走っている。鬱蒼たる杉の林はとうの昔に消え去り、かわりに灌木が目立つようになった。それから何もない荒地となる。しばらく眺めていると、土の色が少しずつ赤くなっていくのがわかる。赤い都マラケッシュが近付いてきた証拠だ。一瞬ではあるが、何人もの少女たちが連れ立って歩いている側を通り抜ける。黒い服を纏い、白い布で髪を隠しているその姿は、ベルベル人に特有のものだ。慌てて写真を取ろうとするが、そのときにはバスはとうに先のほうを走ってしまっていて、二度と彼女たちの姿を見ることができない。ただどこまでも延びている、なだらかな地平線だけが実在のものだ。椰子の樹の連なりが遠くのほうに見えてくる。

今はその王子や王女たちはどうしているのでしょうね。わたしは平岡さんに尋ねた。

さあ、どうしているのかねえ。パテトラオがすべてを目茶苦茶にしてしまったからなあ。あの温厚で信心深いラオス人たちがあんな残酷なことをしたとは、きっとヴェトナム人に唆されたのだろうなと思うことにしているよ。みんな収容所にでも送られて、鉱山で働かされたのだろうなあ。今でも生きているといいのだが……。

平岡千之との交際は、わたしがモロッコからNYに戻ったあとも、続いた。彼は新たにリスボンに大使として赴き、そこから手紙をくれた。ひょっとして日本に帰りたくないのかなと、わたしは彼の心中を忖度した。平岡さんはやがて帰国すると迎賓館の館長となった。一か月に三日か四日くらいしか客のこない旅館の主人みたいなものさ、いつでも暇だから遊びに来てくれよ。電話をすると、ラバトで会っていたときと同じ調子で、気さくな返事がかえってきた。

わたしが三度目のモロッコ行に発つ前に、彼は一年間の闘病生活のはてに生涯を終えた。どうせ葬式は外務省の役人でごったがえしているのだろうと、わたしは焼香にも足を運ばなかった。何か月かが経って、夫人から電話があった。平岡の遺言状に、遺された書物はすべて四方田さんの好きにしてもらうようにとありましてと、彼女はいった。東松原の平岡家に赴いたわたしは、広々とした書斎に通されて、ご自由に書物をお持ち帰りくださいといわれた。三島由紀夫の本は、わずかに一冊だけ、背中が逆になって乱暴に突込まれているだけで、あとはどこにもなかった。わたしはリスボンで刊行されたフェルナンド・ペソアの三巻本の全集だけを手にして、平岡家を辞した。あるとき平岡さんが、若いころにポルトガル語を齧ったから、引退したらペソアでも訳してみたいと語っていたことを、想起したからである。それがランボーでも、オクタビオ・パスでもなく、ペソアであることが、わたしの印象に残った。二十世紀初頭にリスボンで詩人として活躍したこの人物は、奇妙なことに自分の本名以外に三通りの名前を考案し、彼らの架空の人格を通して作品を世に問うていたのだから。わたしは平岡千之が生涯にわたって、もうひとつの、ありえない人格を所有するという夢に魅せられていたのではなかったかと、そのとき考えた。

バスは九時間半の行程の後に、ようやくマラケッシュの巨大な城壁のもとに到着する。すでに太陽は力を落とし、西の空に傾いている。マラケッシュ、赤い邑。その名Marrakeshは、のちにモロッコMoroccoという国名の起源となった。十一世紀の中頃、ベルベル人の一族によって突如砂漠のただなかに建設されたこの都市は、いくたびかの王朝交替劇のなかで盛衰を繰り返した。巨大な停留所に降り立つと、いつもながらにたちまち現地人が、ホテルやタクシーの都合を荒っぽいフランス語で尋ねてくる。わたしは城壁に沿って歩き出す。

タンジェの坂道の多い街角や、フェズの円錐を逆さにした蟻地獄のような迷路に迷ったあとでは、マラケッシュの邑はどこか緊張感を欠いた、鷹揚な雰囲気を与える。まずこの邑はひどく大きい。旧市街を取り囲む城壁は、開口部である門から門までがひどく長く、さながら北京のような印象がする。ひと廻りをすれば十キロを越すという。先に挙げたふたつの邑と違って、周囲にこれといって何もない平坦な地形のうえに、十一世紀に王都として建設されたという事情もあるのだろう。バスで入場してみるとわかるのだが、延々と荒地が続いてきて、突然に都市が聳え立つ椰子の樹とともに出現するそのあり方は、往古の王都というよりも、むしろ巨大なオアシスに到達したといった感じのものだ。

壁という壁は燻《くす》んだ赤をしている。それはこの地方に独特の赤い土に石灰を混ぜて造られていて、みごとにマラケッシュを他の邑から識別する手立てを与えている。三つのモスクの尖塔《ミナレット》を除けば高い建物などないから、邑全体がその色のなかに重く浸りきっているかのようだ。ここでは人々はフェズのように狭く起伏の多い路地を、知りあいに声をかけられたりかけたりしながら横切るのではなく、舗装された大きな歩道を、行進でもするかのように一方向にむかって歩いている。

夕暮れの邑をわたしは新市街のホテルから城壁の門を潜り、旧市街の中央にあるジェマア・エル・フナ広場にむかって歩く。目印となるのは八十メートル近い高さをもった尖塔だ。それはマグレブにあってもっとも巨大なモスクのひとつであったはずのクトゥービア・モスクの塔であり、目を凝らして観察してみると細長い壁面に花文や組紐文の美しいレリーフが、あますところなく施されていることがわかる。もっともそれは八世紀にわたる雨風によって、いたるところで破損し、また摩滅の行程を歩みつつある。塔の頂きには、本来であるならばおそらく青と白の色鮮やかなタイルが貼り詰められていたのだろう。だがそれはわずかに数片を残すばかりで、残余は剝離し、剝きだしの赤い壁の圧倒的な現前を目の当りにして、ほとんど印象を残さない。同様にしてクトゥービア・モスクそのものが現在では一部しか残っておらず、そのかみの栄華を感じさせるにはほど遠い。大モロッコがマグレブ全域はおろか、今日のスペイン、ポルトガルの一部までを領地としていた十二世紀の偉大なる日々を思い出させるのは、今ではいわゆるアンダルシア・スタイルをもった尖塔の存在だけである。

ジェマア・エル・フナ広場は、大通りをクトゥービアの尖塔のところで左に曲り、十分ほど歩いたところにある。いや、あるというよりも、鬱蒼とした木々の繁みを抜けたところに、突然に展がっているといったほうがいいだろう。この広場こそがマラケッシュの中心であり、わたしがこの邑に期待していたもののすべてであった。七〇年代の中頃、エリアス・カネッティの『マラケシュの声』を読んで以来、わたしはここを訪れることを長い間渇望してきたのだった。

夕暮れから夜にかけての広場は、まさに驚異そのものを体現している。長々と口上を述べる薬売り。笛と打楽器の伴奏をともなって、声を張りあげる楽師たち。深々と顔を隠した占い師。両足を喪い、台車に乗って物乞いをする乞食。巧みなアクロバットを披露する曲芸師。蛇使い。ガンブリやリュートを掻き鳴らし、なにやら往古の物語を語る者。いくつもの太鼓の前で踊りに熱狂する黒人たち。掛けあい漫才。地面に置いた景品を客に釣糸で釣らせる仕組みの夜店。ありとあらゆる類いの見世物芸や口承芸が、広場一面に繰り広げられ、それぞれに見物客を集めている。

いや、芸ごとだけではない。夥しい数の屋台がずらりと店を並べて、客の到来を待っている。ケバブを焼く煙と炎が、通り過ぎるわたしの喉を刺激する。深々とした油のなかに乱暴に放り投げられる魚。黒く濁った汁から掬いあげられたカタツムリ。店頭に並べられたトマトや茄子、オリーヴやピーマンの類。さまざまな大きさをした腸詰め。子羊の脳味噌は真赤な血でできた、柔らかい塊のようだ。屋台のなかにいる老人を指して、誰かが「ハジ！」と叫ぶ。頭に白い丸編帽をした老人が、喧騒のなかからゆっくりと振り返る。きっと彼は生涯のどこかの時点でメッカに出かけ、かの地で習練を積んだために、若者からそう呼ばれるようになったのだろう。そのすぐ裏側では美しい睫をした少年が、積みあげられたオレンジを絞って、客に飲ませている。

夜がしだいに深くなり、広場を照らす照明といえば地べたに置かれたアセチレンのランプばかりとなったとき、芸人と見物客とを隔てる境界は段々と曖昧となり、広場の全体がブリューゲルの描いた巨大なカーニヴァルの光景のように感じられてくる。空《あ》いている場所を見つけて、つい目の前を歩いていた者が襤褸《ぼろ》布を敷き、そのうえに座り込んで朗誦を開始する。ひとしきり実演を終えると、また襤褸を畳んでいず方へとなく去ってゆく。

わたしは三人の楽師たちの前に立つ。彼らのひとりは小鼓のような打楽器を肩のうえに置き、もうひとりは星の模様をあしらったタンバリンを膝に乗せている。最後のひとりは盲目で、バンジョーに似た弦楽器を掻き鳴らしている。彼は白濁した両眼を大きく展げながら、哀調に満ちた調子で歌う。先のふたりがそれに声をあわせるが、独唱を担当するのはつねに盲人だ。一曲が終わると、周囲からバラバラとディルハムの小銭が前の皿に投ぜられる。わたしはカメラのフラッシュを焚く。あろうことか、その気配を敏感に察した盲人が楽器をわきに置いて、わたしの方にむかって右手を差し出す。彼はみずから奏でる音楽の響きと広場全体のざわめきのなかで、わたしが立てた微小な機械音を感じとったのだ。

別のところでは、年端もいかぬひとりの少年が、なにやら早口で口上を述べている。彼は裸足で、携えているのは疲れきった黒いビニール袋だけだ。少年はいわくありげに袋を地面に置くと、巧みに指を操って、ひとしきり簡単な手品を披露してみせる。だが、どうやらそれは客寄せの余興にすぎない。ほどなくして彼のまわりをぐるりと見物客が取り囲むと、手品は終り、少年はふたたびひどく熱心な調子で客たちにむかって話しかけ、相槌を打たせ、これから始めようとする芝居に彼らを引き込もうとする。

黒いビニール袋のなかには、何かすばしっこい小動物が隠れているようだ。少年はこわごわそれに近寄るふりをしながら、袋に触った瞬間にさっと手を引込めたりして、観衆の注意をそそる。ひょっとして危ないかもしれないから、ちょっと後ろ側に下がっていてくれないかといったことを説明しているのだろう。彼は何回も袋に近付いては退き、そのたびごとに早口で何かを語る。仕事だからこんなことをしているけれども、本当は自分だって怖いのだ。どんなに馴れているといっても、袋のなかのやつは気紛れで神経質だし、危ないときは危ないのだ。彼が触れた瞬間に、袋がガサガサと大きく揺れ、いあわせた人たちの間からどよめきに満ちた声が漏れる。

いくたびかの試行錯誤ののち、ついに少年は勇気をふり絞って袋の上に覆い被さり、謎の生き物を組み伏せることに成功する。客たちはいっせいに沈黙し、一刻も早くそのなかに閉じ込められているものが何であるのかを、確かめてみたいと思う。少年は恐る恐るといった手つきでビニール袋のなかに手を入れ、なかのものを取り出す。現れ出たのは汚れた灰色のジャンバーだ。ジャンバーを片手で掲げ、笑いながら袋のなかをはたいてみせる少年にむかって、客たちはいっせいに拍手をし、小銭を投げる。彼はそれを拾いあげるとジャンバーを着、袋をそのポケットに仕舞いこむ。そして何ごともなかったかのように、その場を去る。

ここには世界でもっとも単純にして原型的な演劇がある。小道具はただのビニール袋だけ。ピーター・ブルックであれば、広場という「何もない空間」で演じられるこうした寸劇にこそ、演劇的なるものの起源が横たわっていると、いうことだろう。少年は実に簡単なプロットと小道具の準備だけで、二十人ほどの観客を手玉に取ってしまった。気が付くと、もはや彼の姿は見えない。溢れんばかりに広場を埋め尽くしている群衆のなかに、たちまちのうちに溶けこんでしまった彼のあり方は、まさしく広場の精霊《ジェニ》と呼ぶにふさわしい。

＊

マラケッシュはわたしに、ひとりの独自な思想をもった日本人を思い出させる。彼の学説について聞いたのは一九七〇年代の中頃だったが、その奇怪さはいつまでも耳の奥に残っていて、わたしをこの邑へと向かわせる遠い要因となった。

石川三四郎は、現在では非戦論を唱えたアナーキストとして記憶されている。彼は一八七六年に生まれ、幸徳秋水や堺利彦とともに「平民新聞」の創刊に関わったのち入獄。このため皮肉にも「大逆事件」で逮捕されることを免れた。サンジカリズム系の労働運動を支援したり、クロポトキンの翻訳を行なったりしたのち、戦後は日本アナキスト連盟の結成に参加して、一九五六年に八十歳の生涯を閉じている。死後も二度にわたり著作集が刊行され、日本思想史のなかでのその位置は、揺るがないものだといえるだろう。その彼が大逆事件に続く時代閉塞の状況のなかで、旅券ももたずに国外に脱出し、一九一三年から八年にわたってヨーロッパとアフリカを放浪していた時期のことは、わずかに彼の自伝的文章に窺い知れるばかりであった。だが、わたしにとって何よりも興味深かったのは、その流謫の期間に彼が見聞きしたものの印象と分析であった。『放浪八年記』と『自叙伝』を頼りに、その内実を要約してみよう。前者は帰国直後に執筆されたものであり、後者は最晩年に口述筆記されたものである。

ブリュッセルで亡命中のフランス人アナーキスト、ポール・ルクリュ教授のもとに寄寓していた石川は、一九一九年の冬、教授夫人の病気療養に付き添って、ルクリュの弟が邸宅を構えるマラケッシュに向かうこととなった。フランスがモロッコを保護国にして七年目のことである。ボルドーを出発した船がカサブランカの港に着くと、日本人だというので大いに珍しがられたと、石川は回想している。第一次大戦の影響もあって、フランスの資本はヨーロッパを離れ、「世界一豊饒の地といふ折紙のついたマロックは万人競争して事業経営を企図する処となつた」と、『自叙伝』にはある。教授夫妻と石川はここからマラケッシュまで二六〇キロほどの距離を、自動車で横断している。もちろん当時、鉄道もバスもなかったからであるが、テントが散在する村落と背の低いサボテンを除いて何もない大平原を走りだした車は、幾度もパンクをし、結局二日がかりでようやくマラケッシュに到着した。彼はその時の印象を、三十四年後にこう回想している。

自動車がマラケシ府に近づくと、四面の光景は忽ち一変し、是れまで恰《あたか》も不毛の原野の如く見えた全景色は消え去つて、天を突くばかり偉大なる檳榔樹の林と、熱帯乾燥の地面を潤ほす緑の橄欖樹の森とはその道路の両側を満してゐる。やがて埃及《エヂプト》やバビロンの古城でもある様に、見上ぐるばかり高い城壁が限りも無く延長してゐる。かうした城壁を幾重か過《よ》ぎつて、自動車は遂にマラケシ市の中央大広場に着いた。此処は群衆が毎日雲集して或は市を開き、或は興行物を催し、或は飲食を楽しむ処である。昔は罪人の晒首もあり、最近までは奴隷の売買も公開されたといふ。

この文章を読むかぎり、ジェマア・エル・フナ広場は、今世紀の始めから少しも変化していないように思われる。新たに付け加えられたものがあるとすれば、欧米から来る観光客の姿だろうか。石川にとって、冬の寒さの厳しいブリュッセルからマラケッシュへ移ったことはまったき歓喜の体験であったようで、「マロックの自然、マロック人の生活は、総てが私に取つては夢の世界であつた」と書いている。彼はアラブ馬に乗ることを覚え、香り高いオレンジの大森林を乗りまわしたり、水壺を運ぶアラブの少女たちの白衣の美しさに心を奪われて、馬を停めたりもした。際限なき大平原が美しい大海原と化してしまう蜃気楼に驚かされたこともあった。

だが、幸徳秋水のかつての盟友は、モロッコに理想郷ばかりを見ていたわけではなかった。すでにパリで旅券手続きをしているときに、中国の国際平和本部を訪れ、若い中国人たちが真摯に日本を批判する声に耳を傾けているし、そこには「朝鮮共和国の事務所」も置かれてあったという。マラケッシュに滞在中も、現地において「生活苦と階級闘争とが深刻に行はれてゐる」ことを細かく観察している。先住のベルベル人と征服者のアラブ人との間の紛争を語り、ここに独裁国スペインと共和国フランスが到来して、共同で現地の叛乱を鎮圧したものの、アラブ人とベルベル人の「不平不満が癒された訳ではない」と指摘している。寄宿先のルクリュ家の知り合いのフランス人貴族が広大な所領地をもちながら、共和制のフランスを憎み、現地人を信頼せず、つねに寝室にピストルを置いて休んでいるさまを、冷静に、ときにユーモアを交えながら語っている。ここでただちに台湾や朝鮮に赴いた日本人の暴虐と差別行為に思いを巡らし、両者を比較してみるところは、さすがに筋金入りアナーキストの面目躍如たるところである。

もっともわたしを当惑させ、また魅惑もした石川三四郎が登場するのは、さらに先の下りである。『放浪八年記』の著者はここで唐突に日本民族の起源について考察をはじめ、モロッコと日本の間に古代になんらかの民族的交渉があったのではないかと、推論するのである。

私の此処に述べたいのは、寧ろベルベル民族とその文明とが、極東の一小島国なる日本にまでその枝を延ばして居はしないかといふ、一事にある。そして今やマロック国に在つて、親しくベルベル及びアラビヤ民族に接する私は、その日を重ぬるに従つて、漸く我等の血族を彼等の間に発見し得る様な感を懐くに至つた。否、彼等の生活、慣習、言語等に於て私は既に多くの類似点を我等と彼等との間に発見する。唯だ是等の事項は尚ほ研究の後に譲り、私は是より現マロック国の社会組織と、その興亡の史的因果とに就いて、些か研究して見たい。是れは書物上の研究では無くて、現在眼前に見る事実の研究である。そして此の血縁遠からずと思はるゝ民族の生活を研究するは亦格別に興味を深くする。

石川はこの後、ベルベル人と日本人の血縁を立証しようとしたらしいのだが、『放浪八年記』

のこの章は、その後の部分が火災で原稿が焼失したためにと断りがあって、中断されている。それまでの部分を読むと、日本の「更科」という言葉について、「西欧に蕎麦を移植したる者は多分サラセン人即ちアラビヤ人で、其因縁で之が蕎麦の名称となつたのかも知れない」と書いていたり、フランス語と日本語がいかに語彙において類似しているかという記述が続いている。おそらく喪われた原稿においても、同様の言語の対照比較から両民族の血縁が推理されていたものと考えられる。石川が『放浪八年記』刊行の前年である一九二一年に世に問うた『古事記神話の新研究』では、古事記と古代バビロニア神話、ヘブライ神話との類似が説かれ、高天原が実はヒッタイト民族発祥の地であるトルコのカッパドキアであったという主張がなされている。また古代の出雲はペルシャ湾岸であり、筑紫はマグレブ地域であったという。世界の大陸を日本の島々に見立てて、地域どうしを対応させ、もって日本が世界の中心たる神国である論拠とするというのは、大本教の出口王仁三郎の発想であった。石川もまた同様に、中近東を中国地方に、アフリカ大陸を九州に見立てていたのだろう。

石川の発想を誇大妄想だと笑うことは簡単である。近代ヨーロッパのアナーキズム思想を日本に本格的に導入した思想家が、かくも荒唐無稽な歴史観を抱いていたと嘲笑することも、自由である。おそらくこうした擬史作者としての彼の側面は、石川研究のなかでももっとも論じられることのない、躓きの石なのだろう。だがわたしにとって興味深いのは、こうした日本の起源を求める言説が、四十三歳でモロッコに足を踏み入れた亡命者によって生み出されたという事実である。故国から無限に遠ざかってしまったという寄る辺ない意識と、これまで世界の中心にあったはずの日本が文明のもっとも周縁に位置しているという冷静な認識とが、彼をしてファナティックな古代回帰へと向かわせた。日本にふたたび象徴的な意味での中心を回復させることが求められたのだが、石川の反国家主義は、明治以降の近代国家である日本への同一化をすでに不可能としていた。ここで援用されたのがモロッコでの見聞の思い出であり、わたしは彼が古事記研究という題名のもとに、ありえぬユートピア的夢想に耽っていたのだと理解している。

石川三四郎もまた、わたしのなかで流謫者の原型となった人物の一人である。放浪の果ての虚言とは、『不死の人』を書いたボルヘスにふさわしい主題であるような気がする。わたしはいつか、石川の政治思想とこうした擬史嗜好とを統合するような論文を書くことがあるだろうか。

＊

マラケッシュからサハラ砂漠に抜け出るためには、まずその手前に控えている上アトラス山脈をバスで横切り、ワルザザートでひとたび休んだのちに、ふたたび旅を続けてザゴラへと向かわなければならない。それはモロッコ国内での移動のなかで、もっとも変化に富み、ほとんど魔法《ファンタス》幻灯《マゴリア》を思わせる魅惑をもった行程となるだろう。目的地にはできるだけその日の早いうちに到着するというのが、長い間のうちにわたしが築いてきた旅行の仕方だ。マラケッシュでもわたしは夜明けを待ってバスターミナルに赴き、まずは山越えのバスに乗ることにする。

風景は実に目まぐるしく変化してゆく。広大な赤い都を後にしてしばらくは、赤みを帯びた土からなる荒れ地が続く。やがて緑なす牧草地が一瞬復活したかと思うと、それが切れたときバスはアトラスの山並みに向かって、真正面から突破を試みようとする。きわめて急な勾配の、曲がりくねった坂を登ろうと、懸命になる。左手に深い渓谷を、右手に迫り来る崖を望みながら、バスは進む。視界から緑が消滅し、茶褐色の剝き出しの土のうえにところどころ灌木が生えているといったふうになる。

三時間ほど走って、車は停車する。どうやら山脈の頂き近くにまで来たらしい。ドアが開くと、付近の子供たちが駆け寄ってきて、くちぐちに何かを叫びながら、鉱物や化石の小さな見本を売り付けようとする。十センチほどの、磨きこまれた黒い石のなかに、アンモナイトの輪郭が白い渦巻きとなって残されている。それは宇宙の螺旋状の運動を記憶している、もっとも小さい生物の痕跡だ。差し出された化石には他にも、三葉虫や古代の魚の形態がはっきりと残されたものがある。男根のように起立した水晶や、鈍い金色の輝きをもった、形のよい金属の塊を手にして近付いてくる子供もいる。おそらく彼らが携えてくるものは、この近くの山並みを少し踏み込んで歩くならば、それこそいくらでも発見できるものかもしれない。しばらく彼らのようすを観察していると、どうやら仲間うちにも微妙な縄張り意識や競争心があるらしい。わたしはいくつかの化石を土産に求め、赤い渋皮のついた木の実に五ディルハムを払う。

休憩地を過ぎてさらに高地へと登ると、風景はますます荒涼さを増し、もはや灌木すら見当たらなくなる。同じアトラス山脈といっても、鬱蒼とした杉林をもった中アトラスと、眼前の上アトラスとでは、雰囲気がまったく異なっている。夥しい剣の切り先で傷つけられたかのように、地形には寒々とした皹裂《ひび》が走り、さながら逆立したダンテの地獄篇のような印象を与える。太陽の当たる側にだけはわずかな緑が見受けられるが、その裏側はまったくの死の領域で、生命を感じさせるものはいっさい見当たらない。バスは巨大な大地の裂け目の側を、眠っている巨人の眼を覚まさせないように走ってゆく。二億年前にここはアンモナイトや三葉虫が群棲しているだけの、瞑《しず》かな古代の海だった。今ではそれが四千メートルを越す峰をもった山脈となっている。

渓谷の向こう側に聳える峰々は、いつのまにか雪を頂いている。マラケッシュをシャツ姿で出発したわたしは、慌てて鞄のなかからカーディガンを取り出し、さらにそれでも足りなくてジャンバーを膝のうえにかける。つい数時間前には椰子の木陰にいたというのに、何という変化だろう。そして雪山のうえには、いささかも地上の光景に惑わされることなく、まるで冷たく貼り付いた感のある空が控えていて、その不動の青が風景の変化と対照的に思われる。

上アトラス山脈の頂きを過ぎると、今度は風景に少しずつ生気が回復してくる。まず山々から雪が消え、しだいに草や灌木の姿が目立つようになる。赤茶色の山並みがどこまでも続き、ときおりその山あいに小さな集落が設けられているのが見える。周囲の土とまったく同じ赤茶の材質で作りあげられたと思しき集落は要塞、すなわち一応はカスバの形態をなしているが、垣間見たかぎりではまるで背の低い茸が群生しているようだ。家という家はどれも平らで長い屋根をもち、たがいに庇いあうように固まっている。ただ小さな窓枠だけが白い。周囲には樹木の一本も見かけない。

ここはベルベル人のなかでも勢力の強いグラーワ族の知ろしめす一帯である。人影が存在しないのは、この要塞が住民たちが出払ってしまった後の廃墟であるからだろうか。それとも夏に生えるわずかな牧草を狙って羊を放つための、仮初の住居であるからだろうか。いや、住民たちは苛酷な自然を熟知しているために、不用意に外へ出ないだけなのかもしれない。

やがてバスは見る見るうちに下り坂を降下し始め、土の表面は完璧な赤茶から、ところどころに緑の斑点が認められるまでに変化する。わたしは上アトラスをようやく越えたことに気付く。風景は岩だらけの荒れ地に突入する。いよいよ砂漠が始まったのだ。

わたしはふたたび服を脱ぎ、シャツ一枚に戻る。気が付いてみると、見渡すかぎり岩と石ころ以外に何もない道を、車は土煙を立てながら走っている。砂漠といえば日本人は「月の砂漠をはるばると」という童謡に描かれているような、一面が砂からなる美しい光景を連想するだろうが、実はそれは一般的なものではない。世界中にある砂漠の大半は、極度の乾燥によって植物が生存できないでいる荒地であって、わたしの眼前に展がっている光景こそがその典型なのである。東アジアの、水と緑に溢れた島から自分が到来してきたという事実が、なにかありえない夢であったかのように思われてくる。

ときおり十数本の椰子が並び、その下にぽつりぽつりと緑と人家があるのが認められる。どこまでも土色の世界のなかにわずかに緑という色彩を発見できるだけでも、心が和むような気がする。オアシスである。よく見るとオアシスには川が流れている。それは切れ切れとではあるが、上アトラスの険しい渓谷に起源をもつ水の流れだ。

わたしはワルザザートに到着する。かつてはこの地方で最大のオアシスであった跡地に軍事基地として建設された邑だ。太陽は中天に輝き、バスから降りたわたしをサハラの熱気が包みこむ。今が一日のうちでもっとも暑い時間帯なのだろう。マラケッシュを出発してから、ほぼ六時間が経過している。

ワルザザートは最初、ほとんど砂と泥から自成したかのような印象を与える。バスの停留所の前を走る大通りに市場と商店が並んでいるのを別にすれば、これまで通過してきたモロッコの邑と共通するものは何もない。外国人であるわたしが通りを歩いていても、誰もガイドと称して近付いてくる若者などいない。それはおそらくこの通りが自然発生的に旧市街の傍らに生じたものではなく、軍事施設の要請から今世紀になって作り上げられたことと、関係しているのだろう。

外国からの観光客は、わざわざこの地に山越えなどしてこない。彼らはパリやアムステルダムから、直接に飛行機で空港にやって来る。というわけでわたしは、モロッコに来てはじめて、理想的な無関心状態に自分が置かれていることを知る。

大通りであるムハンマド五世通りをのんびりとしばらく歩くと、タウリルトと呼ばれるカスバに出る。その建物は土地に産出する赤茶色の土を練って乾燥させ、積みあげた壁からなっているために、その前の道や遠くに見える丘陵とまったく同じ色彩のもとにある。

カスバのなかでもっとも高い建物は、カスバの隅に設けられた四角い塔で、建設されてから歳月が経っているためか、先端が綻び崩れたようになっている。かつて権勢を誇ったグラーワの酋長（グラーウイ）の邸宅は、今では博物館である。四階建ての広々とした土壁には、虫が齧ったあとのような小さな窓と通風孔が何十も空けられていて、規則的に図形を構成しようとする意志が働いている。壁面には孔以外にもレリーフが施されているが、きわめて素朴に部族を識別する記号をあしらったもので、マラケッシュのモスクの尖塔に施されていたような、細密なアラベスク模様からはほど遠い。邸宅の内側はまさに迷路になっていて、案内のパンフレットを頼りに階段を登ろうにも、どこがどこに通じているのか、ほとんど見当がつかない。二階が突然に四階に通じていたり、思いがけないところに小部屋があったりする。おそらくカスバの本来の機能である要塞は、このようにして外敵の侵入を防いだのであろう。

グラーウイの邸宅は観光客用の博物館として修復がなされているが、その隣にある同じような集合住宅はなかば崩れかけている。塔の先端が欠け、壁も完璧な形を保っていない。土、もとい砂漠の砂からなる建築のもつ宿命が、ここにある。

もう十年も前になるが、川田順造から興味深い話を聞いたことがあった。川田さんは東京の深川高橋に生れ、パリでレヴィ＝ストロースのもとで学んだのち、当時は上ヴォルタ《オート》と呼ばれたブルキナファソを中心として、非文字社会における口承の研究を重ねてきた文化人類学者であり、七〇年代初頭に『マグレブ紀行』という先駆的な書物を著した人である。その彼が長年にわたる西アフリカ研究にひと段落つけて、東京下町の研究を始められ、当時わたしが住んでいた月島の長屋に来られたときのことだった。

下町の家は西アフリカの部族社会に似ているんですねと、のっけから川田さんはいった。唖然として返答できないでいるわたしにむかって、彼は説明をしてくれた。

マリやブルキナファソでは、そのあたりにある土や泥を固めて家を建てる。当然のことながら、ヨーロッパのように石を積み重ねて建てた家のように何百年ももつわけではなく、だいたいが三十年くらいすると崩れたり、壊れたりしてしまう。住民にとってそんなことはわかりきった事実で、建物を崩してまた泥に戻すと、新しい家を建てる。こうしてほぼ三十年くらいの周期で、集落を構成する家という家は建て直される。ということは建物に付随していた記憶も三十年ごとに更新されることになる。東京の下町を調査しだしてただちに気がついたのは、この地域もまたほぼ同じ間隔のもとに、徹底的な破壊とリニューアルを反復してきたことだ。一九一八年の高潮、二三年の関東大震災、四五年の東京大空襲、そして六四年のオリンピックを前にした都市整備計画……。江戸時代の大火事に始まって、こうした出来ごとのたびに、下町はつねにゼロ同然の地点から再出発することを余儀なくされてきた。

ある建物が消滅し、別の新しい建物に取って替わられるということは、先の建物が携えていた記憶が消滅することであると、川田さんはいった。わたしたちが対話をしていたのは、八〇年代後半に始まったバブル経済が猖獗をきわめ、月島の長屋が次々と破壊されて駐車場やビルに変貌していった、まさに危機的な時期だった。対話をしていたわたしの側に、そのことへの切実な自覚があったことは事実である。川田さんはそれに対して、思いもかけなかったことだが西アフリカの泥の家の崩壊と記憶の更新という例を出され、痛々しい現状を相対化して認識すべき補助線を示してくださった。

のちに彼は、かつて数十年前に調査をした部族が新しい王を戴くというので、その儀式に「国賓」として招待され参列した。その場で彼は、自分が若き日に老いたる祈禱師から苦心して聞き出し、文字化した部族の創世神話が、きわめて単純化された形でしか、もはや新しい王とその側近に記憶されていないという事態に直面し、複雑な感情を抱くことになった。記憶の摩滅という残酷な事実を前に、人類学はどのように立ち振る舞えばよいのか。川田さんはそのために一冊の書物を書いた。

ワルザザートの崩れかけたカスバは、わたしを建築と記憶をめぐるこうした思考へと導いてゆく。ヴィクトル・ユゴーの『ノートルダム・ド・パリ』には、舞台となったノートルダム寺院の建築と壁面の彫刻がいかにエクリチュールとして、歴史的記憶の集蔵庫となっているかを述べた一章が特別に設けられている。まこと建築とは書物であり、その摩滅と解体は書物に含まれている知と記憶の消滅に他ならない。「これがあれを滅ぼすだろう」と、ユゴーは書く。わたしが今眺めている泥でできた塔が崩れたとき、その壁面のびっしりと記されている部族の記号体系は、はたして次の世代に継承されるのだろうか。それが世界全体を席巻した憚ることのないツーリズムの嵐に呑みこまれて、より平板で単純化されたものに取って替わられてしまう、という可能性がないわけでもない。そのときワルザザートという邑が全体として所有している記憶、すなわち無数の隊商にオアシスの慰めを与え、王朝と軍人の交替劇を傍らで眺めてきた記憶というものは、どこへ行ってしまうのだろうか。

邑は見渡すかぎりの荒れた砂漠のなかに、なにか奇蹟のように存在している。厳しい熱気と乾燥は、機会あるならばそれを元通りの砂に還元しようと、手薬煉《てぐすね》を引いて待ち構えている。建築という建築は、崩れ去り、砂に回帰するという運命から逃れ出ることができない。ワルザート に住まう者たちはそれに抵抗しようとして、建築が崩れるたびにまた新たなる建築を築き、土壁と尖塔に新たなる記号を刻みこんできた。だが以前の記憶はそこで消滅を遂げる。もし建築が書物であるとするならば、ここでは砂漠は絶対的なまでにそれに対立し、すべてを忘却の彼方へと追いやろうとしている。砂漠に刻まれた記号は、ひとたび風が吹き、細かな砂粒という砂粒が空を覆ったときに、たちどころに消えてしまう。書物の無化へと向かう砂、無限の砂。

だがワルザートは映画史家としてのわたしに、もうひとつの、あきらかに矛盾する関心を呼び起こす。それはこの邑がモロッコのハリウッドと異名をもつほどに、世界の映画産業に貢献してきたという事実だ。

『アラビアのロレンス』から『ナザレのイエス』に至るまで、これまでに何と二十本を越えるフィルムが、この邑の中心からいくぶん離れたところにあるアイト・ベンハッドゥーのカスバで撮影されている。おそらくそれがアトラス山脈全域においてもっともよく保存され、西洋人の異国情緒を掻き立てるのにふさわしいカスバであると、最初に到来した映画制作者が判断したためだろう。もっとも最近の例は、いうまでもなくボウルズの長編を原作としたベルトルッチの『シェルタリング・スカイ』だった。その結果、撮影を重ねるたびにカスバは、制作者のオリエンタリズムにふさわしいように、少しずつ補修と改築がなされ、わたしの手にしている英文の観光ガイドによれば、土産物屋ばかりが並ぶ、いささかキッチュ臭い雰囲気を湛えるようになったという。わたしがバスから降り立ったときに大通りから受けた印象と正反対の現象が、カスバでは起こっていたことになる。当然のことながら、カスバの住民たちは、近隣が羨まんばかりの法外な撮影使用料を毎回受けとることになった。だが、場所の知名度が国際的に増せば増すほどに、住民の数は減少していった。

ガイドブックは親切にも、このカスバに向かうには駱駝で三時間、七百ディルハムの費用がかかると記している。今世紀の後半に世界中を余すところなく覆い尽くしたツーリズムの熱狂が、映画という媒体を通して現地社会に変容をもたらした例として、アイト・ベンハッドゥーは記憶されるだろう。だがわたしにとってさらに興味深いのは、アラビアやパレスチナ、サハラ砂漠といった、モロッコにとって何の関係もない異国を舞台としたフィルムが、おしなべてワルザザート周辺の砂漠やカスバからなる映像によって構成されているという事実だ。ハリウッドに代表される西洋の映画人にとって、特定の砂漠の光景が被写体として求められているわけではない。純粋に抽象化された砂漠、つまり砂漠の観念だけが重要なのであって、観光立国を目指すモロッコの南部に位置するワルザザートがそのお眼鏡に適ったというわけだ。それは表現を変えるならば、砂漠をめぐる西洋的なステレオタイプを、この邑が映像として繰り返し全世界にむかって発信してきたということでもある。

わたしはアイト・ベンハッドゥーに足を向けるべきかを躊躇し、やがてそれを止める。世界中に蔓延している熱病であるツーリズムが襲いかかった無惨な跡を確かめてみたところで、それがいったい何になるというのか。かつてチェンマイの奥の山地で、マヤのピラミッドの前で、わたしはどれほどの幻滅を抱いて帰還したことだろう。その代わりにタウリルトのカスバから、もと来た殺風景なムハンマド五世通りを辿って、バス停のある中心地に戻る。それから邑外れへと向かい、地図に記されているドゥラア川を目指す。どこの邑に行ってもまずその場所を根拠づけている水の在処を確かめてみたいというのが、旅をするさいのわたしの流儀だ。まして砂漠の真中にあり、オアシスに起源をもつこの邑を知るためには、上アトラスに端を発し、その傍らを流れているドゥラア川をぜひとも確かめておきたいという強い気持ちがはたらく。

石ころだらけの広々とした河原をともなって、川はそこにある。幅にして一メートルほどの浅い流れがふた筋、シュロの樹々の間を流れている。天の中央にあって、あれほどまでに熱気と光を地上に注いでいた太陽は、もはや西に沈もうとしている。空を遮るものは何ひとつなく、ときおりどこかで鳥の鳴く声が聞こえるばかりだ。女たちがところどころで洗濯をしている。

わたしは乾いた河原に設けられた橋を渡ろうとして、むこう側からお喋りをしながら歩いてくる三人の少女たちがこちらに気付いて、なにやら笑っているのを知る。ベルベル人と黒人の混血だろうか、彼女たちの顔は漆を塗ったように茶褐色で、二人の髪は縮れている。もうひとりは白いスカーフを頭から肩にかけて垂らしているので、わからない。服装はまちまちだ。ひとりは黒とピンク、青の原色を身に纏い、他の二人はいくぶん地味な小豆色と青のジャケットを着て、長いスカートを履いている。わたしが話しかけると、彼女たちはわたしよりもはるかに流暢なフランス語で、自分たちはワルザザートのリセに通っているという。何かを話しだそうとしても、ただちにその言葉が笑いの私語《さざ》めきのなかに崩れこんでしまって、纏まらない。

三人の少女たちが立ち去ったあとで夕暮れの橋の途上に残されたわたしは、いつしか自分が強い既視感の磁場のさなかにあることに気付く。振り返ってワルザザートの邑を眺めてみる。ドゥラア川の石ころだらけの河原があり、その向こうに泥で建てられたカスバとその城壁、さらに背後には小高い丘があって、椰子の樹々がところどころに立っている。ほどなくしてそれが、パゾリーニの撮った『アポロンの地獄』の一光景であったことに思い当たる。ソフォクレスの『エディプス王』の映画化であるこのフィルムで、たしかこの場所はコリントスの王宮の前のシーンに用いられていた。王妃が侍女たちを連れて王宮の外を散策していると、配下の者が駆けこんできて、川に赤ん坊が捨ててありましたと報告する場面である。わたしの記憶では、たしかそこに日本の地謡か声明のような音楽が使用されていたはずだ。

このイタリアの呪われた監督は、おそらくワルザザートに撮影隊とともに到着して、いとも簡単にこの河原から見たタウリルトのカスバをギリシャの宮殿に見立てて、古典悲劇を撮影したのだ。もっともそれが先に名を挙げたフィルムと異なっているのには、原因がないわけでもない。ハリウッドの監督たちはこの土地に、西洋人にとって規範的な砂漠と異国情緒溢れるイスラム世界の映像を求めた。一方パゾリーニはそれとは対照的に、そこに、ヨーロッパの神話的起源であるギリシャの、もうひとつのあり方を求めた。ヘーゲルが『歴史哲学』のなかでギリシャを「人類の永遠の子供時代」と呼び、世界史の起源の光景としたことは、よく知られている。だが、このヨーロッパ中心主義の根底にある、清澄なるギリシャ観を解体するために、パゾリーニはあえてワルザザートをギリシャ悲劇の舞台として選んだ。また近親相姦の悲劇を異化効果にかけるために、さらに背後に日本の伝統音楽を用いた。わざわざアイト・ベンハッドゥーを避けて川に出たわたしは、ここでも映画の記憶に深く引き摺られている自分を発見し、思わず苦笑する。

ワルザザートはその昔はオアシスから自然に発生したベルベル人の集落であり、マラケッシュからサハラ砂漠の彼方にあるトンブクトゥーへと隊商が旅をするさいに、重要な中継地として考えられてきた。一九二八年にフランスが軍事基地をここに設けたとき、植民地における近代的な構築がなされた。ここでも映画が登場する。その二年後、一九三〇年にハリウッドでフォン・スタンバーグがディートリッヒとゲイリー・クーパーを起用して撮った『モロッコ』のラストシーンに登場する砂漠の駐屯基地とは、大体にしてワルザザートをヒントにして構想されたものではなかったか。もちろん当時のパラマウントがわざわざモロッコにロケ隊を派遣するわけがないから、撮影は当然のことながら広大なハリウッドに人工の砂漠を拵えて行なわれたはずである。だがまずその時点のモロッコにおいてこの邑が、典型的な外人部隊の駐留する、数少ない砂漠の邑であったことは、まず間違いのないところだ。

タンジェで会ったボウルズは、わたしがワルザザートに行くと聞いて、二十歳をまだいくらも出ていないころ、一度だけだがこの邑に足を踏みいれたことがあったといった。あそこには何もなかったよ。フランス軍の軍用トラックに便乗してアトラスの険しい道を乗り越えたわけだが、当時食事をするところが一軒あっただけかな。

ボウルズの回想のなかにあったシェ・ディミトリとは、ムハンマド五世通りの中ほどにあるフランス料理店である。天井に扇風機が取り付けられた室内には、いかにも両大戦間のレストランはこうであったという、質素で時代遅れの雰囲気が漂っている。テーブルクロスは無地の白で、窓のカーテンは色褪せたピンク色をしている。客はフランスから来たと思しき観光客が二、三組。おそらくは連日のモロッコ料理にくたびれはてているのだろう、いかにも安堵の表情を隠せないといった感じで、ワインを呑んでいる。

初代のディミトリは本来がユダヤ系ギリシャ人で、フランス軍の基地が設置された翌年である一九二九年に、ここに店を開いた。無聊に悩む将校たちによって、さぞかし繁盛したことだろう。臙脂色のトルコ帽を被ったボーイが、もし興味があるならと、昔の写真を何枚か見せてくれる。ベルトルッチさんも毎日のようにいらっしゃって、スパゲッティをお召しあがりになりましたと、彼はいう。

レストランを出ると、満天の星だ。モロッコでは空はつねに驚異的な存在だが、とりわけ都会を離れ、人工の照明がほとんど見当たらないこの邑まで来ると、黒々とした夜空そのものが地上にいるわたしにむかって、ゆっくりと舞い降りてくるような印象がする。砂漠は一日のうちでもかなりの温度差をもち、冷え冷えとした大気が厚い壁のように感じられる。

ムハンマド五世通りを停留所まで歩いて、明日のザゴラ行きのバスの座席を予約する。炎天下の午後に到着したときには気が付かなかったが、切符売り場の壁には畳大の絵が掲げられていて、いかにも稚拙な筆遣いで、「ワルザザート→パリ」とあり、エッフェル塔の絵と所要時間、バス料金が添えられている。フランスが植民地の軍政を敷いたことの痕跡は、こんなところにも顔を覗かせている。わたしはパリのシャイヨー宮の前の広場に、いつもセネガル人やモロッコ人が座って、皮の帽子を売っていた光景を思い出す。彼らのどれほどが、故郷からジブラルタルを渡り、ピレネー山脈を越えるという数日がかりのバス移動のすえに、パリのアラブ人街バルベスに到達するのだろうか。看板はあきらかに現地人だけを対象としている。フランス人は飛行機でこの邑にやってきて、郊外の地中海クラブのプールサイドでごろごろしただけで帰っていくだけだから。

旧宗主国の首都であったパリは、この砂漠の邑に生まれた若者にとって、世界でもっとも輝きに満ちた場所なのだろう。モロッコに来て以来、見え隠れしていたフランスの影が、ここではバス切符の看板というかたちで、はっきりと表わされている。あるいは植民地下の朝鮮の片田舎にも、「内地」の都市や鉱山へ出稼ぎに向かう者たちのために、似たような看板が描かれていたのだろうか。わたしは一九五〇年代にパリに留学していた森有正が著書のなかで、道路工夫のアルジェリア人は美しい、なぜなら何も考えていないからだと書いたことを思い出す。それから自分のかつての同級生で、現在はパリでマラルメを研究している日本人が、あいつらは臭いから近寄らないと吐き捨てるように語ったことも。けれども、いかなる差別と気候の寒さが待ち構えていようとも、モロッコの青年たちはパリを目指し、かの地にあるモロッコ人集落へと移動してゆく。その背景には生まれ故郷の国に横たわる失業と貧困の問題がある。いまではパリは世界に冠たるムスリム人口を抱える都市と化してしまった。ワルザザートの住人たちの眼には、パリとメッカはどちらがいっそう輝かしく映るのだろうか。

ワルザザートからザゴラへ向かうバスは、邑の側にある湖を過ぎるとただちに荒れ地に突入し、激しく蛇行する道筋を辿りながら、ふたたび山を越える。崖の下にはもはや枯れきってひさしい谷間があって、かつて水の流れた跡を辿ることができる。それは刃物で金属の窪んだ表面を切り付けたような、昏く鋭い曲線だ。ところどころに大地にへばりつくようにして、土色の小さな集落がある。休憩に立ち寄ったアグディズの広場でわたしは、軍服姿の男がカフェの裏側に慎ましく設けられた部屋で、軍靴を脱いで熱心に祈りを捧げているのを見かける。

アガディルを過ぎると道はこころなしか楽になり、先ほどから崖下に眺めてきたドゥラア川に水が流れているのが認められるようになる。道はしだいに流れのほうに降り来たって、そのすぐ傍らを走り出す。土は明るい色となり、まるでクスクスの細かな小麦粉の粒を連想させるまでになる。ところどころに椰子の群れを中心として、緑に包まれた小さな島のような場所がある。アカシアの木が植えられ、果樹園がある。ついに典型的なオアシス地帯に入ったのだ。バスのなかは蒸し風呂のように暑い。冷房装置がとうの昔から故障しているうえに、恐るべき土煙のせいで窓を開けるというわけにいかないのだ。荒れ地の彼方に緑を発見すると、心の底から安堵感が込みあげてくる気がする。結局、ザゴラまでは五時間を要し、またしても夕暮れどきに新しい邑に到達することになる。

ザゴラは平坦な土地にある、小さな邑だ。入り口のところに門が設けられているが、全体に低い建物ばかりで、人を圧倒するような偉容はどこにも見られない。大通りは端から端まで歩いて見ても五百メートルほどもなく、それでもモロッコの邑の大概がそうであるようにムハンマド五世通りと名付けられている。市街そのものはワルザザートに似て、フランス植民地時代に軍事的目的から建設された。邑が途切れるあたりに標識があって、「トンブクトゥーまで五十二日」とアラビア語とアルファベットで記されている。駱駝を率いた隊商のための表示なのだろうが、今では観光客がときおり面白がってシャッターを切る程度で、他には誰も気に止めているようすがない。道端で立っていると、ワルザザートではついぞ見かけなかった自称ガイドが、蠅のように群がってくる。子供たちまでが寄ってきて、口々にディルハムを要求する。遮るもののない夕暮れのせいで、人も驢馬も、道に残した長い影を引き摺るようにして、のんびりと歩いている。

わたしがザゴラに関心をもったのは、ドゥラア渓谷最大のオアシスであるこの地にサアード朝が勃ったと聞いていたからである。

十六世紀の初頭、マリーン朝の支配が有名無実となったのをいいことに、ポルトガル人が海岸地域からしだいに触手を内陸へと伸ばし、サハラを横断する交易に手を出すまでとなった。ながらくザゴラを拠点としていたサアードの長エル・カイムは、この事実をゆゆしきものと感じ、挙兵してただちにマラケッシュを攻め落とすと、一五二五年にサアード朝を樹立した。彼らは聖戦《ジハード》を説くと、破竹の勢いでポルトガル人を追放した。またフェズを攻略してモロッコを統一すると、トンブクトゥーに及ぶ大王国を築いた。とはいうもののこのマグレブのジンギスカン王朝の命運は長続きせず、十七世紀に入ると急速に衰え、アラウィー朝に取って代わられることになった。

現在のザゴラには、こうした波乱万丈の歴史を感じさせるものは、何ひとつ残っていない。だが、このモロッコのなかでも恐ろしい辺境に生を受けた一酋長が、アトラスの険しい峰を越えて荒廃したマラケッシュに生気を取り戻させ、旧都フェズのお公家さん連中を驚かせたかと思うと、痛快なものを感じないわけではない。エル・カイムはみずからを預言者ムハンマドの裔と称していたが、これとて関東武士が清和源氏の子孫を名乗るようなものであったと想像できる。彼とその軍団は砂漠に馬を走らせることにかけては、おそらく追随する者をもたなかった。サレの邑にポルトガル人たちを攻略するさい、はじめて海に波が打ち寄せているさまを目撃したサアードの兵士たちは、いったいどのような感慨を抱いたのだろうか。長大なモロッコ史のなかで蜃気楼のように出現し、わずか一世紀にして消滅してしまったこの王朝は、そのあり方自体が蜃気楼であったようにさえ思われてくる。

ハッサンは二十五歳で、トゥアレグ族の精悍な青年である。砂漠の民として知られたこの部族の徴として、青い布《シャーシュ》で頭を覆っている。ザゴラからさらに奥へと進みたいわたしは、ジープの運転に長けた彼を運転手として雇うことに決める。

トゥアレグ族はサハラ砂漠一帯にかけて住んでいる種族で、本来的には遊牧を旨としている。彼はいう。父親の代まで遊牧民《ノマド》は自由にサハラ砂漠を横断することができた。なるほどモロッコとアルジェリア、モーリタニアの間には国境というものがある。だが、誰もそんなものを気にしていなかった。一九七五年にすべてが変わり、国境を越えることができなくなった。父親はアルジェリア側にいる親族に会うために、わざわざ北上してウジェダまで行き、そこから鉄道でアルジェリアに入らなければならなくなった。

一九七五年に何があったのかと、わたしは尋ねる。ハッサンはまあ仕方がないなという顔をして、答えようとしない。通りすがりの外国人に話したところで理解されるわけがないと考えているのか、それとも秘密警察に密告されることを恐れているのか。

この年に起こったことについて、わたしは概括的なことはすでに知っている。それはスペイン領であった西サハラで住民が一斉蜂起を行ない、国際司法裁判所がこの国の自決をモロッコとモーリタニアに勧告した直後に、ハッサン二世が突然に西サハラに侵略を行なったことに関係している。「緑の行進」と名付けられたこの示威行進は、国王の威厳と大モロッコのナショナリズムの発揚のためになされたが、結果として当地での解放戦線ポルサリオの武装闘争を激化させることになった。モロッコ空軍のたび重なるナパーム弾爆撃を受けた西サハラの住民の多くは、難民としてアルジェリアに逃れ、ために国境周辺には緊張が走った。モロッコ軍は砂漠地帯に「砂の壁」と呼ばれる防御設備を設け、次々と砂漠に地雷を埋めていった。名高いパリ―ダカール・ラリーに参加したレーサーが、西サハラ領内に踏みこんでしまい、車ごと爆破されてしまったという事件が、現に生じている。わたしの前にいるハッサンの話に戻すと、そもそもが近代国家という観念をもたないトゥアレグ族にとって、こうした出来ごとの一切はみずからは与り知らぬことでしかない。彼らはいかなる政治的発言の機会すらも与えられないままに、砂漠を横断することの自由を奪われた。ただひとついえることは、それが彼らの生活体系そのものへの重大な脅威であったということだ。

西サハラということでわたしがただちに思い出すのは、以前に映画の研究でキューバを訪れたときのことだった。ハバナからサンチャゴ・デ・クーバへと向かう旧ソ連製のプロペラ機のなかで、わたしはひとりの黒人青年と隣りあわせた。彼は自分が西サハラから来た医学生で、目下キューバに留学中だと、流暢なスペイン語で語った。その祖国が歴史的にスペインの植民地であった事情が、そこから窺えた。彼はハッサン二世を狂人だと罵倒した。西サハラに戻ったら何をするつもりだいと、わたしは尋ねた。彼はしばらく黙ってから、医者になるだろう。でなければこれさといって、両手で機関銃を撃つ真似をして笑った。

日本では西サハラ問題は、パレスチナや北アイルランドの紛争ほどにも知られていない。だがひとたびパリに足を向けると、地理的に近くマグレブ人が多いということもあって、切実な問題として受け止められている。現在のモロッコの空港では、モロッコと西サハラの場所に別の色が塗られている地図を掲載している観光ガイドブックは、ただちに没収されることになっている。ミシュランはそのために、長い間禁書の扱いを受けてきた。わたしの知っているあるフランス人の年配の女性は、「緑の行進」を説明するのにかつての日本が満州国を捏造したときの喩《たとえ》を用いて、説明したくらいである。当然のことながら、モロッコ国内でこの侵略行為を非難することは、禁忌とされている。少なからぬモロッコの知識人がこの事態に危機感を抱いてパリに亡命し、ポルサリオ戦線はサハラ・アラブ民主共和国の樹立をすでに宣言している。国連の提案による住民の直接投票が理想的な形で実現するまで、モロッコとアルジェリア、モーリタニアの三国の間に緊張は去らず、国境は封鎖されたままだろう。ハッサンはもうモロッコにはトゥアレグ族は、せいぜい六十人か七十人くらいしか残っていないはずだと語る。自分は公式のガイドの認可書をもってはいるが、いつまでザゴラに止まっているかはわからないとも。

ハッサンのジープはオアシスの椰子の林の傍らを、土埃を立てながら抜けてゆく。路上の砂利や礫を車輪が踏みつけてゆくときの、粗い音が聞こえる。フロントグラスにはいくつも穴が空いていて、鋭い罅《ひび》裂が走っている。対向車が激しい勢いで跳ね飛ばす礫が当たって、いくら取り替えても仕方がないので、グラスは割れたままにしているのだと、彼はいう。われわれは何十頭という駱駝の群れと擦れ違い、泥で拵えられた背の低い家屋の前を過ぎる。ここでは道をゆく女たちは、例外なく頭から足までを黒で包んでいる。

三十分ほどオアシスに沿って移動したのち、われわれは人気のない荒れ地に出る。椰子の樹々が終わってしまえば、視界を遮るものはもはや何もない。青く深い空だけが、どこまでも頭上にあるばかりだ。やがて行く手になだらかな丘陵が見えると、ハッサンは大きくジープを旋回させる。われわれはついに完璧なる砂のなかへと突入する。ここからは歩いてみるしかないと、彼はいう。

純粋に砂しかない砂漠に降り立ったときにわたしをただちに襲うものは、圧倒的な静寂だ。世界は実に単純に、まるで切り紙細工でもあるかのように、砂の黄色と空の深い青に分割されている。鳥の声すらも聞こえない。丘を登りきって振り返ってみても、自分の足跡以外のなにものもないことがわかる。ところどころにひと株、またひと株と、雑草が生えているのを除けば、砂の専制を覆すものは何もない。すでにハッサンの姿は遠くに離れてしまった。青衣と青いターバンを身につけたその姿は、彼が天上から舞い降りてきたかのような印象を与える。

だが、砂漠を支配しているのは死ではない。目を凝らして足元の砂を見ると、なにやら小動物が走り抜けたすばやい足跡が残されている。風に消されていないのだから、まだそれほど時間が経過したわけではないはずだ。さらにわたしは砂のうえを一匹の芋虫が蠕動を続けながら移動してゆくさまを、ある感動をもって発見する。薄緑の地で頭と尻に赤茶色の突起をもち、十対ほどの黒い斑点をもったこの幼虫は、砂漠にわずかに点在する雑草の緑を求めて、砂の大洋のうえであてどもない長大な航海を続けているのだ。彼が進んだ跡には、単輪の跡が規則正しく刻みこまれることになる。

わたしは叫び声を立てる。声はいかなる残響もなく、一瞬のうちに砂に吸いこまれる。砂漠に出ることとは孤独の洗礼を受けることだといった、ボウルズの警句が思い出されてくる。戻ろうとしても、もはや方向がわからない。ハッサンと別れてからわずか三十分ほどの時間も過ぎていないというのに、もう自分の位置が把握できなくなっている自分に気が付く。足跡を辿り、丘から丘へともと来た順序を逆に辿ることになるのだが、もしこれで竜巻や強風に見舞われていたとしたらと考えると、砂漠がけっして侮ることのできない空間であると判明する。世界でももっとも困難な迷路は砂漠にあるという逆説は、あながち文学的修辞であるばかりではない。

*

わたしにとって砂漠とは、長い間、自分を育んできた東アジアの水と緑に満ちた自然から、もっとも遠い、対照的な地点にある映像だった。その遠さは、たとえば供犠という観念のもつ遠さにも似ていたような気がしている。

イスラム教が砂漠の宗教であるとは、よくいわれることである。だが、それは単独にしてなった教えではなく、ユダヤ教、キリスト教という二つの大きな先行者を踏まえた上で七世紀初頭にムハンマドが創設した宗教でもある。コーランを紐解いてみるとただちに判るのは、そこにいたるところで旧約、新約の両聖書への言及がなされていることだ。たとえばモーゼとイエスは、ムーサーとイーサーという名前のもとに、しばしば重要な役目を与えられて登場している。ただ重要な違いは、イーサーにしたところで一介の預言者にすぎず、ムハンマドをもって神アッラーの究極の真理が開示されたという点にある。いうなればキリスト教がユダヤ教の改革であるように、イスラム教はマルティン・ルッターに先だってなされたカトリシズムに対する改革運動であり、この三者、あるいは四者は同根である。

モロッコを旅行していて機会あるたびに気になっていたのが、供犠という行為だった。わたしをフェズで歓待してくれたラシッドは、もしわたしがムスリムになったとすれば、羊を二匹屠って神に捧げてもいいといった。もちろんつい口から出た言葉だと思うが、もし実際にわたしが改宗をしたならば、彼は本気になってこの約束を守ろうとするだろう。天上でアッラーがそれを聞き届けているからだ。現にあのラマダンの夜に、もしわたしがラシッドを証人に見立てて、神の名がアッラーであり、ムハンマドが最後の預言者であると、三回言葉を反復したとすれば、その言葉はたちどころにアッラーの耳元に届き、わたしはイスラム教に改宗したと見なされるはずだ。仏教やキリスト教と違い、聖職者なる特別な階級を認めないこの教義では、神が聞き届けさえすれば、それで充分なのである。

羊の供犠がムスリム社会でいかに重要な意味をもっているかは、それが一九五三年、国王の不在からモロッコで困難となった年に、フェズで騒乱が生じ、人々がムスリムの終焉を嘆いたことからも理解できる。ボウルズの『蜘蛛の家』がその間の事情を詳しく描写していたことは、すでに語った。コーランによるならば、世界で最初のムスリムは、わが子イサクを神への生贄に捧げようとしたイブラーヒム、つまりアブラハムである。羊を生贄に捧げることは、ムスリムにとって太古の昔にアッラーとの間に交わされた契約の実践なのだ。

おそらくブライアン・ジョーンズがジャジューカの村で歓待を受けたさいに、目の前の鍋のなかで煮立っている山羊の臓物を眺めながら、ふとそれが自分の臓物なのだと隣のガイシンに告げたときにも、この供犠という考えが働いていたのではないだろうか。もっとも当時、ロンドンの虚飾極まりないロックシーンにあって、薬物とセックスで人生を徒に摩滅させていたジョーンズにしてみれば、他ならぬ自分自身が何者かのために供犠に供せられているのだという自覚があったはずである。ロンドンに戻ったジョーンズが謎の自殺を遂げ、その後しばらくしてポール・ボウルズの妻であったジェインが廃人同様の身となって、マラガの精神病院で死んだ。彼女とジョーンズの間には個人的な交渉こそなかったが、わたしは『ふたりの真面目な女性』の著者の場合にも、モロッコという巨大な存在に捧げられた生贄の羊であった、という印象が付きまとう。ボウルズの短編の題名を借りるならば、「優雅な獲物」とも「痛ましき犠牲」とも訳せる a delicate prey という言葉こそが、まさに彼女の生涯を要約するのにふさわしい。

とはいうものの供犠という観念は、どこまでもわたしから遠い。長らく魂の転生を素朴に信じ、いかなる動物の霊魂も来世には人間に生まれ変わりうるという伝承をもつ文明圏に育った者としては、天空のはるか彼方に鎮座し、百の名前をもってしてもけっして表象されることがないという超越神に向かって、砂漠の岩肌に羊を押さえつけ、その喉元に短刀で切り付けることは、どうしても慶事として受け止めることができない。なるほど大学で比較宗教学を学んだ者として、わたしはそれを理論的に了解することはできる。人類の宗教的心性に共通する普遍的行為のひとつの現われだといわれれば、それも納得できる。だが、いかに教義と戒律が命じるからといって、自分のために羊が供犠に供されることをたやすく想像することはできないし、ましてや自分を供犠の動物と見做すという発想も、わたしにはない。これは逆に、イギリス人であったジョーンズも、ニューヨークのユダヤ人であったジェイン・ボウルズも、わたしに羊を提供しようと申し出てくれたラシッドも、出自や信仰の有無こそ違え、眼に見えぬ超越神を前にした供犠という考えを受け入れることができる文明のなかに生まれ落ち、意識的・無意識的を問わず、この観念に衝き動かされるままに人生を生きてきたことを示している。ジェインは死の直前にカトリックに改宗した。そしてそれを知ったボウルズは、墓に唾をかけてやりたいほどの怒りに駆られたという。わたしはといえば、どこまでも超越的なるものの外側に留まっている。それがたまたま日本という風土に生を受けたからという理由なのか、意識的に選択した結果なのかと問われれば、そのどちらでもあると答えるだろう。砂漠という、いわば世界の外側が契機となって生まれた教えが供犠と超越神を説き、水田と都市しか知らないわたしがそのいずれにも違和感を感じることは、道理にかなっていなくもない。わたしは砂漠に対して、さらなる外部を主張する。

ヨーロッパの都市に住んでいて人と話しているとき、オクシデントとオリエントという二分法をあまりに素朴に持ち出されて、こちらが当惑してしまうということが、これまで何回かあった。ここでは問題を必要以上に繁雑にしないために、この二つの言葉が明治時代の日本で「西洋」と

「東洋」と翻訳されてしまったことには、触れずにおくことにしよう。パリやボローニャでオリエントというとき、ヨーロッパ人が漠然と頭に描いているのは、けっして東京や北京ではなく、アレクサンドリアやチュニスといった地中海の南側にあるイスラム圏の文明のことである。

ことはその南側の知識人にとっても同様であるらしい。以前チュニジア出身のラカン派の精神分析学者と話したことがあったが、彼は日本人がみずからをオリエントと呼ぶことに、正直いって驚きと当惑を感じてしまうといっていた。ではマグレブから見ると、日本は同じオリエントではないのかと尋ねると、日本はオクシデントを越えた、さらに向こう側だと、大きく手を振って答えてくれたことを思い出す。彼がいおうとしていたのは、日本がテクノロジーや経済においてオクシデントを凌駕する発展を示しているということではなく、地政論的に見て、この二つの言葉がどこまでも地中海を鏡面として対照的に成立しているという認識であったように思われる。オクシデントとオリエントは、互いに自己同一性を確認しあうために相手を必要としている、対になった存在であるかのようだ。「極東」の文明がいかに未知の魅惑を湛えていたとしても、この鏡像の関係に割って入ることはできないのではないかと、わたしは見ている。

わたしがモロッコで出会う現地人の多くは、日本という国なり文化について、カワサキやホンダのオートバイを別にすれば、ほとんど何も知らないといってよい。ただ一人の例外は、タンジェで乗ったことのあるタクシーの運転手で、彼は湾岸戦争のさいに日本がアメリカの側について金を遣ったことを、強く非難していた。だがその口調にはかつてロシアやアメリカと戦った、経済大国としての日本という認識はあっても、同じオリエントの仲間の癖にという考えは感じられなかった。フランス語に「アレアラシヌ」、つまり中国に行くという言葉があって、とんでもない世界の果てに行ってしまうときに冗談半分にいったりするのだが、日本はモロッコ人にとって、パリの向こうの中国の、さらに遠方に位置する別世界なのである。

現在のわたしは世界の文明をヨーロッパと非ヨーロッパに大きく二分して、前者をキリスト教文明と呼ぶことには、ほとんど何の意味もないだろうという、漠然とした感想をもっている。こう考える理由は、いくらでも思い付くことができる。

まず指摘しておかなければならないのは、ヨーロッパ文明の中心にキリスト教があるという従来の認識が、この数世紀の間、いかにも白人中心主義的な狭小な歴史観に基づいていたという事実である。古代のヨーロッパにはエトルスカからゲルマンまで、実に多様な文明の伝統が存在していたし、こと近代にかぎってみたところで、東ヨーロッパのかなりの部分はオスマントルコ帝国の支配のもとに確固としたムスリム社会を形成していた。このときの痕跡が現在、旧ユーゴスラヴィアで紛糾している民族対立の根底にあることは、明らかである。中世ルネッサンスの学問にどれほどイスラム世界からの貢献があったかについては、先にフェズのカラウィーン学堂のくだりでも触れておいたから、ここでは繰り返すまい。トミスムの教義を理想的に体現していると長く考えられてきたダンテの『神曲』にしても、アラビアの神秘主義者イブン・アラビーの著したムハンマドの地獄廻りと昇天の物語の強い影響が窺われるという綿密な研究が、一九一九年にすでにイブン・アラビーの出身地であるコルドバで、アラブ学者ミゲル・アシン・パラシオスの手でなされている。イスラムとはヨーロッパの無意識であり、いうなれば下半身に他ならなかった。

近世ともなれば、都市でユダヤ人たちが経済活動に従事し、彼らの裔が哲学に科学に芸術に残した遺産を抜きにしてヨーロッパを語ることはできない。そして現在のパリやベルリン、ロンドンといった大都市のほとんどは巨大なムスリム人口を抱え、巨大なモスクをもち、チャドルをした女たちが往来を行き来する社会と化している。ウンベルト・エーコは、おそらく紀元三〇〇〇年にはヨーロッパが有色化した社会へと変化しているだろうと、最近の著書のなかで語っている。こうした状況のなかでどこまでもヨーロッパ＝キリスト教という図式に拘るならば、それは単に現実を見ていないばかりか、積極的に民族差別的な世界観を選択していると思われてもしかたがないだろう。まして日本のヨーロッパ研究家がキリスト教徒でもないのに、留学先からこうした単純な図式だけを抱えて帰国するとすれば、それはきわめて滑稽な事態だとしかいいようがない。

だが、いかにも矛盾することをいうように聞こえるが、それにも関わらず、わたしはどうしてもユダヤ教とキリスト教、イスラム教に通底するものの大きさを感じないわけにはいかない。唯一の超越神を天上に戴き、機会あるたびに供犠を絶やさないという点で、それはわたしの出自である神道＝仏教的世界観とはあまりに異質であって、この隔たりはけっして「東洋はひとつ」といった調子のいい標語によって隠蔽できる類いのものではないように見える。わたしは今、砂漠のただなかにあって、この抽象的ともいえる風景が人間の思考をどこまで極限にまで導いていったかを考えている。かつてモーゼが神の本質とは表象が叶わないことにあると喝破したのは砂漠であったし、イエスが悪魔の誘惑を退けたのも砂漠であった。にも関わらず、砂漠は眼前にあって、どこまでもわたしから遠い。わたしを観念の恐るべき超越性の側へと連れ出すことがない。

*

コーランは、大学時代に宗教学を勉強したときに一度通読したことがあった。そのさい柳川啓一教授からいわれたのは、律義に最初から読み出してもまどろっこしくなって途中で挫折してしまうだけだ。思い切って後ろから読んでみなさいということだった。なるほど、実際に翻訳を手に取ってみて、その意味がわかった。この神聖なる書物は、いくつかの例外は別にすれば、ムハンマドが最初にメッカで受けた啓示が一番最後のほうにあり、メディナで晩年に受けた啓示が冒頭の方に並べられているからである。両者の調子が決定的に異なっていることは、原文を直接に知らない二十歳代のわたしにさえ、見当がついた。今試みに、井筒俊彦の訳文から、第七十五章「復活」と第二章「牝牛」の一節を引用して、比べてみよう。


いよいよ近づいて来たぞ、近づいた。

もっと近づいて来たぞ、近づいた。

ええ、人間め、いつまでも放っておいて貰えるとでも思ってか。

もともと、たらりとこぼれた精液のただ一滴ではなかったか。それが血の凝《かたま》りとなったところを、(アッラーが) ほどよく作り上げて下さった上、男女の二種に分けて下さったのではなかったか。


一天にわかにかき曇って暗雲たれこめ、あたりは真の闇《やみ》、雷鳴殷々《いんいん》ととどろき、電光閃々《せんせん》と輝くとき、その鳴動の激しさに、死の恐怖にかられて思わず指を両の耳につっこむ連中のようなもの。だがアッラーは不信仰者どもを全部ぐるりと取りかこんで逃げもかくれもさせはせぬ。稲妻《いなずま》の閃《ひらめ》きに彼らの目は危く眩《くら》まんばかり。ぱっと明るく照らすごとにちょっと歩き、暗く消えれば立留《たちどま》る。だがもしアッラーがその気になり給えば、彼らの耳も目も一度に奪《うば》っておしまいになるぞ。まことにアッラーはいかなることも思いのままに為《な》し給う。

調子の違いはあきらかである。先に引いた第七十五章では、若きムハンマドがまるで憑きものに取りつかれたような切迫した口調で、短い言葉を連禱のように反復しながら、人々に訴えかけている。表現は簡潔にして詩的な強度に満ちており、罵倒の直接性にはただならぬものがある。井筒俊彦はこうした初期のメッカ啓示について、「沙漠の巫者《みこ》の発想形式を殆んどそのまま採ったものである」と翻訳の解説に記している。富裕な商人の未亡人と結婚し、その事業を継承して四十の年を迎えたムハンマドにとって、あるとき突然に訪れた天使ガブリエルの出現が、シャーマニズムでいう神の降下に近い体験であったことは、だいたい想像がつく。自分の口が何の予告もなく、名前もまだ知らぬ超越的存在の命を受けて激しい調子で語りだすという事態。このときムハンマドはあきらかに先行する巫者のコードを借り受けていたはずであり、そこにはわれわれにわかりやすい近代日本でいうならば、大本教の教祖出口なおのお筆先に似た、世界終末の予感と、敵対する市民勢力に向けての激烈な憎悪が、きわめて簡潔な形のうちに凝縮されていたはずである。

だがその後、彼がメッカを追われ、歩いて二日の距離にあるメディナに移ってからの説教は、いくぶん調子が違っている。二番目に引いたものが、それである。さまざまなアラビアの部族の者たちが寄り集まってめいめいに偶像を拝跪するメッカとは対照的に、メディナは富裕なユダヤ人によって統治されていて、旧約聖書に基づく厳格な一神教が支配的であった。ムハンマドは最初、ユダヤ教に対して寛容に振る舞い、エルサレムの方角に向かって礼拝を行っていたが、やがてふたつの教義が相容れぬものと知って、あるときからメッカを礼拝の方角と定める。二番目に引用した第二章はそれ以後の彼の説教であって、ここでは散文的な修辞が積み重ねられて、さながら広場で講釈師か香具師が客を集めるような口調が採用されている。これを語っているムハンマドの身振りや表情が目に見えるようだ。聴衆たちは厳粛に命令を受け止めるというよりも、ときにその卓抜な比喩に笑ったり、拍手をしたりしたのではあるまいか。

過去から世界の終末にいたるまで、すべてのことはすでにコーランに記されているとは、ムスリムがつねにいう言葉である。ボウルズもまた、フェズの住民たちが機会あるたびに「すべては書かれている」という表現を口にすることに注目して、『蜘蛛の家』のなかでいくたびかこの表現を用いている。世界のすべてをあらかじめ書き記した書物といえば、ヨーロッパ文学を学んだ者であるならば、たちどころにマラルメが十九世紀の終わりに夢想した絶対的な書物の夢を思い出すだろう。だがコーランは、実際に読み出してみると、けっして整然とした体系のもとに進行するテクストなどではなく、ムハンマドという天才的な宗教家の人生についての、きわめて生々しい証言集であるとわかる。厳粛に羊皮紙に刻み込まれたエクリチュールというのではなく、ときに即興的に、またユーモアを交えて語られた、圧倒的なパロールの集大成。これはどこまでも直接に教祖が語った言葉の記録であって、新約聖書の四つの福音書のように、教祖が殺害されてからかなりの期間ののちに、伝聞の伝聞という形を取って、特定のイデオロギー的意図のもとに外国語で記されたテクストとは、まったく性格の異なるものなのだ。少なくとも、わたしが信仰ももたず、また専門的な知識もないままに読み通したコーランの印象とは、そのようなものであった。

もう砂漠は堪能したでしょうと、ハッサンが笑いながらいう。いつの間にか、彼はわたしの背後に控えている。ハッサンはわたしをふたたびジープの方まで案内して、車に乗せてくれる。足跡を辿って砂の山を戻ってみると、真直ぐに進んでいたようでいて、かなりジグザグと歩いていたことがわかる。これでは迷ってしまうのも無理はない。車はもと来た方に戻り、オアシスの連なりに入ってしばらくしたところで、違う方向へと曲がる。一時間ほどしてわれわれは、タムグルトと呼ばれる小さなオアシスに到着する。あなたは学者だから、こんなものに興味をもつかもしれませんと彼はいい、少し離れたところにある平屋の建物を指さしてみせる。砂漠の図書館ですと、それから素気なく付け加える。案内人に少し握らせることを、忘れちゃいけませんよ。

建物はどう見ても今世紀になって建てられたらしいが、本来はひどく昔に同じ場所に建てられたものを継いでいるという。わたしは中を窺う。白いターバンを被った小柄な老人が目敏くそれを見つけて、指で合図をする。彼はドラクロワの描いた『ファウスト』の挿絵に登場する悪魔のように謎めいた笑いを見せながら、前歯の抜けた口を開いて、わたしにひどく歪んだフランス語で話しかける。わたしの対応のなかについイタリア語が混じってしまうと、彼は親切にもイタリア語に合わせようとして「グラーチェ、グラーチェ」を連発してくれる。

建物のなかは冷房もないのに冷やりとして、静寂だけが支配している。訪れる者とてめったにないという雰囲気だ。老人は重い扉を開けて、薄暗い館内を案内してくれる。中にはガラスケースに保護された本棚が、天井にまで達する高さで壁の四方を囲んでいる。老人の説明によると、ここにはしばらく前まで六千五百冊の書物があり、すべてがガゼルの皮でみごとに装丁された古写本であった。そのうち二千冊はラバトの大学と博物館に、研究用に運ばれたが、それでも四千冊以上は残っているらしい。陳列棚に収められた主だった書物には解説が施されている。何十種類ものコーランとその註釈書がその中心にあるのはいうまでもない。細かな天球図を載せた天文学の書物。代数学と化学、それにトルコ語・アラビア語や、アラビア語・ベルベル語の辞書がある。アルメニア語の詩にアラビア語の註釈を施したものまで存在している。どの書物も長い歳月のために表紙がすっかり傷み、皮に摩滅と変色が著しい。わたしは自分の想像力の範囲ではとうてい及びもつかないこの知の展がりを前に、思わず嘆息する。

この図書館はザーウィヤ・ナーシーリヤと呼ばれ、一五七五年に聖者廟として建てられた。マリーン朝が正統イスラムの擁護のために聖者崇拝を抑圧したことの反動から、新しく勃ったサアード朝では次々と聖者が出現し、その墓所が熱心な信徒の訪れるザーウィヤとして各地に建設されていった時代の産物である。そうした場所ではコーランの読唱や祈禱が絶え間なく行なわれたが、とりわけこのザーウィヤでは学問的探求が熱心になされていたようである。老人は両手を広げて説明する。コーランの偉い学者がたくさんいて、それを学びに学生たちもたくさんここに集まったと。

大学と日本語では翻訳されるウニヴェルシタスというラテン語は、ボローニャやオックスフォードといった中世ヨーロッパの学問所を指す言葉である。だがイスラム社会をひとたび振り返るならば、フェズのカラウィーン学堂をはじめ、ヨーロッパよりもはるか以前から、神学をもとに学問の総合的探求を行なう空間は多数存在していたと考えるべきである。学問所が聖者廟という形態をとるのは、東アジアでも湯島の聖堂のような孔子廟の例があり、かならずしもイスラム社会に独自のものとはいえまい。だが砂漠のなかに点在するオアシスにあって、数百年にわたってかくも大規模な図書寮と修学施設が機能していたという事実は、わたしを呆然とさせる。それは神聖にして厳粛な書物の集蔵庫であった。

古ぼけた建物の外へ出ると、またしても砂漠の強烈な陽差しが照りつける。わたしは椰子の木陰で休んでいるハッサンに声をかけ、ジープに乗る。車が動きだすとわたしの視界に入るのは、ふたたび剝きだしとなった土と砂と青空だ。

砂と文字が対立すると考えたのは誤りだった。わたしの予想をはるかに越えたところで、砂漠は夥しい書物を含みこみ、それを何百年の長きにわたって収蔵してきた。砂漠は忘却の地などではなく、オアシスの聖者廟のうちに恐るべき記憶を埋蔵させた空間であった。かくして砂漠へと向かうわたしの旅は、終りを告げる。ボウルズの書物に導かれて寄り来ったタンジェから始められたモロッコの旅は、すべての書かれた文字が熱気と光線によって焼け切り、消滅するはずの場所において、世界の記憶とでも呼ぶべき図書館に遭遇した時点で、論理的に終止符を迎えることになる。さらにこの果てに待ち構えているものが、存在しているだろうか。そんなもの、あるわけがないと、ボルヘスはいうだろう。

わたしは帰還を決意する。伝道の書にいう。「得るに時あり、喪うに時あり。保つに時あり、棄つるに時あり」

わたしはふたたびアトラス山脈の外側へと戻るべき時が到来したことを知る。

第四章　地中海の余白

タンジェ、ララーシュ

帰還の旅。わたしはふたたびタンジェの雑踏のなかへと戻る。荒涼とした砂漠から、二つの海、二つの水の交わる先端の邑《まち》へと。

エル・ミンザの門番はわたしを記憶していて、礼儀正しくgood afternoon, sir！といいながら、重い扉を開けてくれる。そして臙脂色をしたトルコ帽の房を揺らせながら、わたしのトランクを奪い取り、部屋まで軽々と運んでゆく。部屋の窓からは、いつもながらに港と汽船と椰子の樹が見える。わたしがこの前に来たときから、何ひとつ変わっていない。ボウルズが、テネシー・ウィリアムズが、トルーマン・カポーティとリタ・ヘイワースが滞在していたあの神話的な日々から、このホテルはおそらく何ひとつ変わっていない。夕暮れどきになって、水着姿で推理小説を読んでいたヨーロッパ人たちはとうにプールサイドから引き上げた。彼らはフランス料理のディナーのため、ふたたび階下に降りてくるまでを、部屋で過ごすのだろう。

わたしはホテルを出て、雑踏のなかに身を委ねる。たちどころに待ち構えていた若者が英語で話しかけてくる。マイフレンド、あんたの行く方向は間違ってるよ。マイフレンド、わたしはガイドじゃない。ただの友だちだ。モロッコははじめてですか。彼らは断っても断っても執拗にわたしに話しかけ、後を追いかけ、先回りをし、けっして離れようとしない。だがあるところまで来ると、ふっと身を引き離し、どこかへ消えてしまう。どうやら彼らの間にも目に見えない縄張りが存在しているようで、それを越えて「客引き」を行なうことは暗黙のうちに禁じられているのだろう。エル・ミンザからグラン・ソッコの坂を下るあたりまでと、メディナの内側とは別の領域《しまうち》に属しているようだ。

自称ガイドたちは、まず自分たちがガイドではない、金銭を要求しているわけではないと宣言する。それから旧市街の邑を案内しようと申し出て、観光客を巧みにその気にさせる。あなたたちは知らないだろうが、メディナのなかはとても複雑な迷路になっていて、場所によってはひどく危険なところもないわけではない。ひとたび迷ってしまうとなかなか出られなくなるものだから、自分の歩く後をついていらっしゃいと、親切に提案する。ひとたび獲物をメディナの内部に連れ込むと、彼はわざと狭くて暗い横道を駆け抜けたり、スークの裏通りを通ったり、あたかも観光客を翻弄して愉しんでいるかのように振る舞う。さんざん迷路のなかを引き回されて疲れ切った観光客を、彼は最後に観光客用のレストランか絨毯屋へと連れてゆく。ここは自分の叔父さんが経営している信用のある店だから、スペシャルプライスで何かものが買えるように話してあげてもいいと持ちかける。ここまで来ると客は礼をいって、少しばかりの金を彼にわたすが、もしそこで某《なにがし》かの買い物がなされたときには、ガイドの青年は後でそれなりの報酬を受け取る手筈となっている。

自称ガイドの青年たちにとって、世界は単純にふたつに分割されている。ナザレ人の観光客の世界と、自分たちタンジェ人の世界である。前者は、ボードレールの詩の言葉を引用するならば、「幸福で、陽気で、満足げ」な人種であり、世界中のどこへでも勝手に行ってお金をバラ撒くことができるとされている。一方のタンジェ人はというと、金も職もないままに、この土地にじっと縛りつけられている。パスポートもヴィザも取得が楽ではないから、観光旅行など思いつくはずもない。彼らの胸中にあるのは、フランスに労働者として赴いて金を貯めることと、いつの日か世界の中心に位置するメッカを訪れて、ハジの称号を得ることである。

ナザレ人たちはいつ見ても滑稽に見える。彼らはコーランを読んだこともないし、モロッコの生活について何も知らないくせをして、いたるところで感嘆の科白を吐き、写真を撮りまくったりする。彼らはおおむね肥満していて、カスバへ通じる坂道ですら喘ぎながら上るありさまだ。理解もできないもの、自分にとって必要でもないものに向かってしきりと感心し、それが終わると別の場所へ流れていってしまう。

観光客に対する軽蔑とルサンチマンの念が、自称ガイドをして卑小な詐欺めいた行為を思いつかせたとしても、そこにはいかなる不思議もない。イスラムの道徳の根底にある喜捨の思想が、さらにそれを裏打ちしているように、わたしには思われる。富める者は貧しき者に与えることが義務であって、逆にその機会を与えてもらえたことを神に感謝するといった考えである。タンジェの青年たちはなるほど卑小なトリックを巧みに思いつくが、彼らはけっして卑屈ではない。当然の権利として観光客から小遣い銭を巻き上げ、彼らをからかうことに気晴らしを覚える。もしこの若者たちにモラルを欠いているところがあったとしたら、それは彼らがナザレ人を騙すという知恵を授けてくれたアッラーに感謝し、その運命を謙虚に受け入れることを忘れたときのことだ。

その初老の男は、自分はレバノン生れでフランス国籍をもっていると、まず最初に告白する。

赤い鼻をして、顔には取れかかった瘡蓋《かさぶた》と無精髭があるが、髭の半分ほどはすでに白い。灰色のくたびれたジャケットを着こんで、手にはどこかへ届けものをするのだろう、ビニール袋をもっている。ひどく度の強そうな眼鏡が、彼をメディナの雑踏のなかでも、ひときわ別の存在に見せている。骨董屋の窓の前で中を窺っているわたしにむかって彼は突然に話しかけ、自分はアンドレアス教授であると名乗る。

わたしは世界中の大学で講義をしてきたのですぞと、教授は節くれ立った、ひどく聞き取り難い英語で話しかける。ブラジルで、モスクワで、ロンドンで、言語学を学び、教えて来た。現在はここタンジェにあるイブン・バットゥータ大学に招かれていて、もうすぐ三年目の講義が終わろうとしている。あと数か月もすれば、フランス人の夫人と娘の住むパリに戻る予定だと、一気に喋る。ときおり英語では充分に意を尽くせないのだろう、話のなかにひとことフランス語が混入してしまうと、それが綻びとなってたちまち文脈が変わり、早口のフランス語になってしまう。わたしは自分がボローニャにいたことがあると名乗る。教授は、あそこには若い方の叔父が今でも住んでいると、ただちに答える。

わたしたちは夕暮れの雑踏のなかをグラン・ソッコからメディナの外に出て、プラージュ街の急な坂道を下る。その日のラマダンの行が終了したことを告げる祈りの声が、広場にあるスピーカーを通して告げられた。両脇にびっしりと並ぶ八百屋や魚屋、肉屋では、さっそく店の奥であらかじめ調理しておいたハリラのスープを取り出して、店先で忙しげに口に運んでいる若い店員の姿が目につく。人々がその側を通り抜けてゆく教授にむかって、次々と声をかける。誰もが彼を知っている。通りをゆく若者に見知った顔を見つけるたびに、教授は立ち止まって彼らを抱擁し、一言二言親しげに声をかけると、肩を叩いて別れを告げる。学生なのだろうか、それとも単なる街角の知りあいなのだろうか、わたしには判断がつかない。わたしたちは坂の途中にある安食堂で、ターメリックで黄色く染めた鶏と豆、それにハリラを食べることになる。

ボウルズは絹のように、いや処女のように繊細な人物だねと、教授は評する。最近はどうやらショックリーとも、ムラベとも気まずい関係になって、彼らを家へ寄せつけなくなったみたいだが、もう彼は大丈夫だ。なにしろモロッコ政府があの老人を貴重な観光資源だと認識するようになったから、ひそかに保護しているようなものさ。でもショックリーは違う。あの男は何をしでかすか、わからない。ついこないだも国王を侮辱したというので、公衆の面前で警官にしこたま鞭打たれ、留置されたくらいだからね。

でも、ボウルズが翻訳したショックリーの英訳には、裏表紙に現在はイブン・バットゥータ大学教授として創作講座の教鞭をとるとか、書いてありましたよ。失礼ながら、教授、あなたの同僚にあたる方ではありませんかと、わたし。

信じられない。いったいあれに教師が勤まるものかね。そりゃ、一度や二度、大学で話をしたことが昔にあったかもしれん。ボウルズによる翻訳が出て、どこの馬の骨ともつかぬ身の上から一躍タンジェの名士になりおおせたころだろう。それを酔っ払って大袈裟に自慢したものだから、誤って伝わったかどうかしたことがあるかもしれない。わたしと同僚だったことは一度もないよ。

アンドレアス教授は、モロッコ人、ナザレ人を問わず、タンジェの作家や知識人のゴシップを、恐るべき細部に至るまで知っている。それどころか、つい一週間ほど前にパリでフランソワーズ・サガンが麻薬所持で逮捕されたということまで、わたしに教えてくれる。レバノン出身ということになれば、当然同郷の著名な詩人アドニスのことは知っているだろうと、わたしが尋ねると、アドニスは昔から知っているが、湾岸戦争のあとにあいつが書いた詩はひどいものだったといい、それ以上は触れようとしない。実は自分も七〇年代に一冊だが、薄っぺらな詩集をパリで出したことがある。サン＝ジェルマン・デ・プレにあるアラブ文学専門書店にいつもいる老いたマダム某にいえば、まだ残部があるはずだから、奥から出してくれるはずだ。わたしは詩集の題名を尋ねる。教授はふと黙って、まるで虚空に言葉を探すかのように顔をあげながら、いくぶん声を落として、『悲嘆《トリステッス》』とだけ答える。

モロッコはこれから大変だろうと、教授はいう。国王には何の威信もないし、若者は失業したまま、ドラッグに耽るばかりだ。隣のアルジェリアからは国境の「塀」を乗り越えて、原理主義者がどんどん侵入してくる。そうなると、いくら国王直轄の秘密警察を駆使したところで、収拾のつくものではない。現につい先日もマラケッシュでテロによる破壊が起きたし、西サハラ問題だって、国際的世論がどう動くかわからない。あんたフェズに行ったんだったら、丘のうえにあった豪華ホテルが何年か前に全焼したという話を聞いただろう。あれだって真の原因など、なにひとつわかっていないんだから。

夕食が終わったときには、もうすっかり暗くなっている。教授は、自分が懇意にしている家族がカスバに住んでいるから、今からいっしょに行くことにしようと、わたしを誘う。わたしたちはふたたびメディナに戻り、黒々とした空の下を、急な勾配を上り詰めたところで、白亜の建物の一群のなかに入る。夕暮れに家の外で遊んでいた子供たちの姿はすでにない。カスバの通りはただ静寂だけが支配している。

すでにいくたびとなく足を運んできた地区ではあるが、教授が狭い路地から路地へと素早く足を進める進路は、これまで一度も通ったことのないコースだ。まったく別の迷路のなかを歩いているような気がする。歩き疲れて軽い眩暈のような気分に襲われたところで、彼は足を止め、剥げかかった淡い空色の壁の家のなかに、わたしを招きいれる。そこは彼の親しい友人が住んでいた家で、彼が死んだのち、未亡人が七人の子供を育てているのだという。自分としてはあまりに慎ましいその生活ぶりが痛ましく、ときおり食物や金を運んでは、疲れ切った母親に与えているのだと、教授はいう。

通された家のなかは家具らしいものもない。教授が入ってくると、何人かいた子供たちが嬉しそうに近寄ってくる。やがて母親が現われる。教授がわたしのことを説明していることが、会話に混じるいくつかの固有名詞からそれとわかる。大きな方の子供が茶とナツメヤシの干したものを運んでくる。わたしたちは行く途中で買ってきた果物を、彼らに差し出す。教授は他にも母親のために準備してきたものがあるらしい。台所のほうに行って、ふたりでなにやら相談している。子供たちがモロッコの歌を歌ってくれる。

カスバの家を出て、もはや人通りのなくなったメディナの裏通りの坂を下りながら、教授は突然に頼みごとがあると切り出してくる。もしできれば少しばかりディルハムを都合してくれないだろうか。自分はさるスペイン人の家族のもとに下宿しているのだが、実は今月の家賃を払えなくて困っているところだと説明する。大学の給料は来月に一括して支払われる予定なのだが、なにぶん今月は手元不如意のまま過ごさなければならない。今日の夕方に偶然ではあるが会って、これほど愉しく話が弾んだこともなにかの縁であるから、と、何度も繰り返す。無心というわけではない。ボローニャにいる叔父がかならず返すから、今しばらくの間、千でも二千でもディルハムを融通してほしいと、執拗に要求してくる。だが彼は、ボローニャにいる叔父の住所を口にすることができない。

わたしたちはついにメディナを出て、エル・ミンザの前まで来る。ごめんなさい、今日はそんな大金の持ちあわせがないんですと、わたしは答える。心のなかでは、アンドレアス教授をめぐる疑惑の念が強くもちあがってくるのを認めながら。教授はけっしてホテルのなかに入ろうとはしない。その顔には一瞬だが落胆の表情が走るが、彼はただちにそれを否定して、夕暮れ時に若者たちにしたのと同じようにわたしを抱擁すると、踵を返してメディナの方へと歩いていってしまう。

ホテルの部屋に戻ったわたしは、就寝前にTVのスウィッチを入れる。すでに相当遅い時間になってはいるが、特別番組として、メッカを訪れる巡礼者の群れが画面に映し出されている。中央には巨大な長方体の黒い岩があり、その周辺を何百、何千という白衣の人々が、幾重にも列を作りながらゆっくりと廻っている。遠くに引いた画像から窺われるそのあり方は、まるでダンテの天国編に登場する、無数の天使たちが織りなす光の輪であるかのようだ。わたしは『蜘蛛の家』のなかで、主人公のアマールが幼いころにメッカを描いた着色版画を散髪屋の壁に発見して、恍惚とした思いに囚われる、という一節があったことを思い出す。

ふと、わたしのなかに喜捨という観念が蘇る。イスラム教徒が生涯を通して守らなければならない五つの戒律のなかには、ラマダンの行やメッカへの巡礼と並んで、貧しき者への無償の喜捨という行為が含まれていたはずだ。わたしは今日、いくたびも喜捨をする機会に恵まれた。というよりも、喜捨が当然のこととして予想され期待される状況のなかにいた。あの貧しき未亡人の家にあっても、アンドレアス教授との別れのときであっても。ただこの観念の不在がわたしに、ムスリムの目からすれば吝嗇と非難されかねない消極的な行為をとらせたのだ。と同時にわたしは、アンドレアス教授の真の正体について、ふたたび深い当惑を抱いてしまうことになる。はたして彼は正真正銘のイブン・バットゥータ大学の教授で、パリに瀟洒なアパートメントをもち、アドニスと盟友の詩人であるのか。それともタンジェを一歩も出たことさえない才能豊かな詐欺師で、一日がかりでわたしを籠絡しようと懸命な努力を重ねてきたのだろうか。迫りつつある眠気のなかで、わたしの空想はさらに展がる。あるいは彼こそが、わたしがまだ会ってはいないショックリーその人であって、わたしに大変な悪戯をしかけたのではないだろうか。いずれにせよ、わたしがもし金を渡すという行為を行なっていたとすれば、それがいかなる動機からであっても、相手はそれを喜捨と受けとったことだろう。どこまでもとけない謎を抱えながら、わたしは眠りの世界に墜ちてゆく。

*

モハメッド・ショックリーには長い間、会うことを躊躇していた。

もうひとりのモハメッド、すなわちモハメッド・ムラベには、最初にタンジェを訪れたときから、すでに何回か会っている。だが、ボウルズが翻訳を企てたタンジェの、後に作家となる男たちとは違って、ショックリーだけは幾重にも悪名高い噂に包まれていて、わたしを充分にたじろがせるところがあった。いわくラマダンの日にわざと酒に酔い潰れ、警官に絡んで勾留され、公衆の前で鞭打たれた。いわく何千人の娼婦と寝たと放言した。いわくその著書の少なからぬものがモロッコで発禁になっている。今ではすっかりタンジェの文壇（というものがあればの話だが）で有名となり、知らぬ人とてない存在となったが、最近はかつての庇護者であったボウルズを批判する著書をフランス語で発表した。モロッコ人が一筋縄で行かないことは理解しているつもりでも、これはひょっとして特別に狷介な人物かもしれない。現にわたしがしばしば足を向けるコロンヌ書店の壁に掲げられているショックリーの肖像写真は、喩えてみるならば世紀末のパリでアプサンの杯を傾けていたデカダン文学者に似た狂気の眼差しを、表情に宿している。こうした思いから、わたしはタンジェの連絡先だけはわかっていたものの、何となくショックリーに連絡することに消極的だったのである。

ショックリーは一九三五年にリフに住むベルベル人の家庭に生まれた。兄弟姉妹は十三人を数えたが、そのうち九人が幼くして死亡するという壮絶な貧困が、生まれたときから彼の身近にあった。彼が八歳のとき、度重なる旱魃に耐え兼ねた一家は故郷を捨て、タンジェからアルジェリアのオランまでを転々とする。彼らは最後にようやくタンジェに落ち着いたが、母親の野菜売りの手伝いから皿洗い、靴磨きまで、少年時代のモハメッドはほとんど教育を受けることもなく、日々の糧を得るために働かなければならなかった。もちろんここには盗みや男娼といった行為も含まれている。のちにショックリーの処女作となった『裸足のパン』には、十六歳になった主人公が「もの乞いは餓鬼とおいぼれのやることよ。仕事がないからって、盗みができる歳になった者がやることじゃあないぜ」(以下、奴田原睦明訳)という言葉に、生きる決意を新たにする場面がある。『蜘蛛の家』の主人公のモデルとなったフェズの名家の息子アハメッド・ヤクビとは違って、こうした苛酷な少年時代を過ごしたことは、のちに彼がジャン・ジュネとの間に信頼関係を結ぶさいに見えないかたちで役立ったと、わたしは睨んでいる。

父親はどうやら暴虐きわまりない人物であったようである。彼はモロッコ人であったもののスペイン統治下に兵士として市民戦争に駆り出され、脱走ゆえに入獄した体験をもち、毎晩恐ろしい暴力を家族に振るった。先に名を掲げた回想録風の小説には、病気で瀕死の弟が、父親に首を折られて死に至るという惨たらしい場面が描かれている。それが事実であったかはともかくとして、作者が父親という観念に対して余人の理解を絶した憎悪を抱いていることが推測できる描写であった。

こうしたショックリーにとって、タンジェがコスモポリタンな知的雰囲気を湛えた優雅な湊町であったはずがない。それはただひたすら生存の可能性を毎晩のごとくにまさぐり出す場所にすぎず、先に述べた作品にボウルズが付けた英訳題名 *For Bread Alone* は、まさにその雰囲気を伝えているように思われる。やがて青年に達した彼は、一九五二年にタンジェで生じた反植民地暴動で、治安警官が次々と民衆に発砲を加えているどさくさに乗じて、市場の商店から強奪を思いついたり、その最中に娼婦と最初の交渉をもったりする。飲酒の罪で逮捕されたショックリーは、牢獄で同僚がアラビア語で詩人の詩句を引用するさまをみて、文字を習得しようと決意する。釈放された彼が読み書きの初歩を学ぶために、生まれてはじめて書店に足を向けるところで、『裸足のパン』は終わっている。この痛ましくも美しいテクストは、弟の墓を前にしたショックリーの語る独白で終わっている。

あいつはここに埋められたんだ。俺の足の下かも、アブドル・マーリクのところかも、もしかしたら、別のところかもしれない。いきなり、俺はこんな想いにかられた。「はっきりどこともわかりもしない弟の墓に読経を捧げることに、何の意味があるんだ？」あいつには何の罪もなかった。あいつは生きる暇がなかったのだ。病気しただけだった。そして、親父に殺されてしまった。いつかの老人の言葉を想いだした。「今、あんたの弟は天使と一緒にいるのだよ」弟は天使になったのだ。この俺は？　俺は悪魔になるのだろう。きっとそうだ。子供たちは死ぬと天使になり、大人たちは悪魔になるのだ。俺はもう天使になるには遅すぎた。

ララーシュで読み書きを学んだショックリーは、ひとたびタンジェに戻る。だが幼少時よりその人生を蝕んでいた絶望は、彼をして過剰な飲酒癖に向かわせる。鬱病に罹って精神病院に入院したこともあった。彼がアラビア語によるはじめての創作『浜辺の暴力』を世に問うたのは、一九六六年のことである。スヘイル・イドリスから励ましの手紙を受け取ったショックリーは、以後作家として立とうと決意する。やがてタンジェに出入りする「ナザレ人」の文学者との交際が始まり、そのなかにはジャン・ジュネやテネシー・ウィリアムズが含まれていた。その来歴を興味深く思った写真家のエドゥアルド・ロディーティが、彼をボウルズに紹介する。一九七〇年代の初め、ジェインの看病に疲れ果て、創作の筆をほとんど折っていたボウルズは、この驚異の回想に魅惑され、翻訳を申し出る。

ここで注目しておかなければならないのは、ボウルズの翻訳のなかでショックリーのテクストの占める特殊な位置である。ヤクビやムラベの場合には、彼らがスペイン語で語ったものを、ボウルズが英語に直すという方法が採用された。ショックリーの場合には、彼がボウルズに出会う以前に、すでに作家として活躍していたということに、まず注目しなければならない。翻訳の作業は、原作者である彼がまず習い覚えた正調のアラビア語でひとまず執筆したのち、口頭のスペイン語でボウルズに語ってきかせ、さらにそこから英語への翻訳がなされるという手順が採られた。どうやらショックリーとしては、文盲であるはずのムラベが著書をもち、ナザレ人たちの間で名士然としていることが、面白くなかったようである。ボウルズとのコンビはその後も続いて、ショックリーは『タンジェのテネシー・ウィリアムズ』『タンジェのジャン・ジュネ』という二冊のエッセイを、一九七〇年代にボウルズに翻訳させることになる。そしてその完結編とでもいうべきポール・ボウルズ論だけが、ボウルズ本人とは無関係なままに、一九九七年になって刊行されることになった。それが仮借きわまりないボウルズ批判であることは、あとで述べることにしよう。

ショックリーに会う。朝、エル・ミンザから電話をすると、近くに住んでいるからすぐにそちらに行くという。二十分ほどしてロビーに彼が現れる。彼は白い木綿のジャケットにワイシャツを着て、ネクタイのない胸元を大きく開けている。口髭は黒いが、バックに撫でつけた髪はだいぶ白いものが混じっている。新市街の目抜き通りにあるコロンヌ書店には、いかにも眼光鋭い、狷介な野人といった雰囲気の写真が掲げられていた。もっともわたしの前に現れるのは、優しげな眼差しをもち温和な調子で語るモロッコの知識人である。いや、もっと気さくにいうならば、ショボショボと風采のあがらない初老男といってもよい。わたしは伝説の人物と、こうしてあまりにも簡単に会えてしまったので、いささか調子が狂う。ともあれわれわれはホテルのバアで対話をする。ショックリーにとっては外国からの来客と会うさいに使う馴染みの場所らしく、ウェイターたちに気楽に声をかけたりしている。

いいときに電話をしてくれたよ。ちょうどその日の仕事が終わって一息ついていたところだったんだと、彼はいう。毎朝六時からマッキントッシュの前に座って、三時間ほどを執筆に費やすらしい。『裸足のパン』に綴られた赤貧洗うがごとしの生活からは想像もつかない生活だが、あの長編が英語で刊行されてからすでに二十五年の歳月が経過している。すでに少なからぬ著書をもった職業作家であるショックリーが、最新のコンピューターを使用していたところで、実は驚くほうが不思議というものかもしれない。

えーと、何語で話そうかと、ショックリーはいう。できれば英語で、無理ならばフランス語でとわたしがいうと、英語で付きあってくれるが、話に熱中してくるといつの間にかフランス語に切り替わってしまう。自分の一番根底にあるのはリフのベルベル語で、まだタンジェに出てくる前に母に教えてもらった言葉だ。今ではほとんど使うことがなく、あまりうまくも喋れないので、冬眠状態《イベルナシヨン》にあるといってもいいだろう。それでも二、三の親しい友だちとは、ときどき話をする。次がタンジェ弁のアラビア語で、三番目が古典アラビア語かな。もっともこれは書くときにだけしか使わないが、コーランの言語だ。それからスペイン語、フランス語、英語の順番かなあ。

モロッコの文学はとても若いと、彼はいう。アラブ圏ではレバノンやエジプトと比べると、まだ始まったばかりというところだ。アドニスのような偉大な詩人がいるわけでもないし、ようやく正調アラビア語で書く自分のような世代が出てきたくらいで、モロッコの知識人は長い間、他のアラブ世界に対して劣等感を抱いてきた。ただ文学的に有利なのは、他の国々が英語と連結しているのに対して、マグレブがフランス語と隣接しているという事実だろう。自分の書いているものから横滑りでロラン・バルトにまで流れていけるというのは、これはちょっとしたものだからねと、ショックリーはいう。

彼は結婚もしてなければ、家庭をもつ気もない。だってこんな社会で子供を作るとすれば、当然ムスリムの教育しかないわけだろう。わたしは友情と自由のもとに生きたいと思っている人間だから、家庭などを築いたら分裂症に陥ってしまうだけだ。あらゆる公共的なものを避けて生きたいのだ。

わたしは彼をめぐる有名な伝説のことを尋ねる。ラマダンの最中に昼間から呑んでいて、国王の悪口をいったかどで警察に鞭打たれたというのは、本当ですか。

ショックリーはいくぶん照れくさそうに笑う。あれは仲間と家で呑んでいて、いい気分で散歩に出たときのことさ。悪友どもが弄って、わたしをわざと広場に置去りにしてしまった。たまたまラマダンだったと気付いたときは遅くて、警察に三日間泊められた。さすがに悪友どもも冗談ではなくなったと思って、懸命に嘆願と仲介をしてくれたがね。だいたいがへまだったんだ。ラマダンだとわかっていりゃ、スペイン領のセウタにでもバスで出かけていって呑んでりゃよかったのに。モロッコだからこんな融通の利かないことになるわけで、他の国、たとえばエジプトならコプト教徒もたくさんいるわけだから、もっと自由があるだろう。キリスト教徒が存在する社会ならば、少なくとも無神論を唱える自由があるはずだ。だがムスリム社会に生きているムスリムには、神などいないと口にする自由がない。信仰の有無を尋ねられるという自由がないのだ。だからわたしは音楽でも、モロッコ音楽が苦手なんだ。要するにあれは踊りのための、つまり祝祭の、ムスリム共同体のための音楽だろう。どちらかといえばエリック・サティのように、いつも個人的に内省的に聴くことのできる音楽のほうが好きだと、彼はいう。

わたしは呑むけれども、呑みながらはけっして書かない。ポーはいつも呑んでいたし、ボウルズはいつもキフを吸いながら書いていたけれど、わたしはそうした耽溺の資質をもつに至らなかった。酔払っている人間を作家として観察するためには、自分はいつも醒めていなければいけないのだ。エクリチュールはわたしにとってはとても神聖で純粋なものだから、そのためにはスーフィズムに近い理想的環境を準備しなければいけない。わたしはリラックスしてしまうのを避けるために、執筆中は煙草ですら遠ざけるほどだ。

ショックリーはタンジェを訪れた作家たちを、実に多く知っている。ベンジュルーンはわたしの最初の長編をフランス語に翻訳してくれたから、本当は感謝しなければいけないけど、あれはブルジョワのげす野郎《コン》だよ。パリに住んでて、フランス人相手にモロッコ人の生活を異国趣味的に書いてるだけって感じかな。その点、わたしはどこまでも世界の余白《マージナル》にいるからね。父親の暴行について書いたら、本が二冊ともこの国で立派に発禁になったという前科もあるし。

ボウルズはまあよく出来た短編作家だ。けっして大作家じゃあない。つまり社会を観察はできても、分析して構築しなおすということはできない人だ。モロッコを好きだといってはいるが、本当はモロッコ人に何の関心ももっていない。モロッコ人だって、彼を好きじゃないさ。ゴイチソロの方が、作家としてはいいかもしれない。あまり会ってはいないけど、バロウズというのはともかくものすごく変な人だったという印象しかない。ベケットはタンジェにいても絶対に人に会わずに、いつも奥さんのシュザンヌといっしょだった。カフェ・ド・パリで、いつものの静かにしている人だったな。気のいい親父って感じはモラヴィアだったね。もっとも彼は純粋に気候をエンジョイするためにモロッコに来ていただけで、タンジェのことは一度も書いていないはずだ。バルトはたいがいはプチ・ソッコのカフェに一人でいたけど、どこまでも孤独の人という印象かな。とうとう一度も声をかけることができなかった。パリはよく行くよ。あそこにはモロッコの亡命知識人のコミュニティーもあるし。けれども民族差別は、パリの方がスペインよりずっと厳しいという感じがする。なんといってもスペインは昔はモロッコの領土だったわけだから、気質として似ているところが残っているのさ。

コロンヌ書店には二冊の新刊が、店頭のガラスケースに陳列されている。一冊は最近になってはじめてアラビア語で刊行されたボウルズの作品集であり、もう一冊はパリの前衛的出版社であるケ・ヴォルテールから発行された、ショックリーの『タンジェの隠者　ポール・ボウルズ』という書物である。わたしが店のなかに入ると、女主人が日本人とわかって、何年か前に出た日本のファッション雑誌を奥から出して持って来てくれる。それはジェイン・ボウルズをめぐる特集号で、わたしは彼女の生涯をめぐるエッセイを寄稿している。どうやらボウルズのもとにインタヴュウに行った女性編集者が、協力してくれた書店主に完成した雑誌を送ったというわけらしい。ほら、わたしの名前がここにあるでしょうというと、彼女は驚いて途端に態度を変え、プロフェッスール、今晩は自分のところで人を呼ぶからといって、わたしを招待してくれる。ムッシュウ・バルトもムッシュウ・ゴイチソロも、うちにいらっしゃいましてよと、付け加えて。わたしはいささか割高ではあるが、ショックリーの新刊をディルハムで買い求め、エル・ミンザに戻る。夕食の招待まではまだ充分に時間がある。わたしは水着に着替えてプールサイドに出ると、サングラスをかけたまま、書物の第一頁を開く。ただちにショックリーの仮借ない言葉が、眼に入ってくる。

わたしにはかつてのタンジェ、国際管理地域の時代のタンジェをめぐるノスタルジアほどに、訳のわからないものもないように思われる。都市や国家の歴史を考えてみると、人間の一生が時期に応じてそれぞれの魅力をもつように、どの時代にもそれなりの意義と美というものがあるはずである。しかし愚かしさの極みは、神話としてのタンジェ、すなわちもう今はなきタンジェなり、けっしてこの地で生きてはいなかった者たちなりをめぐって悲嘆に耽ることにある。こうしたペシミストや泣き虫どもを真に受けてしまうと、タンジェの素晴らしさがすべて台無しになってしまうのではないだろうか！

タンジェの神話だって？　なるほど、否定はできない。だが、それは誰のためのものか？

タンジェが失楽園だって？　そのように、この邑の繁栄を知る証人はいる。しかし、もう一度尋ねよう。それは誰のための失楽園なのか？　タンジェの抗い難い魅惑だって？　それはいいとしても、誰に向けられたものなのか？

ショックリーはこう前置きしてから、この数十年間にわたってヨーロッパ人たちがいかにタンジェ人を無視しながら、自分たちのユートピア的妄想を神話と称してこの邑に投影してきたかを、批判する。この邑にふらりとやってきて数週間滞在すると、もうそれで秘密が解けたといわんばかりに軽々とタンジェについての書物を書き上げてしまう欧米のライターたちに向けられた、彼の憎悪は凄まじいばかりだ。彼らは先人たちの栄光の後を追いながら、本当のところは失望しているだけではないかと、彼は畳みかける。

もっともタンジェはこれまでけっして本当の秘密を、彼らの観光的な眼差しの前には披露してこなかった。その一例として、彼は欧米の旅行案内書がつねに掲げるタンジェという言葉の語源、つまり『オデュッセイア』の説くヘレニズム的起源をあっさりと無視し、タンジェ人の間では昔からこの言葉は、大洪水の後にノアが鳩の帰還を見て口にした「ティンジャ！（土地がそこにあるぞ）」という叫びに由来していると信じられてきたと、大真面目に説く。ほら、住民の誰もが知っているこんなことですら、どの本にも書いていないではないか。「弱者の闘争とは、忘却に対する記憶の闘争なのだ」と、すかさず最新流行のクンデラを引いてみせるショックリーは、なかなか堂に入った修辞家である。

この後で著者はボウルズ夫妻がタンジェに到着して以来、半世紀にわたる言説を審問にかける。ボウルズにとって旅とは、あらかじめ抱いている観念を探求することではあっても、バイロンのギリシャ行やマルロー、オーウェルのスペイン行のように、革命に参与するというものではなかった。自分の幻想に釣りあうものをその場所に発見し、そこに留まるという性格のものにすぎなかった。すでに刊行されているボウルズ書簡集のなかから、ショックリーは克明にそれに該当する箇所を引用する。

「わたしにはつねに場所の方が、人間よりもはるかに重要なのです。わたしの夢想は人間をではなく、むしろ場所と方角をめぐって動きます。ここの住民たちには顔というものがありません」

ボウルズはモロッコ人よりもモロッコを愛しているだけのことだ。そしてそうしたモロッコは独立によって消滅したわけであり、彼が抱いている映像は現実のタンジェのものではありえない。ショックリーはボウルズの態度をこのように要約する。興味深いことに、彼はジェインこそはモロッコをめぐってまさにボウルズの対極の存在であったと論を進める。ジェインは場所になどいささかも関心を示さなかった。彼女はむしろそこで出会うことになった人間たちとの対話にこそ、大切なものがあると考えていた。「生きるとは問いという問いを燃え上がらすことだ」というアルトーの言葉を、たびたび友人への手紙に引用したことからも、ジェインのこうした態度は理解できると、ショックリーは彼女に共感を寄せている。

わたしにはこのあたりの記述は、とりわけ興味深く感じられる。というのも、ジェインのモロッコ行については従来、否定的立場を取る研究者の方が多かったからである。ボウルズがこの地で創作の霊感を受け、作家として成功したのと対照的に、ニューヨークであれほどまでに才気煥発だったジェインは、タンジェでは二十年にわたってほとんど仕事らしい仕事を纏めることができず、モロッコにあって魔女に誑かされ、徒らに生を摩滅させてしまったという考えが支配的であったためである。さすがにショックリーは苦労人だけあって、人間をよく観察しているなと感心する。おそらくボウルズには、このようにジェインのタンジェ体験を理解したり、肯定することはできないだろう。

続いてショックリーは、ボウルズがつねに自分を孤立した異邦人と見なし、モロッコに受け入れられていないという強迫観念に取り憑かれているとする。だが、これは彼に独特の妄想であって、第一彼はこの国が独立して以来、そもそもモロッコに、いやタンジェにすらいたためしがあるだろうか。四十年にわたってあの小さなアパートメントに閉じこもっているだけではないか。その癖、金銭には貪欲で、自分の書物を翻訳したときにも、印税の半額を横領したではないか！

このあたりにまで来ると、もうわたしは口を挟めなくなる。ショックリーとしてみれば、作家としての地位を確固として築きあげた現在、これまでボウルズにいいたくともいえなかった憤懣を思う存分ぶちまけてやろうという腹なのだろう。だが余人には理解を許さない私怨の数々は別にしても、この書物に描かれているボウルズに、これまで欧米圏の伝記作者がけっして指摘しようとしなかった（あるいは、できなかった）いくばくかの真理が含まれていることは否定できない。世界のもっとも高い尖塔の最上階に座って、眼下に生起するものごとを達観するという姿勢を崩さないボウルズの急所を、これほどまでに端的に刺し貫いた評論は皆無だろう。ジュネに対してあれほどまでに従順であったショックリーが、彼の育ての親ともいうべきボウルズに対して、こう書いたのだ。現実にいかなるノスタルジアとも神話とも無縁の苛酷な人生を送ってきたベルベル人がかくのごとき批判をしたことを、わたしはある壮快感のもとに受け止める。

＊

ボウルズは派手なガウンを着て、奥の寝室に引き籠もっている。外は燦々と太陽が照っているのだが、厚いカーテンがいっさいの光と音を遮り、アパートの四階の一角だけを周囲から隔絶された世界に仕立てあげている。暖炉には火がくべられ、アブデルワハブがレモンティーを運んでくる。結局、ヤクビも、ムラベも、ショックリーも去り、彼らのようにトリッキーで心騒がせる物語を語るわけではないが、もっとも忠実なアブデルワハブだけが残った。

寝台を別にすると、狭い寝室はCDやらカセットテープ、それに読みさしの書物が散らばっていて、足の踏み場もない。ヒッチコックの『ファミリー・プロット』とグールドのバッハ、それにラテンアメリカの小説集と、雑多なものが無造作に積み上げられている。十年前には電話を置かないことで有名だったこの部屋に、いつしかファクシミリやポータブルのシンセサイザー、それにCDプレイヤーといったものが持ち込まれるようになった。わたしが紅茶を飲んでいる間にも、マドリッドのファンと称する女性から、子供が書いたような筆跡で、Paul, I love you という文面のファックスが、ことことと音を立てながら到着する。

「今では世界のどこからでもやってくるよ」ボウルズは力のない声でいう。「湾岸戦争のときくらいだったな、訪問客の列が途絶えたのは。アメリカ人は相変わらず多いが、最近ではスペインがもっとも多い。翻訳がたくさん出て、マドリッドのTVがわたしのドキュメンタリーを流したおかげで、近いものだからドッと押しかけてくる。タンジェに来てカスバとメディナを見たら、次はボウルズの家だといわんばかりにね。博物館か何かと勘違いしてるのじゃないかと思うほどだ。連中にとってさしずめわたしは、展示品の人形のようなものなのだろう」

ボウルズは『徒然草』を読んでいて、面白いという。この作者の考え方には、シオランに似たところがあるね。彼は自分と兼好が世代的に同じくらいではないかと、わたしに尋ねる。十四世紀の侍ですよとわたしが答えると、彼はいくぶん驚いたふりをする。彼は寝台で半身を起こしたまま、わたしは傍らの椅子に座って、クッキーを齧りながら対話をする。クッキーは少し湿っていて、シナモンの香りがする。

わたしはボウルズに、ベンジュルーンに会ったことはあるかと尋ねる。ベンジュルーンは、ボウルズはありもしないモロッコ人を作り上げ、彼らの翻訳という形でわが国の後進的な側面ばかりを強調する作品を発表している「新植民地主義者」だと、かつてフランスの新聞に書いたことがあった。

「だいぶ昔に一度だけね」とボウルズ。「アレホ・カルペンティエールがタンジェで人を大勢呼んだことがあって、その席で誰かが紹介したんだと思う。わたしはただHow do you do？と挨拶をしただけだったがね」

「新植民地主義者だと書かれたのは、ご存じですよね」

「ああ、知ってるよ。誰かがパリからわざわざ知らせてくれた。でも、どちらがこの名称にふさわしいのだろう。一方はタンジェに住んで、現地のほとんど文盲の人間の言葉を聞き書きしながら、民衆の語り口を再現しようとしてきた。もう一方はモロッコを早々と去って、パリの瀟洒なアパートメントに住み、けっしてフランス語しか口にしようとせず、フランスの文学者とばかり付きあい、カサブランカの工業発展は川崎に近付こうとしているとか、フランスの新聞に書いている。まあ、わたしにはどうでもいいことなのだが」

「ショックリーの新しい本は、お読みになりましたか」

「わたしについての本だろ。ケ・ヴォルテールが一冊、何の予告もなく、出版の直前に見本を送ってきたよ。一応、お礼の手紙は出しておいたけどね。ベンジュルーンは最近、ショックリーにむかって、どうやらきみはポール・ボウルズと父親を混同しているのではないかねと、何かのおりにいったそうだ。これは精神分析だったら、象徴的父親とでもいうことになるのだろう。ショックリーが今やわたしを敵だと公言するに至ったことは、聞いているよ。けれどもわたしは、生涯を通して敵という観念をもったことがないのでね」

「でも他者という観念はお持ちだったでしょう」

「ああ、他者のことを考えていなければ、小説など書けなかっただろう。けれども他者と敵とは、違う。混同してはならない」

ショックリーの話はこれで終りとなる。ボウルズは話しているうちに少しずつ元気が出てきたのか、五〇年代の「もっとも幸福だったころ」のことを懐かしそうに話し出す。「作曲家はよく料理が上手だというが、あれは嘘だよ。わたしは料理なんかしたことがない。ジェインはパリで女中からフランス料理を習ってて、こっちに来てからもよくいろんなものを作ってくれた。ただし台所にウィスキーを置いて、呑みながらだったかな。あそこなら人目を気にせずに呑めたからでもあっただろうが……」

ボウルズはもうほとんど歩くことをしない。足を痛めて手術をしたのだが、扉のところまで歩くのがせいぜいで、外へ出ようとすると痛みがひどくて、つい億劫になってしまうという。疲れてきたのだろうか、彼の声は少しずつ小さくなり、聞き取り辛くなる。「二週間ほど前のことだったか、起きてみて両目がいきなり見えなくなっているのに気がついた。それから午後まで待っていると少しずつ回復したが、本を読めないでいる間はつらかった。もっともひとりでいるときは、思い出のことを考えているときの方が多いかもしれないが……」

帰りがけにボウルズはわたしを見つめて、I am still alive という。わたしは彼の手を握り、

I am still alive, too と答える。もはや彼は昔のように玄関のところまで見送りに出ることはできない。わたしは暗い応接間の暖炉の火を見たあとで、玄関の扉を閉める。エレヴェーターはいつでも壊れている。アパートの外は明るい陽の光でいっぱいで、わたしはアメリカ領事館の前の星条旗を眺めながら、新市街の方へと帰路を急ぐ。

*

ジャン・ジュネが最初にモロッコと関わりをもったのは、彼が作家として世界的名声に包まれるはるかに以前、一九三一年にフランス軍の一兵士としてであった。前年までシリアに駐屯していた二十一歳のジュネは、みずから志願してモロッコを選び、メクネスに基地を置くモロッコ第七ライフル連隊に軍曹として勤務した。『泥棒日記』には、名前は失念したがと断りがあるが、メクネスで外人部隊の兵士と、毎晩のようにモスクの傍らの庭で情交をもったという一節がある。

最近の伝記的研究は、ジュネが獄中でエクリチュールに開眼したという従来のロマンティックな神話を否定し、年少にして文学を志していた彼は、若くして読み書き能力に秀でていたという立場を採っている。ボグー将軍は上アトラス山脈のベルベル人を鎮圧するさいに、ジュネを秘書として用いているが、おそらくその文章能力を買ってのことであろう。ジュネについて膨大な伝記を執筆したエドモンド・ホワイトは、その間に彼がフランス語を現地人や文盲の外人兵士たちに教えた可能性がないわけでもないとしている。当然のことながら、上アトラスに向かう将軍のともをしたジュネは、ワルザザートにも足を運んだことだろう。であるならばシェ・ディミトリで食事くらい取ったにちがいあるまい。わたしにはこれまで抽象的にしか見えていなかった彼の足跡が、急に具体的に感じられてくる。彼が軍を脱走し、本格的な盗みと放浪の人生を送るようになるのは、その翌年である。

ジュネがふたたびモロッコを訪れたのは、それから三十数年が経過した一九六八年の秋のことで、場所はタンジェだった。このとき彼はすでに小説を書くことから引退し、劇作家として第二のスキャンダラスな名声を得ていた。それは彼がパリの五月革命を含め、世界中に同時に生じていた造反運動に支援を始めていた時期でもある。

当時のタンジェは、カトマンズと並んでヒッピーの巡礼の地として最盛期にあった。エル・ミンザに宿をとったジュネは、ホテル内の高級レストランに裸足にパジャマ姿でやって来ては、ボーイにマッチの火を借りたり、宿泊客の顰蹙《ひんしゅく》を買うことに、一向に躊躇《ためら》いを感じていなかったようである。ほとんど金銭をもたず、あっても子供や老人に求められればただちにすべてを与えてしまうといったふうであった。コロンヌ書店にふらりと到来しては、パリのガリマール書店に国際電話をさせ、印税から借りるというかたちでコロンヌから金を借り出すといった暮らしをしていたようである。知りあいになった散髪屋の少年に一生懸命マラルメの詩の偉さを教えこんだ後で、彼をパリまで行かせてタクシー運転手の職に就かせたりしていた。コロンヌ書店の主人はのちに、あそこまで海千山千の生き方をしてきた人間が、かくも夢みがちなことばかり考えていると知ったときは驚きだった、というたぐいの証言を残している。この年、ショックリーはプチ・ソッコのカフェではじめてジュネを見かけ、勇気を出して声をかけてみたと、後に『タンジェのジャン・ジュネ』で書いている。

この回想録によれば、このときのショックリーは心配げに成り行きを見守る仲間を後にして、ゆっくりとジュネに近付いていったようである。それからまず、自分がモロッコの作家であると自己紹介した。ようこそと、ジュネは礼儀正しく答えた。タンジェはお好きですか？　全世界で一番美しい邑だと、お考えになりませんか？　と、ショックリーは尋ねた。とんでもない！　いったい誰にそんな考えを吹き込まれたんだね？　とジュネ。アジアにはここよりもっと美しい邑がいくらでもあるよ。

思うにショックリーには、ジュネの名声を知りながらも、心の底では彼もまたナザレ人の観光客の一人にすぎないだろうと、軽く見る心理が働いていたのだろう。彼がそれまで接してきた多くの西欧の芸術家たちは、タンジェの美とコスモポリタンな雰囲気に酔っていたのだから、その歓心を引くことはショックリーにとって、赤子の手を捻るくらいのことであった。だがジュネはその手に乗らなかった。その前年に日本旅行を通してはじめてアジアに接したこのフランス人は、現地人の口から発せられたいかにもステレオタイプの挨拶に、簡単には応じなかった。そして『裸足のパン』の著者は単純な観光的ディスクールを拒絶するこの老作家に、何か光るものを認めた。彼はジュネをエル・ミンザまで送りがてら文学の話を続け、明日またプチ・ソッコで会おうと約束した。こうして彼らの交際は始まった。

ショックリーの前でジュネは、個人的にいえば福音書の四人の作者なんかよりも、コーランの方がずっと当てになりそうだと語り、自作の『屏風』にアラビア語とフランス語で署名をしてくれた。何日も会っているうちに、ショックリーはしだいにジュネの背後に神秘的なものを感じるようになった。泥棒のジュネがいて、作家のジュネがいるとすれば、ジュネの第三の形象とは神秘の人のそれだと、信じるにいたったのである。

あるときショックリーがたまたまサルトルの『存在と無』の大冊を手にしていると、ジュネはそれを目敏く見つけていった。サルトルは友だちだが、本はややこしいね。だから俺は奴の家に本をもっていって、難しすぎるといったんだ。すると奴は本を摑むと、あちこちにさっさとメモと番号を書きこんでくれた。ここと、ここだけを読んでおけば充分だよ、それでわかるはずだからというんだ。いやあ、助かったな。ああやって複雑に書いておくのは、その筋の専門家のためにだよと、奴はいってたね。

二人がカフェでお茶を飲んでいるところに、ショックリーの顔見知りの子供がやって来た。ジュネが片言のアラビア語で話しかけると、その子は笑った。子供の靴が擦り切れかけているのを知って、ジュネは新しい靴を買ってやろうといった。いくらだい？　子供が千フランかなと答えると、彼はためらわずに千五百フランを与えた。もしこれで本当に靴を買わなかったら、もう俺たちは友だちじゃないぞ。邑で会っても、口を利かないからな。子供は笑って、走っていった。

三十年以上経ったのちでもショックリーはこのときの思い出を、わたしの前で懐かしそうに語る。ジュネはなるほどキリスト教の社会に生まれたけれど、あの人ほど喜捨の精神というものを深く知っている人はいなかったね。そう、それはムスリムが守るべき五つの戒律のひとつだった。

ジュネは国家と警察を、蛇蝎のごとくに嫌っていた。お巡りが人間であったためしがない。もし連中が人間になれる日が来るとしたら、もはやお巡りじゃないね。カストロは友だちだが、公式的な招待など受ける気がない。国家元首で唯一いっしょに食事をしたのはポンピドゥーだったが、それは俺の友だちが亡命しているのを、フランスに戻る許可を出してくれたときだけだった。

ショックリーを前にしてジュネは、マラルメはインポだったと突然に宣言したことがあった。いいか、お前、Mallarméという名前はmal armé、つまり武具を付け損ねたという意味だろ。それから彼は、尊敬するマラルメの詩を書いてやるといって紙を探したが、手元には何もなかった。偶然だが、コーランだけが側にあった。ジュネはコーランの空いている頁に、『海の微風』の詩行を空で書き出した。それから少し記憶が曖昧になったのか、？の記号を最後につけた。ショックリーが後で調べてみると、前置詞と所有代名詞がいくつか間違っていた。

この挿話はわたしを恍惚とさせる。イスラム世界において至高にして絶対の書物とされているコーランの余白に、ヘーゲルの絶対精神の影響を受けて「大地のオルフェウス的解釈」を索《もと》めたマラルメの引用がなされるというのは、ヨーロッパ的な「世界文学」の観念をもつ者にしてみれば、きわめてスキャンダラスなことではないか。エクリチュールにおける二つの絶対が、一枚の紙片の内側で偶然に出会ってしまう。しかも西洋を体現する側には、細かな亀裂が走るかのように、微妙な誤差が生じている。ジュネがマラルメを終生読み続け、ポエジーの言語錬金に努めたことは知られているが、ヨーロッパの文化圏の外側でなされたこの挿話には、どこかしら不吉で、形而上学的に禍々しい魅惑が漂っている。

ショックリーがボウルズと知りあうようになるのは一九七〇年で、ジュネとの出会いからすでに二年が経過している。一九一〇年に生まれたボウルズは、奇しくもジュネと同じ年齢である。一九四五年の時点で『花のノートルダム』を読んでいたのだから、アメリカ人の読者としては草分け的存在といってもよいだろう。ショックリーがジュネをめぐるエッセイを書くと、ボウルズはそれを律義に英語に直し、『泥棒日記』の作家に敬意を表した。だがジュネは、けっしてアメリカ人の作家を寄せ付けようとはしなかった。『タンジェのジャン・ジュネ』のフランス語版の増補部分から少し、ショックリーの友人とジュネとの対話を引用してみよう。

「誰だい、そいつは。ポール・ボウルズだって？」

「作家ですよ、あなたと同じ。ショックリーに聞いてごらん。その人は彼の本を英語にしてくれたんです」

「アメリカ人だって、いったな」

「ええ」

「じゃあ金持ちだから、そいつから盗むべきだ」

「でもいい人ですよ。盗んでも得にならないし！」

「いいアメリカ人が金持ちであったためしがない。俺はアメリカ人というのをよおく知ってるんだ。俺は金持ちのアメリカ人を狙う世界中の泥棒と、連帯してやるつもりだ」


いかにも『泥棒日記』の著者の、面目躍如とでもいうべき発言である。だがそんなジュネに巧みに取り入り、さりげなく対話をするふりをして、いけしゃあしゃあと一冊の行状記をものしてしまうショックリーの健《したたか》さには、いっそう感心せざるをえない。いずれが狸の化かしあいかといっては身も蓋もないが、どうやらこの条《くだり》を読むかぎり、自己の信条に従って挑発を続けるジュネの方が、真正直で無邪気なような気がしてくる。そしてショックリーは、こうした対話が掲載されている書物をこともあろうにボウルズに翻訳させてしまうのだから、一枚も二枚も役者が上なのだろう。ここにもアッラーが賦与してくださった狡智を十全に使うことこそが、神への感謝であるというイスラム的思考の現われがある。知恵をもって人を出し抜くことが悪なのではない。その知恵を与えてくださったアッラーに感謝の気持ちを抱かないことが、悪なのである。

一九六八年のジュネに戻ろう。この最初のタンジェ滞在が加えて興味深いのは、その直後に立ち寄ったチュニジアの港町スファックスで、彼が後半生の核ともなるパレスチナの解放闘争と関わるきっかけを得たためでもある。ジュネはホテルのボーイに誘われるままに、書店でパレスチナに捧げる詩を読み、ムスリムの多くの青年がカイロ、ダマスカス、アンマンの経路を辿って、今やパレスチナへ馳せ参じているという事実を知らされる。すでにアルジェリア人を主人公にして戯曲『屏風』を公にしていたジュネであったが、それ以後の彼は、さながら宗教に改宗したかのように、パレスチナの政治闘争に参入してゆく。

ジュネがモハメッド・エル・カトラニと出会ったのは、一九七四年のことだった。フェズに近い田舎で極貧の家庭に生まれたエル・カトラニ(本来はモハメッドと書くべきだが、本書では同名の人物が多いので、あえて姓をもって記す)は、海軍に勤めたのち、職も家もなく、キフを吸いながら毎晩タンジェの路上で寝ているといった二十六歳の青年であった。ジュネが話しかけたとき、エル・カトラニは「なんだよ、フランス人か」と答えた。ジュネはそれに対して「違うね。フェダイーだよ」と答えた。パレスチナのゲリラ兵士という意味である。この青年のなかに自分と同じく、父親に拒絶を受けた人間の傷を見てとった六十三歳のジュネは、彼をパリに連れて帰り、俳優に仕立てあげようとする。だがパリで劇場というものをはじめて見たエル・カトラニは、すっかり当惑してしまい、何もできなかった。

そこでジュネは、みずからが監督として『瞳の青』というフィルムを撮ろうと、脚本を準備する。モロッコから一等車の列車でパリまで来た青年が、車掌の人種差別的な扱いと、それを見て見ぬふりをする白人の偽善ぶりに大きな怒りと屈辱を憶える。彼は憧れの首都に到着したものの、幻滅感から免れられぬままに、ふたたび列車で故郷に帰る、という筋立てである。この物語はエル・カトラニが直接に体験した事件に基づいている。やがてこの脚本は改訂されて、『夜来る』

という題となった。そこではモンテスキューの『ペルシャ人の手紙』よろしく、モロッコ人青年の視点から見たフランス人の生活の奇妙さ、不合理さが、グロテスクな戯画化を施されている。列車のなかの白人乗客は残らずナイロンの靴下を顔に被り、アラブ人だけが顔を見せているといったふうにである。パリで主人公が滞在することになる下宿屋の女将の遣手婆あぶりや、アラブ人の石油成金ぶりまでが、嘲弄の対象となる。だがジュネの気紛れからか、一九七七年の時点でこの企画は突然にキャンセルされてしまう。ジュネは『若きウェルテルの悩み』の翻案上演の企画（そこでは主人公はシャーロットの代わりにオートバイにフェティッシュな恋を抱いてしまう）に夢中になり、やがてそれすらも忘れてしまったころに、七九年に突如として咽頭癌の宣告を受ける。

自分の生命がいくばくもないと予感したジュネがまず心に決めたのは、以後死ぬまでフランス国家に対して税金を支払わないことと、できるかぎりの時間をモロッコで過ごすことだった。彼はエル・カトラニがフェズ女と結婚すると、二人のためにララーシュに家を建てて、いっしょに住み始める。やがて彼らの間に息子が生まれると、その子にイッズ・アッディーンという名前を与えた。PLOパリ支部の代表であるイッズ・アッディーン・カラクに因んだ命名である。ララーシュはタンジェから五十キロほどラバトの方に下ったところにある、大西洋岸の小さな邑である。もっともエル・カトラニがキフにばかり耽溺していっこうに働こうとしなかったり、ジュネとの同性愛に耐え兼ねた妻が実家に帰ったり、小さな揉めごとは絶えなかった。おまけに近隣の住民は異教徒の家を嫌って、庭に塵埃《ごみ》を投げてよこした。ジュネはパリに住むタハル・ベンジュルーンに、この事件の解決を依頼した。政府高官の車でも家の前に停車すれば、近隣住民が恐れをなして沈静するのではと期待してのことである。だがベンジュルーンは事態を察して、けっして関わろうとしなかった。

一九八三年、ジュネはいよいよこの家で最後の長編『恋する虜』の執筆を始めた。『泥棒日記』の後で筆を折って以来の、長編小説の世界への三十四年ぶりの回帰である。文体からはかつての禍々しいばかりに華麗な隠喩が消滅し、その代わりに舞台となる空間が次々と移動して、記憶による横滑りを受け入れてゆく。主題とされたのは彼みずからが深く関わったブラックパンサーとパレスチナ・ゲリラの世界だ。いずれもがかつての作品の特権的主題であった牢獄と、ほとんど男性だけの社会だという点で共通していることは、偶然ではあるまい。少し書いては散歩に出て、近くのキオスクのコピー機で原稿を複写してもらい、ついでにパリの新聞を買って帰るというのが、ジュネの日課となった。彼のかたわらにはイッズ・アッディーンがいて、ジュネはこの幼子が可愛くてしかたがなかったようである。わざわざ格式ある幼年学校に入れて、ギリシャ語、ラテン語、ピアノを勉強させたり、五歳の誕生日にはみずからケーキとレモネードを両手に抱えられるだけもって学校を訪れたという話が伝わっている。『恋する虜』には、何の脈絡もなくイッズ・アッディーンが初めて買ってもらった自転車の前で、嬉しさのあまりに踊り出すという場面がある。父親を知らず、母親に赤ん坊時代に捨てられたという痛ましい体験から人生を始めざるをえなかったジュネにとって、エル・カトラニ一家との同居は、束の間ではあったが生涯の最後に訪れた疑似家族の幸福と呼べるものだったろう。やがて彼はイッズ・アッディーンを正式に養子として迎え、死後の財産分配を決定した。

一九八六年の春、パリの病院で癌の治療を受けていたジュネは、執筆に専念するために治療を放棄してしまう。体力の急激なる衰退を覚悟のうえで、スペインからモロッコへと死に場所を探す旅に出る。この「逃亡」の後、彼は最後にパリに戻り、四月半ばに安ホテルで死亡した。最晩年には何人かのパレスチナ関係の友人とモロッコ人を除けば、フランス人との交友関係はほとんどなくなっていた。若いころから愛読していたマラルメですら最後には遠ざけてしまい、もっぱらクローデルとニーチェを読んでいたという。

遺体は彼の遺言通り、ララーシュに埋葬されることになった。モロッコ政府は何を勘違いしたのか、この「貴賓」の埋葬に当たって軍楽隊を派遣して空港に待機させたいと申し出た。幸いなことに、それは謝絶された。ジュネの遺体は粗末なズダ袋に包まれ、移民労働者扱いで空輸された。

エル・カトラニはジュネの死後、鬱々とした日々を過ごしていたようである。ジュネをめぐる学会が南モロッコで行われると聞いて汽車に乗り込んだものの、悲しみのあまりに家まで引き返してくるといったことがあり、やがて交通事故で不帰の客となってしまった。ジュネに昔買ってもらった車に乗って、深夜に樹木に衝突してしまったのだ。ジュネが死んでほぼ一年後のできごとだった。

タンジェからララーシュへ行くには、大西洋岸に沿ってしばらく南下していけばよい。ターミナル駅を発ったバスは空港のわきを抜けてしばらくすると、右側にどこまでも続く浜辺を迎えることになる。左側、つまり陸地の側は牧草地になっていて、ときおり瓜を店先に積みあげて売っている小屋が見える。瓜は黄色くて、枕のように細長い。ここにはリフ山脈の荒涼とした風景とはうってかわった、牧歌的な世界が展がっている。首都ラバトにまで達するハイウェイはひどく快適で、窓から眺めていると空の青と海の青とがみごとに一体となり、その間にわずかに一本の細い線が走っているだけという、抽象画のような光景が続くことになる。バスは一時間ほど滑走すると、アシラという邑に到着する。古代からこの方、カルタゴ、ローマ、ノルマン、スペイン、そしてサアード朝のモロッコと、数多くの民族に占拠され、強奪され、その庇護のもとに発展してきた港町である。わたしが先に通過した、光に満ちた海岸のあたりは、かつてはポルトガルやスペインの海賊たちが跋扈し、暴虐のかぎりを尽くしたところであった。

アシラで車を替えて、さらに二十分ほどすると、リクススの遺跡に差しかかる。ローマ帝政期の遺跡である。もっとも起源はさらに古く、スコットランドからブルターニュ半島を経て、アフリカのガンビアに達する先史時代の巨石文化が、それ以前に存在していたらしい。リクススはティンギス（現在のタンジェ）やチェラ（ラバト）よりもはるかに昔に、ギリシャの植民市として建設され、黄金、象牙、奴隷を商った。それは文字通り、古代世界のもっとも西に位置する邑であった。リクススは紀元前二五年にはローマの属領として、ベルベルの王を頂くことになる。もっとも帝国の没落とともに衰退し、今では訪れる人とてない廃墟として、放置されたままになっている。バスを途中下車して、オリーヴの巨木の下を潜り、石礫だらけの坂を上りきるだけで、リクススは自由にどこでも見回すことができる。

ひとつの丘の頂上には円形劇場が設けられている。剝げ落ちたモザイックを遠くから眺めてみると、海神ネプチューンを描いたものだとわかる。枯れた茨に似た雑草がいたるところに生えていて、手が触れるとひどく痛い。要塞が崩れ落ち、植民市を守護する兵士たちのことごとくが地上から消滅してしまった後で、それは侵入する者に警戒するこの土地の最後の見えない意志である。もうひとつの丘の上にはいくつかの石柱を残してほとんどが朽ちてしまった住居の跡があり、そこから下を見ると、川が悠々と蛇行して流れて、水が海と交わるあたりに現在のララーシュが、瘤のようにへばりついているのがわかる。おそらく二千年前にも、河口のありさまは現在とほとんど違っていなかったはずだ。植民都市が築かれた原因のひとつは、この川にあった。マグレブという場所がイスラム圏であるよりもまず、古代の地中海社会に属していたという思念が、静かにわたしの前に立ち上ってくる。円形劇場に遺るネプチューンの図像は、何よりもまず航海の安全を祈願してのものだろう。

ララーシュの邑はそれよりずっと後になって、十七世紀にスペイン人の手で建設された。そのためだろう、楕円形の解放広場を中心として、八方に道が展がってゆくという邑の構造は、典型的にスペインのものだ。バス・ターミナルから、ゆっくりと擂鉢の底を転がるように広場にむかって歩いてゆくと、家という家の壁と屋根は例外なく白く塗られ、ただ扉と窓枠には明るい水色が用いられている。これで店先のアラビア文字の看板さえなかったら、南スペインの避暑地だといっても通用するだろう。

わたしは靴磨きの少年に道を尋ねる。彼は親切にも通りをふたつ横断するところまで、この異国人を案内してくれるが、けっしてディルハムを受け取ろうとしない。ただはにかみながら、元の自分の職場へと走ってゆくばかりだ。広場に並ぶレストランで食事をしている人たちがわたしを見つけて、どうだい、いっしょに座れよと話しかけてくる。魚のフライを手にもって、わたしに差出してくれる。生き馬の目を抜かんばかりのタンジェでは、まずもって想像もできないことだ。

広場を越えたところに見晴らし台があり、その向こうに大西洋が青々と広がっている。視界に遮るものひとつないというのは、これを指していう表現だろう。空には一筋か二筋の雲が流れているばかりだ。遠くにヨットが一艘、白い帆を立てて浮かんでいるのを除けば、海の隔たりを測るものは他にない。その青みは深さという観念そのもののように思われる。それはあらゆる音声を遮断し遠ざけてしまうがゆえに、青い砂漠とさえ呼びたい誘惑に駆られるほどだ。わたしはバスを降りて以来、家という家の前にちらちらと覗いていた扉の水色の起源が、実はこの無限の青の集積であったのではないかと思いあたる。

海は遠くにあるようでいて、同時にあまりに近くに、すぐ眼下にまで迫っている。見晴らし台の下は切り立った断崖となっていて、その下のわずかの隙間の緑地で、上半身裸の子供たちがサッカーをして遊んでいる。よく見ると、誰も靴など履いていない。彼らのあげる喚声が、切れ切れに下方から聞こえてくるのを別とすれば、ここには一切の音声が存在していない。それは正午のまま時間が永遠に停止してしまった、断崖の邑の光景である。

とうとう来てしまった。もうこれ以上、先に進むことはできない。わたしはララーシュの断崖に立って、自分にいい聞かせる。ここにあるのはジュネが短くない生涯の最後に眺めることを選んだ風景であり、事実彼は望み通りにこの邑の墓所に眠っている。同時にそれは、古代のギリシャ人がそれより先は神聖なるポセイドンの領域として、容易に足を踏み入れることを避けた植民の最西端であり、ポルトガルの侵略者を蹴散らしたサアード朝の砂漠の荒武者たちが、勇み立つ馬たちの手綱を引いて留まった断崖でもあった。

晴朗とした午後にこの見晴らし台に降り立ったわたしは、自分の旅がすでに終わろうとしていることを知る。これまであらゆる俗界の境界を苛立たしく越えて、この地の果てにまで到着したが、もうこの絶対の境界を越えて向こう側へとジャンプすることはできない。わたしはついに地上という観念が終焉を迎える場所にまで来てしまった。世界がいつの日か没落を迎えるとき、大天使が墜落をはたすのは、ひょっとしてこのような海原ではないだろうか。わたしはもう自分がどこにも行く必要がなくなっていることに気付く。

ジュネの墓はどこにあるのだろうか。

陽が傾こうとする前に、わたしは残されたただひとつのことを終えなければならない。カフェのウェイターは、墓地だったら断崖のわきにずっと続いているよと、こともなげに右手を差し出す。なるほど見晴らし台から数分ほど歩くとそこは墓地で、新しい墓石の前で何人もの人々が祈ったり、会話をしていたりする。墓地を取り囲む灰色の塀のうえには、枯れ枝に止まる鳥のように子供たちが座っていて、わたしの姿を発見すると喚声をあげる。ここはムスリムのための墓地だ。ジュネが最初埋葬されることを期待していたが、異教徒ゆえに受け入れられなかった、一般市民のための墓地である。

モロッコの多くの沿岸沿いの邑がそうであるように、ララーシュにも信仰に応じて三通りの墓地が存在している。ムスリムのためのもの、メラーに住むユダヤ人のためのもの、そして近代に至って植民統治を行ったスペイン人のためのものである。ジュネが最初の墓地に拒まれたとしたら、残るはふたつだが、パレスチナ闘争にかくも関わった人物がユダヤ人墓地を受け入れるはずがない。とすれば残るはスペイン人墓地だろう。ドンデ・エス・エラ・セメトリア・エスパニョーラ？　わたしはおぼつかないスペイン語を駆使しながら、老人を探して尋ねる。年長者はまだまだスペイン語で教育を受けた世代のはずだ。事実わたしはつい今しがたまでいたカフェで、老人たちがスペイン語で話しているのを耳にしている。予想はみごとに当たり、わたしはさらに町外れまで断崖の道を真直ぐに歩くことになる。

スペイン墓地は、すでに使われなくなって悪臭の立ち込める市場を抜けて、さらに歩いたところにある。どこまでも蠅が後を追いかけてくる。場所がわからなくなり、道端で遊んでいる子供のひとりに尋ねる。ジュネという言葉を耳にするが早いか、彼はぱっと駆け出していって、しばらくすると立ち止まり、こっちだといわんばかりに、わたしの方を振り返る。わたしを目敏く見つけた他の子供たちが集まってくる。何人かの子供は両手の指と指の間にコーラの蓋をふたつずつ挟んでいて、それをカスタネット代わりにして音を立てている。バケツを逆様にして抱えている、少し年配の子供もいる。いつでも路上で即興演奏ができるような態勢にあったときに、彼らは外国人の訪問者というまたとない獲物を発見したというわけだ。たちまち一群の子供たちがめいめいに楽器を鳴らしながら、喜々としてわたしの後に付き従う。

植民者が引き上げたのちは、墓参に来る者など誰もいないのだろう。スペイン墓地は門が欠け落ち、周囲は荒れ放題で、入り口のわきには塵埃《ごみ》が堆く積み上げられている。一定の方向を向いた数百もの石棺があちらこちらに並んでいるが、そのどれひとつとして完全に原形を止めているものはない。あるものは半身が茶色い土に埋まり、ほとんどただの土の盛り上がりにすぎなくなっている。別のあるものは墓石が陥没して、内部の穴がそのまま陽光のもとに剝き出しにされていたりしている。細やかに細工されたモザイックのタイルが朽ち欠けて地面に散乱しているさまは見ているだけで痛々しく、まるで死者の頭蓋骨が叩き割られて、周囲に破片を散らばらせているといった印象を与えている。先に通り過ぎたムスリム墓地が、白く美しい墓石を整然と並べていたのとは、なにもかもが対照的だ。ここに眠っているのは、忘れられた人々である。かつては植民者として栄誉に包まれ、貿易と収奪で富を築きあげたスペイン人たちが、今では見捨てられ、煉獄の苦痛を癒してくれる地上での祈りさえ与えられずに、この赤茶けた土地に眠っている。

わたしは苦労もなくジュネの墓を見つけることができる。何よりも白く新しい石が用いられているからだ。それはこのスペイン墓地が最後の死者を迎え入れてから、何十年も後になされた埋葬だった。はじめてこの墓地に足を踏み入れたムスリムの墓掘人夫たちは、遺体と墓石をどの向きに並べていいのかわからず、さんざん迷ったあげくに、メッカの方角に頭を向けて安置することにした。スペイン墓地はジュネとエル・カトラニの家から見下ろせる場所にあり、彼はいつもイッズ・アッディーンを連れてここで遊んでいた。路傍の子供たちが、わたしのジュネという言葉を耳にしてただちに反応したのは、ひょっとしてこうした事情があったからだろう。

墓石には名前の下に「19 Dec. 1910」「13－14 Avril 1986」という数字が、引掻くような字体で刻みこまれているだけである。説明もなければ、碑文めいた言葉もなく、単純きわまりない。ホワイトの伝記によれば、墓石は建てられた直後に何者かによって盗み出され、現在置かれているのは二番目のものであるらしい。有名な泥棒作家の墓石を盗むとは、なんだか古典落語の世界のような話だが、このスペイン墓地の隣はかつてのスペイン刑務所で、さらにその奥はラーシュにおける売春窟であったという。ジュネの眠る場所として、これ以上ふさわしい場所はないと、わたしはつい口にしてしまいたい誘惑にかられる。刑務所でない側の境目には何があるか。いわずと知れた断崖であり、その向こうには蒼然とした海が、あたかも絶対という観念を指し示すかのように遠くからすべてを窺っている。

わたしは最晩年のジュネを想像する。それは実存主義の英雄でもなければ、パレスチナの過激な同伴者でもない。いわんや汚穢と優雅の間を自在に往還する、天才文学者からも、かぎりなく遠い。ホワイトは伝記の末尾のあたりで、「恍惚としたスーフィ教徒」という表現を用いている。わたしが心に抱く最後の彼のあり方とは、モロッコの民衆の間で代々伝えられてきたマリブー、つまり聖人のそれである。マリブーは信仰に篤く、喜捨と博愛の精神に富んで、バラカを実践する存在である。聖人がかならずしもイスラム神学に深い造詣をもっていたり、またアラブ人である必要さえないことは、八世紀から九世紀といった時期にしばしばベルベル人の間から出現した聖人が、ろくにコーランの知識を所有していなかったにもかかわらず、民衆に圧倒的に支持されたという事実からも了解できなくもない。ちなみにモロッコの思想家アブデルケビル・ハティビは『異邦人のフィギュール』のなかで、ポルトガル人として生まれたひとりの男が、聖戦《ジハード》のさなかに祖国を裏切り、ムスリム側についてキリスト教徒と戦ったのち、聖人となったと記している。おそらくハティビは、個人的にジュネにその事実を伝えたはずである。

ちなみにハティビは、ジュネがララーシュに埋葬されたことについて、次のように書いている。

この埋葬は彼の墓所の象徴的な重さをフランスから抜き去り、アラブの地、地中海の余白にジュネを供するためであった。アラブの大地という表現は、不正確だ。それはアラブの大地に遺棄されたスペイン人墓地であり、いうなれば詩的言語における基本的な場所《ポジション》である。詩人の祖国とは彼の属する言語《ラング》であって、テクストの系譜学を通して神話と作品とが生み出される場所のことに他ならない。

聖人としてのジュネ。だがこの言葉は、あまりにも神話化されたように、サルトルの実存哲学風に解釈されるべきではないだろう。むしろ必要なのは、乞食や狂人と隣あわせになりながら託宣を告げ歩くモロッコの聖人を思い浮かべることである。子供に靴代だといって、ありったけの金を与えてしまうジュネ。国家と権力を憎むといって憚らず、エル・ミンザの内部をパジャマ姿でうろつくジュネ。そしてボウルズのところから何か盗んでくれればいいのだと、ショックリーたちを挑発するジュネ。もし彼にバラカというものが宿っているならば、それはこうした日常のさまざまなしぐさを通して顕現されていたものであったはずである。
わたしはふと、コーランのなかでもっとも初期に記された一節を思い出す。

汝には終りの方が始めよりどれほどいいか知れはせぬ。
それに、主はきっといまに（たくさん恵みを）授けて、汝を喜ばせて下さろう。
もともと孤児《みなしご》の汝を見つけ出して、やさしく庇って下さったお方ではないか。
道に迷っている汝を見つけて、手を引いて下さったお方、
赤貧の汝を見つけて、金持ちにして下さったお方ではないか。

よいか、孤児は決して苛めてはならぬぞ。
物乞いに決して邪慳にしてはならぬぞ。

コーランには孤児をめぐる記述が少なくない。それは思うに、ムハンマド自身が父親をもたず、幼くして母親に死なれた孤児として、人間形成をしてきたことと、深く関わっているはずである。この点で彼は、マリアとヨセフのもとで、弟たちに囲まれて育ったイエスとは、対照的である。イエスはエルサレムで説教をしたとき、後で面会に来た家族たちを拒否して、自分の父親は、母親はどこにいるのだと、その地上的な存在を否定した。ムハンマドにはそのような科白を吐くことは、おそらく思いもよらなかったに違いあるまい。彼はただ罵倒という罵倒の合間に、両親のいない子供にはとりわけ優しく振る舞わなければならないとだけ、そっと口にしたのにすぎない。ジュネがはたしてコーランのこの一節を念頭に置いていたかは、わからない。だが、ムハンマド

同様に孤児として生まれた彼が、自分と同じ境遇にたまたま生まれ落ちた子供たちに、つねに親密なる感情を抱いていたことだけは、はっきりとわかる。

「地中海の余白に」という表現は、ジュネを語りえて余りあるもののように思われる。彼はその死の直前にあって『恋する虜』の巻末を、「わたしの本の最後の頁は透明である」という謎めいた言葉で締め括り、さらに校正刷りの冒頭に「言葉のあらゆる映像は砂漠にあり、それを索めに出かけなければならない」と書き付けた。ジュネの墓の白に、彼が携えていた書物の余白の白が重なりあい、さらに連想は、彼があるときショックリーの手にしていたコーランの余白にマラルメの詩を書き付けたという、甘美ではあるが危険な香りのする挿話へと移る。

タンジェからララーシュへ、ジブラルタル海峡の西側、文字通り地中海が終わった先の余白をめぐる短い旅が、こうして終りを告げる。すでに太陽は陰りを見せ、静まり返った海の向こうに沈もうとしている。

エピローグ

マチスの二枚の油絵を、わたしは画集で眺めている。

最初のものは、彼が一九一二年の春、四十三歳ではじめてタンジェに渡ったときに、滞在したグランドテル・ヴィル・ド・フランスの窓から見える風景を描いたものである。二番目のものは、それからひとたびパリに戻った画家が、一年を待たずしてもう一度タンジェを訪れ、同じ窓から外を眺めたときになった作品である。

「窓からの眺め」と題された最初の油絵では、開かれたガラス窓の枠に縁取られて、森と真白い建築物、坂道を歩む二頭の驢馬と白衣のモロッコ人が、濃い青と姿勢の垂直性とを基調として描かれている。窓の手前には小さな花瓶がふたつ。とりわけ右側にある暖色の花が印象的だ。

絵の中央に置かれているのはイギリス人教会であり、その背後にはメディナ、右側にはタンジェ港の最先端の突堤の塔、左側にはカスバのダル・エル・マフゼン、つまり当時のスルタンの宮殿がちらりと姿を見せている。

「タンジェの開かれた窓」という二番目の絵では、何もかもが変化している。憂鬱で暗い色調は消え、柔らかい黄色を中心に朦朧とした感じで風景が纏められている。いや、より正確にいえば、もはや個々の建築も森も、空に浮かぶ雲も、識別がつかないほどに純粋な色彩に還元され、あた

アンリ・マチス「窓からの眺め」
ⓒSuccession H. Matisse, Paris & BCF, Tokyo, 1999

かも煙が水平軸に沿って棚引いてゆくかのように描かれている。イギリス人教会は姿を消し、ただその向こうに控えていたカスバの宮殿とメディナの邑の展がりだけが残されている。そればかりか、最初の絵で生真面目に描かれてあった窓枠やレースのカーテンすら消滅し、ただ手前にいくつかの花瓶が置かれていることが、窓の存在を思い出させるばかりである。しかしそこに飾られた花々は青く塗られ、窓の外に覗く色彩の連なりとまったく同じ資格で登場している。おそらく説明を受けなければ、この二枚の絵が同じ空間を同じ視座のもとに描いたものであるとは信じられないだろう。わたしはこの絵に与えられた Fenêtre ouverte à Tanger という名前を、フランス語の解釈としてはいささか変則的かもしれないが、「タンジェに開かれた窓」とつい呼びたくなる。

マチスはつねにわたしを感嘆させる。この天才的な画家は、印象派のように外界へとキャンバスを持ち出すことに長らく憧れてはいながらも、つねに天候に苛立っていた。自然に実在する色彩の変調にあまりに敏感であったためである。彼はロシアからの旅に疲れてパリに戻ると、恒常的な陽光を索めてタンジェに到達した。もちろん心中には八十年前にこの地を訪れたドラクロワの物語があったはずである。異国情緒に魅せられてタンジェに向かうことは、当時のフランスの画家の間ではブームであり、彼が滞在したホテルには他にも（現在は忘却の河に沈んでいるが）何人もの画家が宿泊していた。だがマチスほどに、タンジェにおいて眼差しの危機とでも呼べる体験をした者は他にいなかった。わずか数か月を挟んで描かれた二枚の絵画の間に横たわる決定的な違いは、彼が事物の形態をめぐってより解放された思考に到達し、色彩の戯れの側へと身を委ねていったことを、如実に示している。これは文字通り、開かれた光景であり、開かれた絵画なのだ。そういってみたい誘惑に駆られる。

アンリ・マチス「タンジェの開かれた窓」
ⓒSuccession H. Matisse, Paris & BCF, Tokyo, 1999

だが同時にわたしは、この作品を可能とした時代の原理的選択についても、思いを寄せないわけにはいかない。マチスは眼前の風景からヨーロッパ近代と植民地を感じさせるものをいっさい排除してしまい、すべての形態から意味を追放してしまった。この二枚の作品が描かれた一九一二年から一三年という年が、モロッコがフランスの保護下に置かれ、リヨテ将軍が派遣されてきた年と同じであることは、けっして偶然のようには思えない。リヨテもまたモロッコのメディナにヨーロッパ近代の歴史的時間が不用意に侵入することを許さず、それを永遠の相のもとに置こうと考えていたのである。

カスバの宮殿は現在、考古学の出土品を主に陳列した博物館となっており、イギリス人教会に隣接した建物はモロッコ現代美術館に変わっている。わたしはそこで、アハメッド・ヤクビの晩年の作品を観たことがあった。教会に付属している墓地には、この地で没したイギリス人たちの死体が埋められている。もっとも訪れる人は絶えてなく、わたしがある時気紛れを起こして足を踏み入れてみると、雑草が生い茂り、その間に荘重たる墓石が朽ちかけた姿を晒していた。イギリスを感じさせるものは、もはやほとんどない。わずかにマチスの最初の絵のなかでのんびりと驢馬が歩いていた坂道に、アングレテール街という名前が残されているばかりだ。ここにはだいぶ前からバス・ターミナルが設けられ、つねに活気に満ちた雑踏が生じている。わたしはその手前の市場でハディージャのために、クスクスを調理するときの鍋と特別のバターを買い求めた。

一九五六年に独立モロッコがタンジェを接収し、ほどなくして列強による共同統治が終焉を迎えたのち、この邑は急速にアラブ化していった。それは同時に、リヨテの生涯の理念に反してヨーロッパの近代をそっくりと受入れ、都市全体を混乱した模倣へと向かわせることだった。コスモポリタンの魅力に引かれてきた多くの西洋人はこの地から去り、あとには妻を喪ったボウルズだけが取り残された。つねに世界の外側、邑を見下ろす尖塔の最上階に自分の身を置いて、達観の姿勢を崩さないという決意があってこそ、それは可能であったことだろう。どうしてこうなったのか、わからない。今となってはもう誰にもわからない。そう呟き続けるボウルズにとって、眼前のモロッコ社会で生起することのいっさいは、彼をいささかも動揺させることのない徒《あだ》しごとにすぎない。藤原定家の言葉を借りるならば、「我事ニ非ズ」ということだろう。わたしがときに、ボウルズはモロッコに足を向けることがなかったとしても、想像裡に彼のモロッコを拵えあげ、その物語を綴っていたのではないかという印象をもつのは、そのためである。

禍々しい猥雑さを呈するに至ったそのタンジェに、今度はジュネが新たに到来する。彼はモロッコに向き合う気もなく、かといってヨーロッパ文明を体現する意図ももっていなかった。もうとうの昔に、そうした世界から脱落していたからだった。ボウルズが意図して世界の外部へと向かい、隠者の生を享楽した文学者であったとすれば、ジュネはそれとは対照的に、望むと望まないにかかわらず、生まれたとき以来世界から排除され、追放の刑に処されてきた人間だった。彼はモロッコのこれまでの歴史的経緯にいっさい無関心を示し、ただ友愛と喜捨の観念に導かれて最後の日々を過ごした。ボウルズは隠遁を語りながらも、つねにタンジェを訪問する芸術家たちとの間で華々しい社交を繰り広げた。ジュネはというと、パレスチナの「同志たち」を除けば誰も彼に追いつくことのできる者はいなかったし、彼もまたそれをモロッコで望まなかった。そして自分の身のまわりに集まる子供たちと、片言のアラビア語で対話をすることに、人目には凡庸と見え兼ねない幸福を見出していた。にもかかわらず彼の生涯は、全体として見たときまわめて歴史的であり、何人もそれを真似ることができないでいる。

わたしはこのエッセイの題名に、「流謫《るたく》」の一語を与えた。もとより流謫したのはわたしではない。それはボウルズであり、ジュネである。またブライアン・ジョーンズであり、さらに見方によれば、平岡千之とリヨテ将軍、あるいは石川三四郎である。彼らはそれぞれの帰属する都市や国家のなかで、人生をめぐるある諦念に達したり、逃れ難き疲弊を味わったのちに、何かの偶然でモロッコに辿りつき、そこでわが身の解放の瞬間が来ることを待ち続けた。そしてまた一方に、彼ら流謫者たちを待ち構え、歓待と敵意のもとに迎えたモロッコ人たちが存在している。それはボウルズとの関連でいえば、ヤクビであり、ムラベとショックリーである。またわたしの短い滞在のなかでいえば、ラシッドの一家であり、アンドレアス教授である。

もっともこの場合、歓待と敵対、あるいは善意と悪意を峻別することに、さほどの意味はありえない。というのも、軍事的侵略であれ、無邪気な観光であれ、ひとりの人間がある余所の社会を訪れ、その地に留まること自体が、現地人の眼にとってはしばしば根拠のない暴力として映るのであって、それに対して反作用として生じる現地人の行為は、訪問者の振りかざす一方的な道徳基準のもとに判断されるべきものではないからだ。わたしはモロッコのあらゆる邑に滞在している間、自称ガイドたちの到来に悩まされ続けたが、それはひょっとして、彼らの行動は機会さえあれば、縁を頼って辿り着いたフェズの家庭での歓待ぶりに転じてしまうかもしれないのである。現にわたしがタンジェで出会った教授と名乗る謎の人物は、異邦人として迎え入れる、また迎えいれられるという行為が必然的に抱えこんでしまう両義的な性格を、興味深くも証し立てているように思われる。

わたしはボウルズという極め付きの流謫者に出会ったことを契機として、彼の足跡を辿った。旅先に失踪した者を索めて新たに旅がなされるというのは、すぐれてアントニオーニ的な主題である。そしてその途上で、わたしは少なからぬ他の流謫者の存在を知ることになった。最後にこの探求の視座を転換させて、流謫者を迎えた側の論理を垣間見ようと試みた。わたしが意図的に採用したのは、『千夜一夜物語』の語り手のように、語りのなかにもうひとつの語りを組みこむことであり、いくつもの語りが互いに反響しあって、探求の多元的なあり方を体現することであった。そしてボウルズ的なるものによって開始されたわたしのモロッコへの関心は、十数年を経るうちに、しだいにゆっくりとではあるが、ジュネ的なるものへと移行しつつある。

この長いエッセイは、これまでわたしが土地について書いてきたものの、四番目に相当している。この二十年にわたって、わたしは日本を含めて世界のあちらこちらに移動を重ね、その場所に動機付けられた物語を綴ってきた。ソウル、ニューヨーク、月島、そしてボローニャ。最初に訪れたソウルについて書かれた書物では、対峙する、眼を逸らさないで見つめるという行為がわたしの基本的な身振りであり、書物全体を実存的に特徴づけていた。二番目に書かれたニューヨークの書物でもっとも基調をなしていた観念は、もはや世界のどこにも中心と呼ばれるものはありえず、ただ人々は移動してゆくばかりなのだというものだった。三番目の月島論では、土地をめぐるステレオタイプの神話を拭い取って、この造成されて百年にしかならない邑を叩き台に、日本の近代化を見つめ直してみたいという気持ちがあった。いずれ書かれるかもしれないイタリアをめぐる書物では、おそらく事物の蒐集と時間の経過、ノスタルジアが主題となることだろう。

モロッコはこうしたわたしのエクリチュールの系列のなかで、きわめて異質な、特権的ともいえる場所を占めている。それは少年時代から、映画や音楽を通してわたしの尽きせぬ憧れの対象であった国であり、ある時期まで一度として住んだことはないにせよ、地上のどこにいてもつねにわたしの心の片隅を支配していた観念であった。第三章でその名前に言及した十三世紀の哲学者イブン・アラビーは、『旅の効用の解明』のなかで書いている。「きみは永遠に旅人であることだろう、どの場所にも身を落ちつけることができないように」。わたしはニューヨーク、ボローニャ、パリ、そして東京と、さまざまな都市に住みながら、心の赴くままに飛行機を乗り継ぎ、タンジェを訪れてきた。このエッセイは十数年にわたるこうした旅の重なりあいから生じたものである。

書物の終りは旅の終りに似ている。そう書き付けたのは、わたしの文学的出発点ともいえる『ガリヴァー旅行記』の作者ジョナサン・スウィフトである。現在形で書き進められたこのテクストは、ここに至って失速し、すべてを過去形において語ろうとしている。わたしの手元には最近ハディージャからの手紙が到来した。それによると彼女は最近、ベケットの『ゴドーを待ちながら』の舞台で少年の道化の役を演じたとあった。ボウルズについては、以前に精密な、その妻の伝記を書き上げた女性研究者が、共感に満ちた美しい伝記を刊行した。アンドレアス教授だけが消息が不明で、教えられた住所に写真を送ったが、何の反応もなかった。わたしは次に、いつモロッコに戻るだろうか。

補遺

天蓋と王国　ボウルズとカミュ

ポール・ボウルズとアルベール・カミュ。この二人の文学者を比較することは、はたして可能だろうか。

この企ては、一見したところ、実に唐突で、前代未聞のように思われる。

一方のカミュはレジスタンスに参加し、社会的不正義と貧困に対して果敢なる異議申し立てを行なったことで知られているフランスの文学者である。彼はテロルと植民地主義の時代にあって知識人であり続けることの意味を問い続け、わずか四十四歳でノーベル文学賞の栄光に輝やいた。その「不条理の哲学」が母国のみならず、広く全世界に刮目され、戦後日本の文学者にも深い影響を与えたことは、いうまでもない。

他方、ボウルズはといえば、生涯に一度たりとも「知識人」の名の下にみずからを語らず、徹底して非政治的な場所に留まり続けた。当然のことながら世間的栄光とも長らく無縁で、カミュが国際的な知名度をほしいままにしていた一九五〇年代末には妻の精神錯乱と経済的困窮に悩まされ、創作の筆も思うように進まないまま、わずかにキフの吸飲に心の慰めを得るといった、悲惨な日々を送っていた。「地中海の太陽」を讃美する『異邦人』の作家が、日本の文学青年たちにとって青春の書であり続けたのに比べて、「砂漠の猟奇」を語る『シェルタリング・スカイ』の作者の知名度は、あまりに低かったといえる。ちなみにある時期まで日本の著名な世界文学辞典を繙くと、カミュの項は四頁に及んでいるが、ボウルズにわずか二六行、しかも御丁寧なことにありもしない没年まで添えられているという有様であった。

もっともこうした世間の風評はさておき、伝記的にその生涯を篤実に辿ってみると、二人が確実に時代を共有している文学者である、と判明する。今少し二人の年譜を並べて、きちんと読んでみよう。

一九一〇年、ブルックリン生まれのボウルズに対し、カミュは三年遅れて、一三年にアルジェリアの一寒村に、ピエ・ノワール、つまり植民地生まれのフランス人（軽蔑語）として生を享けている。ということは必然的に、三〇年代の文学・芸術の思潮に決定的な影響を受けたということを意味している。高校生のときにスタインに発見され、十九歳のとき、ジッドの『贋金使い』を懐中に忍ばせてはじめて大西洋を渡ったボウルズと、その同じ年にフランスの海外県で『地の糧』に接し、二十七歳に至るまでアルジェに留まってパリの地を踏むことのなかったカミュとは、この「文学共和国」の首都をめぐって、形こそ違え、いずれも尽きせぬ憧憬の念を抱いていた（日本でいうならば、大岡昇平がほぼ同年代である）。ジッドへの敬意は、彼らが時代の文学青年として共有していたものであった。学生時代、ボウルズは作曲に熱中し、舞台音楽の道に進んだのち、小説の執筆に向かった。カミュもまた演劇を契機として、文学の世界に向かった。

二人はともに二十歳代のある時期に共産党に入党し、ほどなくして離党している。ボウルズは三八年、さしたる決意もなく妻ジェインとともにアメリカ共産党に入党。翌年、ドイツのソ連侵攻を機会に党への疑惑を抱き、まもなく除名されている。当時、ニューヨークの知識人にとって共産党に入ることは一種の文化流行であったが、ボウルズ夫妻は戦後になってそのときの苦い代価《ツケ》を払う羽目になる。たとえば友人のジョセフ・ロージーはマッカーシズムの危険を察知してハリウッドを去り、ヨーロッパに向かった。ボウルズの長期にわたるモロッコ逗留には、北アフリカの魔術的な笛の音に魅せられてとか、夢の告知だとか、さまざまな謎めいた動機付けがいかにも神話的に物語られているが、わたしが意地悪く観察したところでは、どうやら「赤狩り」が猖獗を極めている母国に帰還することの恐怖が、かなりの要因として働いていたのではないかと思う。

カミュはというと、三四年、わずか二十一歳で、これも妻とともに入党。イスラム教徒への宣伝工作を担当するが、彼もまた党の教条主義的な政策に疑問を抱き、三七年に離党する。彼はついでに党の息のかかった劇団からも退いてしまう。離党体験はボウルズに、そののち生涯にわたる直接的な政治的闘争からの訣別と無関心とを遺した。それに比べてカミュは同じ体験から、マルクス主義的人間観をめぐる徹底した懐疑を獲得した。彼の名をつとに著名にした「反抗の哲学」が、党の主張する権威的正統性との軋轢をひとつの遠因として産み出されることになった。彼は（きわめて報いられない形ではあるが）生涯にわたり政治に関わり続けた。一方のボウルズは離党を機に、終生政治的なるものの外側に立ち続けた。

ここで今一人の文学者であるサルトルを登場させてみよう。実存主義を代表するこの文学者との関係でいうと、カミュは四三年、刊行されたばかりの『異邦人』を絶讃してくれた彼と、パリではじめて邂逅。のちに『反抗的人間』をめぐって決定的に訣別するまで、九年間にわたって深い交友関係を結んでいる。ボウルズは二年遅れて四五年に、当時合衆国を訪れたサルトルにニューヨークで出会っている。自伝『止まることなく』によれば、この「一度その顔を見れば忘れられそうもない」文学者はジェインの陽気な冗談にはニコリともせず、ボウルズにむかってジャン・ジュネを読むよう強く勧めたという。すでに『壁』と『嘔吐』に驚嘆し、サルトルの『出口なし』を英語に訳出までしていたボウルズは、ただちにジュネの『薔薇の奇蹟』のスイス版を知人より借り受け、読み出す。もっとも当時は、ポルノグラフィとしての、漠然とした印象しか抱かなかったという。

こうまで話が進むと、当然のことながらボウルズとカミュとが、互いの存在を知っていたかという問題になるのだが、実はここのところがどうにも微妙で、よくわからない。最初にボウルズについてだけいうと、自伝にはサルトルとジュネの名はそれぞれ数回顔を出している。ボウルズはタンジェに居を構えてから、しばしば同じ町に出没するジュネの風評を耳にし、「善良なるアメリカ人」として彼との会見こそ果たさなかったが、モハメッド・ショックリーの『タンジェのジャン・ジュネ』なる書物の英訳にまで携わっている。しかし、『止まることなく』にはカミュの名は登場しておらず、その作品への言及もない。ボルヘスとピエール・ド・マンディアルグの英語圏での最初の発見者であり、優れた翻訳家でもあったボウルズが、先に述べたサルトル、ジュネと並んで戦後のフランス文学のスター的存在であったカミュを読んでいなかったとは、まずもって想像し難い。とりわけ『異邦人』をはじめとするその作品は、アルジェリアとモロッコという違いはあるとはいえ、北アフリカの風土を背景にしている点で、多分にボウルズの描く世界にも通じるところをもっている。『シェルタリング・スカイ』を江湖に問うたボウルズが、一時アメリカで「実存主義的思潮」のもとに評価されたことも考えあわせるべきだろう。フランス文学に偉大な食欲をもつ彼が、カミュについて頑な沈黙を守っていることの方が、むしろ不思議に思われてくるほどだ。ボウルズはあきらかにカミュを読み、そのうえでどこまでも読まなかったふりを決めこんでいるというのが、わたしの推理するところである。理由については後に述べることにしよう。

では逆に、カミュがボウルズの作品を読んでいたかという話になると、これもよくわからない。五〇年代のパリで英語に堪能なボリス・ヴィアンくらいであれば、発表当時で話題を呼んでいた「猟奇小説」『シェルタリング・スカイ』の頁を繙いていたかもしれない（現に彼には、砂漠を舞台とした『北京の秋』なる奇怪な幻想小説もある）。もっとも、一般的に当時のフランスの文学者が翻訳もないのにボウルズの作品に親しんでいたとは考えられない。半可通を承知の上で書かせてもらえれば、カミュにしたところで、そのアメリカ文学の知識はどうやら翻訳もののフォークナーあたりで留まっていて、とうてい同世代の新人作家ボウルズにまで及んでいなかったように思われる。念のため西永良成氏に尋ねてみたが、カミュが自在に同時代のアメリカ小説を読んだとはまず考えられない、と教えられた。

にもかかわらず、ここにひとつの疑問が生じる。というのも、彼が五七年に発表した短編集『追放と王国』のなかに、いかにもボウルズの作品に酷似したプロットをもつ短編が二点見受けられるということである。具体的にいえば、それは『不貞』と『背教者』と呼ばれる作品である。ボウルズに深く親しんだ読者であれば、おそらくこの二短編と、それぞれ『シェルタリング・スカイ』と『遠い挿話』との間に、強い類縁関係も読みとることであろう。おそらくボウルズはそれに気が付いていた（今度、わたしはタンジェに行ったとき、尋ねてみたいと思う）。彼の謎めいた沈黙がそれを優れて示している。

さてこの類似が偶然の一致であるとすれば、そこに欧米系文学者が北アフリカをめぐって物語を組み立てるさいに援用してしまう、ある種の類型学が存在するという可能性が生じる。またこの類型学をひとたび仮定したうえで二人の作品の細部に及ぶ差異を確認していくならば、そこに浮かびあがるのは作家としての二人の資質の違いであり、さらにいえば、求めて北アフリカに渡ったアメリカ人と、北アフリカに貧しい植民者の息子として生まれ、植民地主義にも現地の民族主義にも同一化することができなかったフランス人の歴史的・イデオロギー的状況の違いであることだろう。そしてこうした個別の比較のさらに彼方には、エクリチュールが〈他者〉に直面したときにいかなる物語的権能を行使するかといった、普遍的な問題が控えている。目下の筆者は充分に準備が足りないので、いきなり最後の問題に「飛び級」を企てるわけにはいかない。以下では具体的に二人の作家の作品を並置し比較することに終始したいと思う。

ちなみに、この二人の文学者の作品の間に類縁関係が横たわっているという指摘は、けっして筆者の独創によるものではない。すでに『オリエンタリズム』の著者であるエドワード・W・サイードが、新著『文化と帝国主義』のなかに「カミュとフランス帝国の体験」なる章を設け、そのなかで『背教者』が『遠い挿話』に「ぞっとするくらい酷似している」an eerie parallel と、指摘している。サイードの論によれば、カミュは『異邦人』『ペスト』から『追放と王国』に至るまで、その作品の舞台の多くをフランスの周縁領域であるアルジェリアに置きながらも、結果として植民地主義を拒絶できなかったと、厳しく批判されている。カミュは迫り来る状況が歴史的に形成されたものであるという事実に目を瞑りながら、「非道徳的状況における道徳的人間」のあり方といったふうにどこまでも普遍的な「人間の条件」をめぐる寓話しか遺すことができなかった。いったい『異邦人』のなかで、ムルソーの不条理哲学が詳細に云々されることはあっても、彼が殺したアラブ人は、アラブ人一般に留まっていて、固有名詞すら与えられていないではないか。カミュの作品のなかでは、アラブ人たちの夥しい死を通してフランス人の良心と自己反省の苦境だけがもっぱら語られているだけである。その結果、カミュはフランス人の植民地主義への忠誠心を相対化し克服することはできなかった、というのがサイード論文の要旨である。

サイードのカミュ批判は大著『文化と帝国主義』に収録されていて、大橋洋一の手によって翻訳されている。大橋氏はこの論考の延長上に立って、別のところでボウルズを俎上に載せ、ヒッピーの先駆者たちを主人公とした『シェルタリング・スカイ』が、「無国籍者となって自己解体と引換えに世界の外部にたつ新植民地主義者」の物語であり、九一年の時点にあっては「いまや世界にもっとも大きな利害をもつアメリカ帝国主義を支える悪辣な神話装置の一部」で「新たな植民地主義の陰画」であると、裁定を下している(「トラヴェラーズ・アイズ、ツーリスト・ゲイズ」『現代詩手帖』九一年四月号)。思うに氏の論文は、ボウルズが日本語の圏内にあって最初に直面した硬質の批評としてきわめて興味深く、それが本稿をわたしに書かしめる契機のひとつとなったことは否定できない。

ボウルズは、以前わたしが訪問したおりに、自分がパリ在住のモロッコ人知識人から『ル・モンド』で、祖国の前近代的な要素だけを好んで描きたがる植民地主義者であると批判され、ひどく傷ついたと語っていた。はたしてアメリカを嫌うあまりに生涯を意図して流謫の身に置き、無学文盲な市井の若者たちが訛りの強いアラビア語で語る物語の聞き書きに多くの歳月を費やしたボウルズが植民地主義者なのか。それともパリの小綺麗なアパートメントに住み、フランス語で創作を行なうモロッコ人の方が、より植民地型知識人であるのか。これはきわめて微妙で、かつ重要な問題であり、さしあたって筆者には乱麻を断つ快刀が手元に発見できずにいる。ともあれ前言が思ったより長くなったが、二組、つごう四作品の比較検討を試みてみたい。

＊

ボウルズの『シェルタリング・スカイ』は一九四九年、作者がタンジェに本格的に居を構えて二年後に発表された。執筆されたのは前年であるが、そもそもの着想はボウルズがまだニューヨークに住んでいた四七年であったと自伝にある。

すでにベルトルッチの手によって映画化もなされているため、内容を御存知の方も多いと思うが、念のためにここに概容を記しておこう。

　ポートとキットというアメリカ人の中年夫婦が北アフリカを訪れる。彼らは座興に夫の友人のタナーを誘い、サハラ砂漠へと観光旅行に繰り出す。二人は行く先々で設備の不潔と表情の読めない原住民に苛立ち、不安に脅える。もっとも心理的動揺の原因のひとつは彼らが本国での生活で背負いこんだニヒリズムと精神的疲労感である。謎の白人青年にパスポートを盗まれたポートは、アルジェリアの奥地でチフスに罹り、苦悶の死を遂げる。キットは月の夜に憧《あくが》れ出て遊牧民の隊商に加わる。彼女は砂漠の民の手で凌辱されたのち、女奴隷としてさる部族の後宮に幽閉される。精神に異常をきたしたキットはやがてフランス人によって発見され、アルジェに送還されるが、ふたたび杳として行方を晦《くら》ませてしまう。

　表題となった「天蓋の空《シェルタリング・スカイ》」という言葉は、二人が砂漠の発端に到達してまもないころ、夕暮時に自転車で小高い丘に登り、眼下に拡がる人気のない砂漠と真紅に染まった空を眺める場面に登場している。

　ポートは眼前の広漠たる風景に「一時代の終末」を感じ、「孤独と無限なるものへの近接」に感動している。だが傍にいて同じ風景を眺め、同じ感情に襲われているキットは、にもかかわらずどうしても夫に到達できないでいる自分に悲しみを感じている。いいしれぬ恐怖がいつも身につきまとっていて、彼女の内面を支配しようと虎視眈々と狙っている。事情はポートにしても同様で、彼もまた「かつて自身を愛から救い出すために築いた」檻を打ち破ることができず、悶々とした気持を抱いている。真実の愛や恐怖に向かい合うことをめぐる渇望と怯懦が、二人の心の内で争っている。
「天蓋の空」という隠喩的表現は、この文脈においてはじめて登場する。ポートにとってどこまでも高く、赤く染まった空は「何か堅固なもの」でできていて、その背後にあるものから彼らを「天蓋のように庇護してくれているような」存在である。空の背後には暗黒だけが横たわっている。夕暮の虚空に人間が暗黒と直面することを回避させるために設けられた装置である、というのがポートの抱く印象だ。彼はこの印象を具体的に読み解いてみせる。「ぼくらは二人とも同じことを怖れているのだと思うよ。それも同じ理由でだ。君もぼくも、しゃにむに生活のなかへ飛びこんで行こうとしたことがない。ぼくらはいつも、自分たちにふさわしいものの外側にどうやらぶらさがっているだけなのだ……」

かくするうちに光が刻々と昏くなり、暗闇と冷気が忍び寄る。キットの心を横切るのは、タナーとの間に生じた不貞の罪悪感である。やがて二人は自転車に乗って町へ戻る。

以上が『シェルタリング・スカイ』において主人公たちが風景を前に最初の昂揚感を体験し、同時に強い不安に強迫される場面である。その後二人はさらなる奥地へと向かう。まず最初にポートがそこで、いかなる庇護もなくこれまで回避してきた「暗黒」に直面することになる。具体的にいうと、彼はアメリカ人としてのパスポートを奪われ、あい続く高熱に正気を喪失し、恐怖そのものと化して死を遂げる。キットはというと、夫の死の夜にオアシスの粗末な宿舎を出て、月光に誘われるままに路地を彷徨する。やがて彼女は町外れにある薄昏い庭園へ足を踏み入れる。どこかで現地人たちが太鼓を連打している音が聞こえてくる。彼女は小川を発見し、暗闇に紛れて全裸になると水に軀を委ねる。この長編小説のなかで彼女が外界を前に二度目の絶頂を体験するのが、この瞬間である。ここでは最初の砂漠での体験においてポートが口にした問題に、ある意味で解決の機掛《きっかけ》が与えられる。

ひとたび庭園に下り立つと、彼女はわれ知らず衣服を脱ぎはじめていた。自分の行動が、それについての意識をおき去りにして、かくもずんずん進んでゆくことに、漠然と驚きの気持を抱いた。彼女がなすあらゆる動作は軽快さと優雅さの全き表現のように見えた。(あたりを見て)と彼女のうちのある部分が言う。(注意してなさい)それは彼女が酒の量を過したときに警告を発する部分と同一のものであった。この瞬間そんなものは意味がなかった。(習慣だわ)と彼女は思った。(このまま行けば幸福になれるというとき、わたしはいつもまっすぐ進まずにぐずぐず手間どってしまう)彼女はサンダルを脱いで裸で木蔭に立った。内部に不思議な充実感が生れるのを感じた。静寂に包まれた庭園を見回したとき、彼女は、子供時代このかたはじめて、ものをはっきり見つめているという印象をもった。とつぜん生が訪れて、彼女はそのなかにいた。窓ごしに生を眺めているのではない。その力と立派さの一部分を感じるところから生れる威厳、それは親しい感覚ではあったが、そういう感覚を最後に味わったときから、もう何年かたっている。彼女は月光のなかへ踏み出し、そのままゆっくりと池のなかへ入って行った。

ボウルズは、ポートとキットがそれぞれにまったく対照的な方法で「天蓋の空」の彼方にある暗黒を体験するさまを描いている。ポートが灼熱のなかで恐怖に包まれながら終焉を遂げるとすれば、キットはそれを契機として夫の「天蓋」から自由の身となり、深夜に清冽なる水に触れて歓喜と充実感を体得する。ここではすでに第一の体験のときに彼女が感じた不安と寄るべなさは霧消しており、かわりに触覚に代表される官能的な悦びが積極的に肯定されている。「窓ごしに生を眺めているのではない」というキットの確信は、先に引用したポートの「ぼくらはいつも、自分たちにふさわしいものの外側にどうやらぶらさがっているだけなのだ」という発言にみごとに対応し、それを力強く乗り越えている。おそらく神秘家のバタイユであれば「内的体験」と呼んだかもしれない魂の回心が、ここに語られているのだ。キットにとって「暗黒」とは、優しげにして官能的な世界の実質と無媒介的に接触し、世界の非知に到達することであったことが、この時点で判明する。ボウルズの意図とは、一見相反するかのように見える、キットの体験とポートの体験とを、表裏一体のものとして認識する視座、苦悶と恍惚とが同一であるような視座を小説内に設定することであった。

『シェルタリング・スカイ』という長編の核がこの二つの絶頂体験であると認識し、夕暮の砂漠から深夜の庭園への移行に物語の本質が横たわっていると見なしてみよう。この作品をめぐって巷で喧伝されているグロテスクな残虐趣味は、すっかり後景に退いてしまうはずだ。かつてあれほどまでにホテルの不潔とサーヴィスの悪さにヒステリックな苛立ちを示したキットは、この神秘的ともいうべき体験ののち、こともあろうに屋外で一夜を過ごす。彼女は翌日見ず知らずの隊商に加わってさらに南へと進む。もっとも庇護と解放をめぐる問題は、この深夜の池の場面ですでに不可逆的に解決を見ている。その後に語られることになるのは甘い恍惚の代償ともいうべき荒々しい凌辱、恐怖と結びついた荒々しい官能の連続であって、主人公はそこで精神の均衡を喪い、人格を崩壊させてしまう。彼女は文字通り、死の深淵を見つめるまでに生の歓喜と恐怖を究めたというべきだろう。その転機となったのが、先の水浴の体験であったことは、いうまでもない。

さてカミュの『不貞』であるが、『シェルタリング・スカイ』の八年後に発表されたこの短編は次のように要約することができる。

アルジェリアに生まれ育ったフランス人のジャニーヌは、ささやかな繊維品店を営むマルセルと結婚して二十五年になる。あるときマルセルは奥地への出張旅行に妻を同行することを決める。ジャニーヌは最初気が進まなかったが、やがて同意する。目的の町に到着し、ホテルに部屋を取るが、彼女は「ただ自分の孤独を、滲みわたる寒さを、心臓のところに重苦しさを感じ」、喪われた少女時代の夢想に耽っている。夫は現地人との商取引きに苛立ち、彼女は今すぐにでもこの町を立ち去りたいという感情に駆られる。

続くくだりで主人公は砂漠の風景との最初の官能的接触を体験する。風が止み、空がどこまでも晴れわたった午後五時ごろ、二人は堡塁の長く急な階段を登り、平屋根の上に立つ。視界がにわかに拡がり、冷たく張り詰めた大気のなか、広大な地平線には人一人見えない。「砂漠のうえに、沈黙は空間そのものとひとしく広大であった」

寒さにもう降りようとそわそわするマルセルを無視して、ジャニーヌは眼前の光景に深く魅惑される。地平線の彼方には、これまで自分にとって未知ではあったが、今はそれなしではすますことのできないような何ものかがいて、自分を待っているという直感に捉われる。彼女は遊牧の民とその際限のない彷徨に憧れ、心のなかで彼らを「奇怪な王国の惨めで自由な君主たち」と呼ぶ。

ジャニーヌにはなぜかわからなかったが、こうした考えが優しく大きな悲しみをもって彼女の胸を満たした。彼女は眼をとじていた。彼女はただ知っていた、――この王国は、いずれの時にも彼女に約束されていた。が、おそらく、この束の間の時をはずしては、もう永遠に彼女のものとなることはないだろう、と。彼女はにわかに動かなくなった空と、その凝《こご》った光の波のうえに、ふたたび目をひらいた。このときアラブ人の街から昇る人声もはたと黙した。この世の流れがたった今停止し、この瞬間からもう誰も老いず誰も死なないように思われた。いずれの場所でも、このときから、生活は停止していた。ただ彼女の心のなかを除いては……そして、その心のなかでは、同じ瞬間に、誰かが苦痛と感動に涙を流していた。

主人公が砂漠を前にして生の完璧な瞬間を体験するときの描写である。現実の閉塞感に耐えかね、あてどなく少女時代への遡行を企てていた心は、ここではじめて真の「王国」の所在を認識し、深い感動に襲われる。『不貞』を収めた短編集全体の表題である「追放と王国」は、実はこのくだりから採られている。もちろんこの至福の状態は一瞬の後に崩壊してしまう。現実原則の権化ともいえる夫の声がジャニーヌを我に帰らせると、世界はふたたび動き始める。光は退きだし、太陽は薄い薔薇色の西方へと傾いてゆく。

宇宙論的とも呼べる体験のあと、主人公は夜に突然発熱し、恐怖に包まれながら苦悶の一夜を過ごす。そして深夜に一人目醒めると、傍に眠っている夫の愛情に懐疑を抱き、いいしれぬ不安に襲われる。死への恐怖と無力感が彼女を苦しめ、解放への欲求が彼女を急き立てる。こうして彼女は深夜に一人、熟睡する夫の眼をかい潜って、もう一度堡塁への道を辿る。

氷のような風のなかを暗闇にもめげず進み、階段を登りきって平屋根のうえに躍り出たとき、ジャニーヌの前に第二の、そして決定的な神秘体験が到来する。孤独と沈黙のなかで、彼女は「乾いて冷たい夜の厚みのなかに」無数の星が瞬いているさまを見る。現実とも非現実ともつかぬ彼女の眼差しのなかで星々は氷塊となり、揺れ動く炎となって、主人公を旋回へと誘う。彼女は宇宙と「存在のもっとも深いところ」において結ばれたという自覚をもつ。

ジャニーヌは少しずつ夜に向って心を開いた。彼女は息づいていた。寒さを、生きものの重みを、狂える生活あるいは凝《こご》れる生活を、生と死との長い不安を忘れていた。恐怖を逃げまどい、目当てもなしに狂ったように駆けめぐった幾年《いくとせ》のあとで、彼女はようやく歩みをとどめたのだ。同時に、彼女は自分の根を見つけたように思われた。もう慄えない身体のなかに改めて樹液が昇ってきた。腹全体を胸壁に押しつけ、動きゆく空に向って乗りだして、彼女はただ、まだ驚愕からさめぬ自分の心がふたたび安らぎ、自分のうちに静謐が帰ってくることだけを待っていた。星座を形造る最後の星々が、その花房を低く砂漠の地平に落して、動かなくなった。そのとき、耐えがたい優しさをもって、夜の流れがジャニーヌを涵《ひた》しはじめ、寒気を沈め、その存在の幽暗な中心から昇り、絶えざる波となって、呻きに満ちるその口にまで溢れ出た。一瞬ののち、空全体が、冷たい地上に倒れていた彼女のうえに押しかぶさってきた。

こうしてジャニーヌは、彼女の「王国」に参入する。この過程はカミュによって、さながら神秘主義者が神を見て宇宙に合一を果たすときにしばしば訴えるように、性的な隠喩を用いて表現されている。暗い虚空を前にした絶頂体験は彼女をして、善良ではあるがどこまでも世俗の次元に留まるマルセルとは別の次元の存在たらしめてしまう。作者はそこにアイロニカルな意味を読みこみ、短編全体に「不貞」という題名を与えている。

『シェルタリング・スカイ』と『不貞』を並べ、とりわけ女主人公の外的世界との官能的交感という点だけに焦点を置いて比較してみると、興味深い符合に気付く。

いずれの場合にも第一度目は夕暮時であり、傍に短からぬ歳月をともにした夫が控えている。キットもジャニーヌもともに眼前に広大に拡がる砂漠を前に解放と自己実現の予感を得るが、その直後には強い不安を覚え、以後しばらくの間、不快感と試練に苦しみ、絶望的な試行錯誤を繰り返す。二度目の体験はともに深夜であり、夫は不在である。暗闇のなかで行なわれるこの交感は、前回と比べてより官能的であり、エロティシズムの魅惑に満ちている。この反復は、さながら以前に地に蒔かれた種子が芽をふいて果実を実らせたような印象を与える。神秘主義的傾向がいっそう強まり、不安が消滅するとともに歓喜と肯定の意志が前面に押し出されることになる。端的にいえば、より高い次元において彼女たちは宇宙の本質と無媒介的な融合を遂げたのだということができる。『シェルタリング・スカイ』と『不貞』を、宇宙論的な想像力に導かれた、女性の通過儀礼の物語であると解釈することは、けっして過ちではない。だが、その通過儀礼の行く末について、二人の作家はまったく異なった解釈を行なっている。

『シェルタリング・スカイ』において特徴的なのは、主人公を第一の体験へと導き、彼女に体験を解釈する格子を与えたのが、夫のポートであるという事実である。というより、彼が当初、砂漠の静寂を前にして「孤独と無限なるものへの近接」に感動しているとき、キットはただちにそれが理解できないまま、不安に脅える。彼女の心にあるのは、自分とタナーとの一回限りの情事に夫がはたして気付いているのかという疑惑であり、それもあって風景との最初の遭遇はどちらかといえば否定的な印象のもとに終わる。しかしこのときの衝撃が引き金となって、第二の体験が、今度はキットただ一人によって、きわめて官能的な形で実現される。

ボウルズにとって、天蓋の向こう側を覗きこみ、彼地へ足を踏みいれることとは、解放の魅惑と未知なるものへの恐怖が渾然として混じりあった、両義的な行為とされる。アメリカ人であること、気楽な観光客であること、そして夫婦と呼ばれる約束事のなかにあること。真実の生から二人を隔てているはずの、こうした天蓋の骨組がひとつひとつ解体していき、生が思いもよらぬ獰猛にして官能的な本性を露わにしだしたとき、彼の描く主人公たちは思い思いの方法で歓喜に我を忘れ、しかるのちに悲惨な最期を遂げる。

『シェルタリング・スカイ』は、端的に要約してみるならば、あまりに遠くに行ってしまったために、もはや帰還が不可能と化してしまった者たちの寓話である。こうした構造がメルヴィルの『白鯨』からヘミングウェイの『老人と海』に至るアメリカ文学の系譜、すなわち無事に帰還を終えた者をめぐるロマンスからいかに異様で逸脱したものであるかについては、すでに書いたことがあるので繰り返さない。当の作者であるボウルズ本人が、アメリカに生を享けながらも望んでその天蓋なす庇護を放棄し、多くの犠牲を払いながらも終生モロッコに留まり続けたという伝記的事実が、何よりもそれを物語っている。帰還不可能な存在としてのポール・ボウルズ。

　だが、ここで忘れてはならないのは、『シェルタリング・スカイ』のキットが秘密の庭園の小川に身を委ね、優しい水を媒介としてある回心を果たしたにもかかわらず、それが必ずしも砂漠の部族への自己同一化を意味していないという事実である。この事実は峻別して語っておかなければならない。ニューヨークでの生活にあってつねに苛立たしげな異和感を感じ、ヴァルネラビリティ（攻撃誘発《いじめられや》性《すき》）の権化であったと思しきキットは、砂漠の南の地で幽囚の身となっても、ほとんど同一の生の条件を生きることになる。かつて目に見えぬ天蓋であったものが、今度は現実の監禁状態と言語的、性的隔離にとって替わるだけだ。もとよりいかなる共同体にも帰属できぬ者であるというその宿命が、さらに決定的に明らかとされるのは、彼女がフランス人の手で救出され、アルジェに護送されたときである。もはや「誰でもない存在」となりかわったキットは、白人側からの保護の手を振り払って逃亡し、アラブ人の雑踏のなかへ姿を消してしまうのだ（あるときボウルズは、その後のキットの運命はどうなったのですかという問いに答えて、誰にもわからない、ひょっとしてアルジェリア独立運動のためのビラを配ったりしたのじゃないかねと、冗談混じりに答えたことがあった）。ちなみにベルトルッチの、多分に甘いところのある映画化では、キットは最後にタンジェに戻り、そこで観客はボウルズ本人に廻りあうことになる。
『シェルタリング・スカイ』の主人公はこうして、どこまでも世界の外部に、何の保証も代償もないままに留まり続ける。彼女はすでにアメリカ人の、原住民の、そして植民地統治者であるフランス人の、いかなる共同体にも帰属せず、理性と歴史という天蓋の向こう側で永遠の彷徨を続ける存在である。その姿が大橋洋一のいう「新植民地主義者」の自己イメージであるとは、わたしにはとても思えない。

カミュの『不貞』は『シェルタリング・スカイ』に比べると、はるかに可愛らしい小品に思えてくる。ここでも、ジャニーヌはキット同様に、当初見慣れぬ風物に不快感を生じ、いたたまれぬ気持を体験するが、堡塁のうえに立ったとき、ある種の超越的感情を感じる。ボウルズがそれを「天蓋の空」という空間的比喩を用いて説明したとすれば、カミュは逆に時間のドラマティックな静止を通して語っている。『シェルタリング・スカイ』にあってポートはキットの先導者であったが、『不貞』のマルセルはどこまでもこの絶頂体験から疎外されていて、現実原則を凡庸に体現しているばかりである。表題となった「不貞」とは、妻が夫の与り知らぬ間に生の決定的な意味を知ってしまい、それを秘密裡に胸中に抱きながら生きるというほどの含意であろう。ジャニーヌはキットのように破滅の淵にまで走らない。一夜の神秘的な宇宙との交感を通じて「自分の根」を見出した彼女は、内面的にはより高い次元にありながらも、おそらくは以前と変わらぬ日常に回帰することが予想される。自己実現は成就されたのである。

ボウルズとカミュを決定的に分かつのは、この自己実現をめぐるヴィジョンの違いである。カミュは苦悶のあとにかろうじて到達した絶頂体験が、主人公をして高次の段階への象徴的再生を許すという物語を、ためらいもなく実に甘美に援用する。それに対してボウルズは、甘美にして官能的魅惑を漂わせた絶頂体験が、実のところ主人公を際限のない苦痛と恐怖へと導いてゆくという悪無限の物語を、表情ひとつ変えることなく、どこまでも冷酷な調子で語ってゆく。砂漠という地形を前にして喚起される汎神論的な体験が、強いエロティシズムを湛えながらも、かくも相反する方向へと分岐し、異なった文脈のもとに解釈されていったことは、実に面白い現象である。

＊

次に、ボウルズの初期短編のなかでも、ある意味で『シェルタリング・スカイ』の原型ともなった『遠い挿話』（一九四五年執筆）と、カミュの『背教者』とを比較してみたい。先に比較した二つの作品がともに白人の女性の官能的体験を核に据えているとすれば、本章で論じる二作は白人男性の受難を描いているという点で、共通性をもっている。

『遠い挿話』は、フランス人と思しき一人の言語学者が、十年前に訪れたことのあるアイン・タドゥーイルを再訪するところから、語り起こされている。教授は旧知のカフェに出掛けるが、主人はとうの昔に死んでいる。もっとも駱駝の乳房の皮でできた小匣を探しているという彼の申し出に、給仕が反応を示す。給仕は月明かりだけを頼りに教授を町外れまで連れ出すと、金だけ受け取って彼を置き去りにしてしまう。

教授はそこで犬たちの群に襲われ、凶々しい風評をもつレギバット族に捕われる。翌朝、彼らは荒々しく教授の舌を捥《も》ぎ取ると、彼に猿轡をし、袋に詰める。教授は駱駝に括りつけられて、砂漠を運ばれる。それどころか教授の軀に顔からすっぽりと鎧を被せ、空缶を連ねて作った奇怪なベルトを腰に締めさせる。正気を喪失した教授は、部族のキャンプに到着すると、白痴の道化よろしく踊り出し、たちまち女子供たちの慰み者となる。

一年が経過する。レギバット人たちはきわめて上首尾に調教された教授を、別の町の資産家に奴隷として売り飛ばす。教授は屋敷の中庭の小さな檻に閉じこめられる。新しい主人の前に連れ出され、いざ道化芸を始めようといった瞬間に、彼は招待客の一人が語る正調アラビア語を久しぶりに耳にしてしまう。その結果、彼は「意識の世界」にふたたび戻ろうとして苦痛を招き寄せてしまう。いつまでも教授が踊りを披露しないので面目を潰された主人は、客たちが帰ると、彼を激しく鞭打つ。彼はまだ町に滞在していたレギバット人を発見すると、その首を断り落としてしまう。

　事件を聞きつけてフランスの軍事警察が動き出し、主人を逮捕する。食物も与えられず、屋敷の中庭に一人取り残された教授は、壁に掛かったカレンダーに記されたフランス語に目を留める。

「サエルの大食品店《グランド・エピスリ・デュ・サエル》……六月《ジュアン》……月曜《ランディ》……火曜《マルディ》……水曜《メルクルディ》……。」

　交響曲を形作っている小さなインクの記号群は、遠い昔に完成されたものだったが、音で満たされた今になってはじめて緊迫感をもった力強いものと化した。感情の音楽とでもいうべきものが教授の脳裏で鳴り始め、彼が泥の壁を見つめているうちに音量を増してきた。彼は、自分のためにずいぶん昔に書かれてあった楽譜を演奏しているような感覚をもった。泣き出したいような気分だった。この小さな館いっぱいに吠えまくり、毀せるものなら引繰り返して毀してみたいような気分だった。この圧倒的な欲望で心はいっぱいだった。そこで彼はあらんかぎりの声で叫び、館とその家具を破壊した。次に道へ通じる扉を叩き、しばらくすったもんだしたあとで、みごとにぶち壊した。窓の板張りを引き裂いて、そのうえに攀じ登り、怒鳴ったり、大きく両手を振ったりして、できるかぎり大騒ぎをすると、静まりかえった街角を疾走して、町の出口へとむかった。

夕陽に向かって走り出した教授を見て、フランス兵が冗談半分に祝砲を撃つ。教授が恐怖の発作から数歩ごとに宙高く飛びあがり、空缶の音を響かせながら遠去かってゆくところで、このグロテスクな短編は幕を閉じる。

ここで『背教者』の方を見てみよう。『遠い挿話』が主人公の心理描写を厳しく拒絶して、冷酷なまでに外面の記述に徹しているとすれば、カミュのこの短編は逆に、ほとんど理性を喪失したと思しき主人公の、ヒステリックな調子の独白によってテクストが構成されている。途切れ途切れの記憶が想起されるままに語られるその内容を、仮に時間継起の順に並べ直してみると、大体次のような物語となる。

主人公はヨーロッパ中央高地の新教国に生を享け、グルノーブルのカトリック系神学校に学んだ若い修道僧である。彼は若い娘たちの嘲笑にも耐えて、純粋に信仰の道を進む。あるとき彼は、修道院の奥に隠遁する半盲の老司祭から、かつて彼が布教に赴いた北アフリカのある町の話を教えられる。酷熱の太陽が照りつけるこの「塩の町」は、いかなる外国人をも受けつけず、住民はひどく残酷である。老司祭はかつて布教に失敗して住民たちから鞭打たれ、傷口と口に塩を詰めこんで砂漠に追放されたが、たまたま運よく通りかかった遊牧民に救助されて一命を獲たという。この冒険譚を聞いて、若い修道士の心中に強い使命感が湧き起こってくる。「もっとも未開な民といっしょに、彼らの生活を生活し、彼らのもとで、たとえば物神《ものがみ》の館《やかた》にまでも、わが主の真理こそもっとも強い真理だということを、彼らに示す」。この行為の崇高さに、彼は情熱を燃やす。「侮辱は恐ろしくない。（……）その侮辱を耐える仕方によって、自分はこの未開人たちを征服するだろう、力強い太陽のように」望んでアルジェに赴いた彼は、ほどなくして神学校を飛び出す。会計係の金庫を盗み、僧衣をかなぐり捨てると、アトラス山脈を越え、いよいよ目的の「塩の町」に到着する。案内人はこの破戒僧を騙し、持ち金を奪って置き去りにする。炎の槍のように地より突きたてる熱気のなかで、彼は現地人に捕えられ、物神の館に幽閉されることになる。やがて蓬髪に仮面、麦藁のスカートという奇怪な姿の妖術師が楽師たちを連れて現われる。物神は蛇に似てうねった鉄の鼻をもつ双頭の像である。主人公は服を脱がされ、全身の毛髪を剃られると、物神にむかって祈ることを強要される。拷問と殴打が続く。その結果、彼は棄教し異教を受け容れると、日夜を分たず全身全霊を物神に献げるまでになる。

あるとき物神の前で巫女と戯れかけたところを発見された主人公は、罰として舌を引き抜かれる。ひとたび彼は死を期待して悦ぶが、その期待は裏切られる。以来、彼は「憎しみの不滅の魂を崇めることを知る」。物神をこれまで以上に「唯一の救世主」として崇拝し、その「世界の悪意の原則」を信じるまでになる。

「善の支配は不可能なのだ。悪だけが自己の限界まで徹底することができ、絶対的に支配することができる。その目に見える王国を打樹《た》てるために悪にこそ仕えなければならぬ」

こうしてヨーロッパとその理性、信仰を残らず敵視するに至った彼の前に、あるとき新しく宣教師が到来するという報らせが来る。町は協定を受け容れ、以後フランスの守備隊が駐屯することになる。このあたりからテクストを語る声は、狂気と正気の区別を見失い、現実とも妄想ともつかぬ言説を口走るようになる。その言説のなかで主人公は銃を手に新参のヨーロッパ人たちを射殺し、物神の権威を護持しようとする。結果として、彼は部族の者たちの手で半殺しにされ、長い夢から目醒めたように我をとり戻すと、死の到来を予感する。……ここで錯乱した独白は唐突に終わり、「ひと摑みの塩が、おしゃべりな奴隷の口をいっぱいにした」という一行だけが、エピローグとして記される。

舌を引き抜かれ、奴隷の辱めを受けるという衝撃的な体験が、この二つのグロテスクな短編を繋げている。ボウルズとカミュの両者がどこからこのような発想を入手したのかは不詳である。あるいは北アフリカ一帯にかかる残虐な風習をもつ原住民の風評なり、まことしやかな伝承などが流布されていて、彼らがそれを素材として作品の内側に採用したということは、充分に想像される。

『背教者』では、みずから求めて危険な地に赴く修道僧が主人公である。彼は唯一神に保証された「絶対の権力」を行使して、野蛮なる異教徒を改宗せしめることに無限の期待を抱いている。そのためには侮辱も苦痛ももとより考慮のうちであって、それゆえに神の正統性がますます保証される。カミュの主人公がこうした強い動機を携えて「塩の町」に到来するのと対照的に、ボウルズの『遠い挿話』の教授は、アラビア語のマグレブ方言の研究にアイン・タドゥーイルを訪問したと一応記されてはいるものの、具体的にそれが何を意味しているのかはいっこうに詳らかではない。彼は駱駝の乳房の皮でできた小匣を求めていると給仕に話しかけるが、これはいかにも動機を欠いた、軽い申し出であって、そのためにわが身に信じ難い苦痛と屈辱が及ぶことになろうとは、夢にだに予想されていない。それゆえにボウルズの語り口は読者をいい知れぬ恐怖へと誘導してゆく。

　とはいうものの、こうしたスリリングな話法は、カミュにおいてはありえない事態である。すでに『異邦人』や『転落』においてそうであったように、カミュの世界の住人にとってすべての事件は隠蔽のしようがなくそこにあけすけに現前しているのであって、語り手は恐ろしく饒舌にわが身の物語を語り続ける。『背教者』で採用されているのは、ポーやドストエフスキーが好んで用いた、死を前にした狂人の、不在の相手を前にして語られる対話という手法上のジャンルである。わが国でも夢野久作がこの手法を得意としていたことは、御存知の方も多いことだろう。ここにはボウルズの演出する絶妙な恐怖への誘いは見受けられず、そのかわりに延々と独白を続ける主体の、錯乱した無気味さが提示されている。

『遠い挿話』は十九世紀のフロベールがそうであったように、徹底して表層の冷たい描写から構成された短編である。主人公の内面はけっして語られず、ただそのグロテスクな道化的身振りだけが機会あるたびに言及される。とりわけ注目すべきなのは、全体に細かく張り廻らされた、聴覚をめぐる描写であろう。野犬の鳴き声から空缶の騒音まで、ありとあらゆるノイズが蒐集され、テクストにちりばめられている。フランス語、訛りの強いアラビア語、レギバット語、正調アラビア語、そしてふたたびフランス語と、短い作品のなかで言語学者である主人公を取り囲む言語的環境は目まぐるしく変化する。そして奇妙なことにその中心に位置するのは、舌を抜かれ、永遠に発話行為から放逐されてしまった教授であり、正気を喪った彼はわずかに身につけた空缶の響きを通してしか、他者と意思の疎通を行なうことができない。舌を喪うとは、ここでは母国語を喪失し、人間のコミュニケーションの世界から決定的に脱落するという状況を暗示している。それがボウルズの世界において、とりもなおさず出自の文化・歴史的共同体からの脱落を意味していることは、いうまでもない。教授は舌を喪ったとき、ヨーロッパ文明が携えてきたはずの理性と、人間としての自尊心を、ともに喪失してしまう。『遠い挿話』はその意味で『シェルタリング・スカイ』に先行する、小さな雛形であるといえる。

ここでふたたび『背教者』に戻ると、もしこの作品に何らかの寓意性があるとするならば、それは共同体の抱く超越神信仰そのものへの戯画に関わっている。主人公はカトリシズムの真理の絶対性を胸中に「塩の町」に到り、不断の拷問と受難のうちに、今度は物神を唯一神として崇拝する奴隷として生まれかわる。その転向の軌跡は『シェルタリング・スカイ』のキットの逆であって、受難を機に彼は未知なる共同体に完全に身を委ねてしまうことで、狂気の語り手と化す。舌を抜かれるという体験は、彼に悪の哲学の確信を与える。『背教者』の主人公は二重の意味で倒錯した主体である。すなわち彼はひとたび信じえたカトリシズム受難のマゾヒズム的論理を、拷問のさなかにあっさりと転倒させて、異教の悪のサディズム的論理に切り替えてしまう。次に、舌を喪ったにもかかわらず、あるいはそれゆえに、「内部のもうひとつの舌」を用いて、ヒステリックに不毛な饒舌を重ねる。ボウルズの彷徨に向きあって、カミュの倒錯が対立している。『遠い挿話』の主人公がどこまでも他者を聞く主体であるとすれば、『背教者』のそれは、真理が我にありと信じて独白する狂気の主体である。己を育んできたカトリシズム(=ヨーロッパ)的共同体に対して背徳者として振舞いつつ、内面に憎悪の炎を燃やして異教の物神に仕えること。カミュの修道僧がこうして帰属からもうひとつの帰属へと、少しも内面的な変化を体験しないままに移動し、不毛な最期を迎えるとすれば、ボウルズの言語学者は最後までいかなる共同体にも帰属をはたさず、つねにその周縁に、外部にあって放浪を続ける。『遠い挿話』と『背教者』はともにヨーロッパ人の受難の物語でありながらも、まったく別の読後感を読む者に与えることになる。

故国アメリカをさらりと捨て、官能性(音楽、性)に導かれるままにモロッコに渡り、半世紀を現地人のなかで過ごしてきたボウルズと、アルジェリアに貧しいフランス人植民者の裔として生まれ、「故国」という観念をめぐって相反する念を抱き続けたカミュとでは、植民地主義という問題をめぐる態度もおのずから異なっている。

ボウルズはモロッコ独立に関してどこまでも第三者的な、達観した態度を取り続けた。彼はしばしばモロッコの官憲から滞留外国人ということで捜査と訊問を受けたが、タンジェがコスモポリタン的魅力を喪い、急速に凡庸なイスラム教徒の町と化していっても、あい変らず彼地に留まった。もとより彼は世界の外側に位置していたためである。『遠い挿話』は、ボウルズがまだニューヨークにいた時分に執筆されている。だが、たとえ彼がそれをモロッコで書こうが、アメリカで書こうが、どこに違いがあろう。そこが「外部」であるならば、すべての物語はたかだか「遠い挿話」以外の何物でもないのだ。

カミュはといえば、アルジェリアがアラブ人の国家として独立することに、積極的に反対した。ピエ・ノワールもまた北アフリカの原住民であるというその主張は、彼の生まれ育った環境に基因している。五〇年代の中頃、アルジェリアで革命が宣言されると、彼は最初沈黙し、やがて公然と民族主義者を非難する側に廻った。『不貞』と『背教者』を含む『追放と王国』はその、彼のもっとも苦しい時期に執筆された。ここには若き日のカミュが『結婚』で美しく歌いあげた、あの地中海の煌《きら》めくばかりの陽光もなければ、燃え立つ生の肯定もない。すべてが陰気で、不信と寄るべなさに満ち、世界全体に敵意が漲っている。それはとりもなおさず、作者がアルジェリアに関して抱いていた危機感の屈曲した表象である。カミュはボウルズのように、世界の外側に立つことが許されていなかったのだ。

では、ボウルズにとって世界の外側にありながらも、現在生成途上の〈歴史〉について述叙することとは、何を意味しているのか。ここでわれわれは計らずも、モロッコ独立運動の昂揚とほぼ同時進行の形で執筆された彼の長編小説『蜘蛛の家』に遭遇することになる。これについては本書『モロッコ流謫』の第二章ですでに詳しく論じたので、ここでは繰り返さない。

註1　『シェルタリング・スカイ』『追放と王国』については、それぞれ大久保康雄、窪田啓作両氏の訳業（ともに新潮文庫）を使用した。ただし文脈に応じて一部訳文と表記を変更したことを記しておきたい。『遠い挿話』は拙訳（『優雅な獲物』新潮社）を用いた。
註2　本稿を書き上げてからしばらくしてタンジェでボウルズと話をしていたとき、わたしは思い切

ってカミュの作品との類似をどう思うかと尋ねてみた。ボウルズは肩を軽く竦めて、「わからないよ。どうしてそうなっているのか。ただそうなっているのだから、仕方ないよ」と答えた。彼はつねにカミュを愛読してきたし、とりわけ『ペスト』が好きだと語った。ただカミュが自分の作品を読んでいたとは、まず考えられないとも答えた。『遠い挿話』と『背教者』が執筆されるにあたって、二人が源泉とした共通の伝説や噂が存在していた可能性はないかと尋ねてみたが、ボウルズはこれはまったくの虚構であって、それはありえないことだと思うと、静かに語った。であるとすれば、この二作品を分析するには伝播論ではなく原型論の立場を取る方が正当だということになる。たとえばその隣に安部公房の『砂の女』を置いてみたとき、二十世紀における旅行者の受難の物語をめぐって、何らかの類型学を樹立することは不可能だろうか。本書四十三、四頁を参照のこと。

砂漠／蜘蛛　ボウルズとボルヘス

ホルヘ・ルイス・ボルヘスに『アベンハカーン・エル・ボハリー　おのれの迷宮にて死す』という短編がある。短編集『不死の人』（土岐恒二訳、白水社刊、一九六八年）に収録されているから、簡単に読める作品である。全体は幾重にも同心円が廻るように周到に構成されていて、いかにもボルヘスらしい逆説がきいている。簡単に紹介してみることにしよう。

詩人と数学者が倦怠しきった心を抱きながら、イギリスの辺境を散策している。二人は十五世紀にエジプトのある王がイギリスを訪れ、キリスト教の牧師が止めるにもかかわらずこの地に巨大な迷宮を築きあげ、その真奥の広間で従弟の手にかかり殺害されたという謎めいた出来事について、延々と議論しあう。対話のうちにいつしか彼らは砂丘を攀《よ》じ登り、その迷路に出喰わしてしまう。壁がほとんど無限に続いているかのように見えるほどの、巨大な迷路である。数日後二人はロンドンでふたたび、王の死が蜘蛛の巣の喩に深く結びついていると論じあい、従弟が彼を殺し、彼になり変わったという推理に到達する。

この不思議な味わいをもった短編には『千夜一夜物語』よろしく、牧師が王を諫めるために援用した『ふたりの王とふたつの迷宮』という別の短編が付随していて、そちらはいかにもアラブの口承文芸を思わせる寓話といった内容である。あるときバビロニア王がアラブ王を招き、無数の階段と入口と壁をもった青銅の迷宮へと導き入れる。アラブ王は終日迷路に迷い、深い屈辱を体験する。母国に帰還するや、彼はただちにバビロニアにむけて戦いを挑む。そして敵国の王を捕囚とすると、自分は貴殿により大きな迷宮を披露したいと語る。バビロニア王が駿足の駱駝に乗せられて三日後に辿り着いた先は、広大な砂漠である。そこには階段もなければ、門も、回廊も、壁もない。アラブ王はかつての競争相手を、この無限の迷路の見えない中央に置き去りにして去る。「不死なる者に栄光あれ！」という謎めいた言葉で、ボルヘスはこの掌編を締め括っている。

ポール・ボウルズについて論じようと思いたって、わたしはなぜにかくも長々とボルヘスの話を書いてきてしまったのだろうか。理由はいくつか存在している。

まず第一に、この二人の作家が砂漠と蜘蛛の巣をめぐって共通のメタファー操作を行なっているという事実を指摘しておくべきだろう。

『アベンハカーン・エル・ボハリー』の冒頭には、

　彼らは、譬《たと》えば自分で自分の家を作り出す蜘蛛のようなもの。

というコーラン二十九節「蜘蛛」の言葉が引用されている。この警句は短編内にしばしば登場する蜘蛛の巣、蛇捕りの網、韻律も主題も分析不可能な叙事詩といった事物と、主題的な連関を構成しながら、王の遺した巨大な迷路のメタファーとして機能している。それは、牧師による枠物語の深奥に語られたもうひとつの迷路、すなわち広大な砂漠の対極にある存在であり、ここに、パラドキシカルな反転構造が成立している。作品の外皮を包みこむ極小の蜘蛛の巣と、作品の内側の、さらに内側に隠された極大な砂漠。いかにもボルヘスらしい対照が、そこにある。

ここで興味深いのは、ボウルズが一九五五年に著した最大長編が文字通り『蜘蛛の家』*The Spider's House* と呼ばれ、冒頭にボルヘスと同じくコーランの同じ一節からの引用が（いくぶん長く、省略を欠いたかたちで）エピグラフとして掲げられているという事実である。反植民地運動が激化する時期のモロッコの古都フェズを、さながら迷路のように描ききったこの美しい小説の始まりを飾るのは、次の文章である。

アラーの他に主人を選ぶ者は、己が為に己の家を築く蜘蛛に似たり。見よ、それを知らぬ者にとって、家という家の脆弱なること、さながら蜘蛛の家のごとし。

このエピグラフの一致はあきらかに偶然ではない。その事情については後述することになるが、タンジェに居を定めたボウルズが、やがて彼のもっとも円熟した腕を見せた代表長編と呼ばれるべき作品を執筆するにあたって、六年前に刊行された『不死の人』の短編に目を通していなかったとは、まず考えられない。『蜘蛛の家』の冒頭を飾るコーランの一節がボルヘスに示唆されたものであることは、もはや疑いをいれる余地はないだろう。

だが、個々の瑣末な影響の源泉《スルス》を発見するのが本稿の目的ではない。わたしがいいたいのは、この二人の作家のうちに、砂漠と蜘蛛という、奇怪にして強度に満ちた主題的複合が発見されるという事実である。迷路と見なされた砂漠。蜘蛛の家と見なされた迷路。そして広大な砂漠の上で、さながら蜘蛛のように卑小な移動の線を引いて渡ってゆく者たち。ボウルズもまた、こうした彷徨を宿命として受け容れてしまった類の文学者に属しているのだ。

ここで少し時間軸を広くとって、そもそもボルヘスとボウルズの間に何が共通項として横たわっているかを、ゆっくりと観察してゆくことにしよう。文学史的遭遇において、共時的な文学理念において、作家的な資質において、両者は実に豊かなものを分かちあっているのである。

ボウルズはボルヘスの作品にかなり早くから注目していた。彼はブエノスアイレスを除けば、国際的にまったく無名のボルヘスが一九四一年に『八岐の園』を刊行した前後からその世界に親しんでおり、みずから進んで筆をとってその英語圏への紹介を買ってでたのである。スペイン語圏に生を受けたボルヘスが幼少時より英語に親しんでいたように、ニューヨーク生のボウルズもまた青年時代からスペイン語に親しんでいた。ちなみに、彼がモロッコにおいてもタンジェに居を定めた理由のひとつには、ジブラルタルを対岸に臨むこの元スペイン統治都市では、マグレブ語と同様にスペイン語が日常的に使用されていたという事情が作用している。

閑話休題。一般的にいって、このアルゼンチンの高踏的な作家が国際的な名声を浴びるようになったのは一九五〇年代の後半、それもロジェ・カイヨワの手になる最初の仏訳が契機となったといわれている。だが、ボウルズによる英訳の試みは、それよりも十年以上も以前のことだ。一九四五年の春、まだニューヨークにいて『水の際』や『遠い挿話』といった短編を発表し始めていた時分に、彼は「ヴュウ」誌に求められて、ひとつまたひとつと海外の短編の翻訳を行なうことになった。その際ただちにとりあげられたのが、当時アメリカではまったく無名のボルヘスの手になる『円環の廃墟』であった。

もっともこうした偶然だけが、ボルヘスとボウルズを結びつけた理由であるわけがない。アーロン・コープランドの弟子の若き作曲家が『円環の廃墟』の作者へと引き寄せられるためには、両者の間にエクリチュールとレクチュールをめぐる暗黙の共通了解が横たわっていなければならなかった。それがわたしが述べようとする二番目の理由である。何人とて一人の未知の作家、一編の未知の作品に素手で遭遇するわけではない。三十五歳のボウルズがこうした先駆的な外国文学の紹介を行なうことができた背景には、若いながらもそれなりに年期の入った文学的教養の蓄積があった。

一九一〇年がまさに終わろうとする頃、ロングアイランドで歯医者の一人息子として生を受けたこの作家は、中学生時代にアーサー・ウェイリーの訳した漢詩に親しむことで、ポエジーに目醒めた。ほどなくしてシュルレアリスムの洗礼が到来する。十六歳の少年は自動記述の方法意識の影響を受けて詩作を開始する。翌年そのうちの一編を戯れに、大西洋を越えてパリのガートルード・スタインの許に送ったところ、ただちに国際的文芸誌「トランジション」にジョイスやブルトン、エリュアールらと並んで掲載されてしまった。かくしてボウルズの彷徨が始まる。若き作曲家の卵として、師コープランドに従ってパリを訪れ、さらに（後に運命的な場所となる）モロッコへと足を伸ばす。ボウルズの三〇年代は、少しも席を温める間もなく、パリとニューヨークと中南米の三地点を頻繁に往還することに費やされる。詩作と作曲、それに少し遅れて妻ジェインの示唆によって加わった小説の創作。英語、フランス語、そしてスペイン語。その芸術的出発にあたって、ジャンル的にも言語的にも多元的であることは、ボウルズにとって自明なことであった。「ヴュウ」誌の編集室の机に坐ったこの新進小説家が手にとって眺めていたのは、「ニューヨーカー」ではなく、パリの社会学研究会が刊行していた「ドキュマン」であり、また「ミノトール」であり、ブエノスアイレスより船便で送られてくる「スール」に他ならなかった。

ボルヘスを少し離れるが、四十年後の一九八五年になって、ようやくこの時期にボウルズが手掛けた翻訳が、一本に纏められて刊行された。『彼女がぼくを起こしたので、ぼくは彼女を殺した』という、ブラックユーモアに満ちた題名がつけられていた。その内容を見ると、今さらのように彼が当時抱いていた文学的ヴィジョンの拡がりに驚嘆を禁じえない。ボルヘスを別にすれば、まだ『黒い美術館』を刊行する以前の若きピエール・ド・マンディアルグの短編があり、フランシス・ポンジュの『小石への新しい序説』があり、画家キリコの『エブドメロス』の抄訳がある。とりわけ注目すべきなのは、マヤの神話書『ポポル・ヴフ』の一挿話と、中央モロッコのベルベル人の民話四編が前記の前衛的短編と同じ資格で訳出紹介されていることである。ともにスペイン語、フランス語からの重訳であることを考慮しても、後にボウルズが文学者としてどのような生涯を歩むことになるかを予想させる点で、これは興味深い選択のように思われる。『伝奇集』の作者はホメロスと荘子から現在の文学作品までを、現実に執筆された年代や時代軸を越えて、共時的なひとつの巨大な文学作品であると見なし、みずからの作品は芸術にではなく、芸術の歴史に属していると見なしていた。とするならば、彼より十一歳年少のボウルズもまた彼なりに、文学テクストが多様なままに織りあげるひとつの〈地平〉を体現していたといえる。もっとも彼の場合には、ボルヘスが時間の廃棄に情熱を燃やすのとは対照的に、ヨーロッパからマヤ半島、そしてマグレブに至る空間的な偏差の廃棄に、もっぱら力点が置かれていたと考えるべきである。ここにもし差異が発見できるとすれば、それはブエノスアイレスの図書館の深奥に立て籠る半盲の文学者と、風の蹠《あしのうら》の赴くままに三つの大陸の間を永遠に彷徨して廻った文学者の差異であろう。

だが、単に翻訳者とその対象という以上の関係がボウルズとボルヘスの間に横たわっていることにも、われわれは注目しなければならない。彼らは時空を越えた世界文学の理念において重なりあっていると同時に、あるいはそれ以上に文学者の資質において少なからぬものを共有しているのである。モロッコに隠遁して久しいこのアメリカ人の小説家が、自分に深い文学的影響を与えた人物として、ポー、カフカとともにボルヘスに言及していることは、つとに人に知られている。ボウルズの短編に少しでも馴染んだことのある読者であるなら、ただちに了解していただけることと思うが、北アフリカを素材とした彼の作品には、さながら『伝奇集』や『不死の人』で好んで描いたような、非キリスト教圏での幻想的な意匠が数多く採用されている。たとえば、一人のアラブ人が妻を殺害して以来、十年間にわたって毎晩、独房に入るという同一の悪夢に悩まされる。あるとき彼はふとしたはずみに友人を正当防衛で殺してしまい、悪夢がまさに現実の姿となったことを知らされる。主人公は監獄の独房に入れられ、今度は一千日の間、かつてすごした部屋のことだけを繰返し夢に見ることになる。『モクタルの一千日』という、一九四八年に執筆された短編に、ボルヘスの『神の書跡』や『記憶の人フネス』といった短編の影を読み取ることは容易なことだろう。というよりも、有体にいって、この初期作品には、ボルヘスの得意としたモチーフを巧みにコラージュして仕立てあげた短編、といった趣がないわけでもない。ボルヘスはしばしば中世のイスラム文化に材を得た『アヴェロエスの探求』や『ザーヒル』といった作品を残し、『千夜一夜物語』の翻訳を通してアラブ文化圏での寓話物語への一貫した関心を語っているが、それはそっくりボウルズにもあてはまることだといえる。

六〇年代に至って、ボウルズはタンジェに住む現地人の青年たちが語る法螺話や寓話に積極的に耳を傾け、その英訳を試みたり、七〇年代に入っては、モロッコの民間伝承に材を得た、一見聞き書き風の幻想的な短編を少なからず発表している。『過ぎ去ったもの、まだここにあるもの』や『イスティカラ、アナヤ、メダガン、そしてメダガナット』といった後期の短編には、さながらボルヘスの『ブロディーの報告書』に描かれたパンパの悪党列伝と、『幻獣辞典』の魔術的な形象とがみごとに融合したような、奇怪なモロッコの風物誌が描かれている。流れる水を眺めているうちに魔神《ジン》に拉致されていったイスラムの真面目な神学生。羊そのものに変身してしまうハダウイ教徒。奇怪な夢の呪法と、戦陣での武運長久の祈り。レギバット族の女たちの比類なき残酷さ……。

ここで忘れてはならないことは、ボルヘスが現実の外界を拒絶し、ひたすら書物の世界に耽溺したあげくに奇想天外な物語の饗宴へと赴いたのに対し、ボウルズが直接現地のモロッコ人との接触を通して奇譚の集成に到着したなどと、あまりに単純に判断してはいけないということである。なるほどこのタンジェの隠者には、松江をこよなく愛し、いまだに古代の心性を保っている日本人の口から怪異譚を聞き取って江湖に問うたラフカディオ・ハーンに似た側面が強く存在している。だが、それ以上にボウルズもまたボルヘス同様に、際限のない書物の重ね書き《パラムプセスト》を通しておのれのテクストを構築せんという欲動に衝き動かされている文学者であることを、ここで明記しておかなければならない。

八二年に刊行された『時に穿《うが》つ』では、ハンニバルの遠征からイスラム教の到来、ユダヤ人迫害、フランスによる植民統治とその終焉、そして作品が執筆されるつい二年前に現実に生じた詐欺事件までが、巧みにコラージュされて、二千年以上にわたるモロッコ史の織物が編みあげられている。十一の短い挿話の大半を構成しているのは、十六世紀にスペイン語に翻訳された古文書に語られている、カトリック僧とラビの神学論争の物語であったり、十九世紀植民統治下で報道された悲痛な恋物語であったり、また一九五〇年代の俗謡であったりする。多様極まりない資料の巧みな翻案を通して浮かびあがってくるのが、ボウルズその人の偏愛するヴァルネラビリティとグロテスクに満ちた物語世界であることは、いうまでもない。『時に穿つ』はその意味で、三十年近くにわたるボウルズの民間伝承への関心と、ボルヘス伝来の書物空間への偏愛が、実に理想的なかたちで結合しあった美しい作品であるというべきだろう。

ポール・ボウルズをどう定義づければいいだろうか。

わたしはこの短いエッセイのなかで、彼が文学理念において、また作家としての資質において、ボルヘスといかに近いところに佇んでいる存在であるかを、端的に語ってきた。もちろん両者を隔つものが少なからず存在していることは、充分承知の上である。ボウルズの世界には、まず何よりもボルヘスにはない官能的な快楽への衝動、より具体的にいえば薬物、同性愛、マゾヒズムをめぐる一貫した嗜好が存在している。タンジェに居を構えるこのアメリカ人は、かの地を故郷としたイスラム中世の大旅行家イブン・バットゥータと同様に、生涯の大半を流浪に費やした。ボルヘスが悪政下のアルゼンチンで図書館の深奥に身を隠すのと対照的に、ボウルズはモロッコ音楽に魅せられ、赤狩りのアメリカから逃れて大西洋を渡り、コスモポリタン的な環境のなかに身を置こうとした。コールリッジとチェスタトンを愛読する古典的読書人ボルヘスにとって、ボウルズの周辺にいたビートニクの詩人たちは無教養な野蛮人以外の何者でもなかったろうし、彼らが愛好したキフ、マジューンといった薬物は理解を越えたものに映ったであろう。ボルヘスはタンゴへの言及を除けば、生涯においてほとんど音楽について語ることが皆無であったが、何よりもまず職業的な作曲家であったボウルズの周辺にはつねにストラヴィンスキーとサティの曲が流れ、マラケッシュの広場で恍惚として演奏を続ける楽師と観客の群が存在していた。

にもかかわらず、この二人の小説家の間に強い類縁関係が横たわっていることを確認するために、最後にもうひとつだけ、伝記的エピソードを紹介しておくことにしよう。

自伝『止まることなく』によれば、ボウルズが最初の長編『シェルタリング・スカイ』の着想を得たのは、現実に彼がモロッコとサハラ砂漠を再訪する以前の出来事であり、一九四六年のあるとき、マンハッタンの五番街をバスで上り、マディソン・スクウェアのあたりに到った頃であったという。これまで二人の比較を読み進んでこられた読者は、この些細な挿話を知って、おそらくハタと手を打たれることだろう。三人のアメリカ人がサハラ砂漠に迷い、錯乱と凌辱と伝染病のうちに次々と破滅してゆくという壮絶な物語をもったこの小説は、そう、現実の北アフリカに取材したというよりも、作家ボウルズの脳髄のもとで着想され、その観念に肉づけがなされたものであったのだ。あるいは彼がその後マグレブ人のさなかに居を構えなくとも、同じ内容の小説が執筆されたかどうか。この問に答えることは、もちろんのことながら不可能である。だが、一九四七年にボウルズがニューヨークを後にしてモロッコに移る以前に執筆された短編、たとえば『水の際』や『遠い挿話』と、それ以降にかの地で執筆された『優雅な獲物』や『シェルタリング・スカイ』、さらに後期の『時に穿つ』に収録された物語群とを比較してみると、そこにいささかも決定的な断絶がないことに読者は気付くことだろう。その細部については個々の作品を直接にお読みいただきたいのだが、ともあれモロッコが当初より夢見られたモロッコであり、現実の訪問とは、観念のなかでかくも華麗にかつ劇的に思考された空間の、形而下的な再確認であったとすらいえる。そして、この無自覚なままに採用されたプラトニズムこそが、ボルヘスとボウルズを結ぶ見えない紐帯であることは、もはや多言を要しまい。前者は蜘蛛の巣に満ちた図書館の一室でなかば盲いつつ薄明のうちに一生を終え、後者は白日の砂漠に足を運び、天蓋の空から舞い降りる静寂の洗礼を受けた。そして彼らはともに、生涯にわたって迷宮を主題とし、錯綜した物語を語り続けた。意識という名の迷宮の、そして世界というもうひとつの迷宮の……。

ボウルズの短編と音楽について

1

本書ではこれまで、主にボウルズの長編を中心に論じてきた。ここで彼の短編について書いておくことにしよう。

『優雅な獲物』は、フランスの植民地下にありながらも、まだ部族間の抗争が完全にはおさまっていなかった時代のサハラ砂漠を舞台とした短編である。

タベルバラ（現在のアルジェリア）で皮を商っている一家があり、テサリット（現在のマリ）まで駱駝に跨《また》がって行商に出ることになる。一行は二人の年配の兄弟と、その若い甥ドリスである。ドリスは娼館でなじみとなった女と別れるのが心残りであったが、一日中神学談議に余念のない叔父たちに従って、嫌々ながら旅に同行することになる。

目的地に早く到達するためには一番西側のルートを辿らなければいけない。それはレギバット族の領地に接するため危険である。だが、それは往古の伝承にすぎない。聞くところによると、最近のレギバットは文明の洗礼を受け、武器はおろか、その天性の獰猛さすら失ってしまったらしいと判断した三人は、最短距離を進む。

サハラ砂漠の奥へ踏みこんでゆく途上で、彼らは見知らぬ男に出会う。当初はレギバット人ではないかと警戒するのだが、ムンガル人と知って安心する。ムンガルは聖地であり、住民はその敬虔さによって巡礼者に慕われていたためである。四人となった一行は旅を続ける。

三日目の朝、ムンガル人はガゼルを射ちに出掛けるといって、近くの丘へ姿を消す。駱駝はおろか毛布も荷物も、すべてを置いて狩りに出た男に対し、二人の叔父はすっかり安心しきっている。大分時間が経つがいっこうに男が戻ってこないので、気懸りになった年嵩の叔父が様子を見に行く。さらにもうひとりの叔父まで、鼻唄まじりで出掛けてゆく。

ひとり残されたドリスは急に孤独になる。これから向かおうとするテサリットの町を空想し、「優雅な獲物」であるガゼルの、よく肥えた肉にありつける夕餉を思う。砂漠の熱気のなかで微睡《まどろ》み、あとにしてきた街角の娼館で知りあった女の、張り詰めた乳房を心に思い描いては甘やかな夢想に耽けるのだが、目醒めたときにひどい不安強迫に襲われる。やはりあの男は信用できなかったのだ。そう確信したドリスはしゃにむに駱駝を走らせ、野営地を離れるが、やがて自分がひとたび抱いた恐怖にも疑いを感じて引き返す。すべては杞憂だったのではあるまいかという思いが、少年の心を横切る。

太陽が西に低く沈みだすころ、遠くにムンガル人の姿が見える。ドリスは大声で居場所を知らせるが、その瞬間に銃声がして、腕に激しい痛みが走る。ムンガル人は叔父たちを騙し射ちしたあと、残るドリスを探していたのだ。恐怖と苦痛にすっかり観念したドリスは、男のいいなりになる。男は少年の衣服を剝ぎとり、裸にして縛りあげると「腹の根元から芽のように生えている性器」を剃刀で切り取る。それどころか、彼を男として凌辱し、翌朝には気管を切り落として殺害する。

ムンガル人は五十日かけて砂漠を横断し、テサリットの小さな町に到着する。彼は三人の商人から奪った皮を、愚かにも市場で無邪気に披露してしまう。たまたまその場に犠牲者たちと同郷の商人たち一行が居合わせていて、深い嫌疑を抱く。彼らはフランス人を通して裁判所に訴え、その結果、ムンガル人の処分を一任される。一行はただちに彼を逮捕し、一頭の駱駝の背に括りつけると町を出て、荒涼たる砂漠へと向かう。そして泣き叫ぶ男を尻目に井戸に似た穴を掘り、下手人を埋める。処刑の手続きがすむと、彼らは無言でその場を後にする。

「一行が行ってしまうと、ムンガル人は静寂を感じた。彼は冷気の時が終わり太陽が昇るのを待ち望んだ。太陽は最初は温かい程度だったが、やがて熱気と、乾きと、炎と、さらに幻覚をもたらした。夜がふたたび廻《めぐ》ってきたときには、彼はもう自分のいる場所がわからず、冷気すら感じなくなっていた。地を這う風が土埃を彼の口のなかへ吹き入れた。男は唄っていた」

『優雅な獲物』は、ボウルズがモロッコに居を構えて三年目の、一九四八年に完成された短編である。もっとも末尾のクレジットによれば、構想はどうやら彼がニューヨークにいた時分にすでに胚胎されていた。この短編で描かれているのはいうまでもなくサハラ砂漠であり、この無人の空間に跳梁するマグレブ人たちの、期待と欲望と復讐の物語であるのだが、はたして作者が現実のモロッコの風土に接してはじめてこうした主題に遭遇したと断定しうるかというと、多分に疑わしい。というのも、すでに四五年の時点において、ボウルズはモロッコを舞台としたと思《おぼ》しき優れた幻想的短編『水の際』と『遠い挿話』を発表しており、そこにはすでに、のちに『優雅な獲物』にも通じる〈帰還の困難〉〈避難の無意味〉という主題が充分に展開されているからである。

思うにこの流謫の作家にとって、モロッコとは見知らぬままにあらかじめ夢想の対象とされていた土地であり、気儘に物語を作りあげたのちになって、彼ははじめてその物語の確認のため現実の異郷の地を訪れたのではないだろうか。

2

『水の際』は一見したところクービンの絵画を連想させる短編である。アマールという青年が彷徨を続け、いまだ足を踏みいれたことのない邑《まち》に到着する。夜も更け宿を探すが、ふとしたことから地下の深いところに設《しつら》えてある謎めいた浴場へと、暗く湿った階段を下りて行くことになる。案内を司るのは才気に長けた地元の少年である。浴場には大勢の人々がいるが、訪れた者は誰しもラズラグなる人物に対して、畏敬と恭順の意を表さなければならない。青年は案内されるままにラズラグの前に連れ出される。それは異常なまでに巨大な頭部をもち、手足のないグロテスクな怪物である。

無知ゆえにラズラグの不興を買ってしまった主人公は、身の危険を感じる。ラズラグの魔術的な力は天地に遍《あまね》いている、と少年は説明する。少年に先導されたアマールは急いで地上に戻り、一刻も早く邑を離れようと決心する。深夜ではあったが運よくトラックを見つけ、同乗させてもらう。夜明けごろ、青年は海岸で降車する。生まれてはじめて見る海である。磯辺でほっと安堵の息を吐いていると、海から巨大な蟹が出現し、二人に襲いかかろうとする。少年が「ラズラグ!」と叫ぶと、蟹は驚いて姿を消す。青年は自分たちがいまだにあの怪物の力の及ぶ圏内から完全に逃げきっていないと、思い知らされる。

アマールがいかなる動機で旅を続けているのか。またラズラグがいったい何者であるのか。ボウルズはいっさい解説していない。だが、この初期短編には、あまりに遠くにまで足を進めてしまったために犯してしまう、もはや取り返しのつかなくなってしまった失敗とか、世界のどの場所に足を向けようとも自分を庇護してくれる慈愛に満ちた空間などもはや存在していないといった観念が明確に描かれていて、『優雅な獲物』を予告しているといえなくもない。帰還の困難という主題は、のちにさらに大がかりに反復され、長編『シェルタリング・スカイ』を支えることになるだろう。ボウルズの描くこうした小説が単に暴力と異国趣味に満ちた猟奇世界に留まっていないのは、そこに「他者こそは地獄である」という実存主義的な思考が深く構造化されているからだろう。

　一見したところ『優雅な獲物』も『シェルタリング・スカイ』も、ライダー・ハガードが好んで描いた冒険小説に似ている。だが、もはや地上には身を隠すべき場所などどこにもなく、ひとたびそれを信じたとき人間は破滅するという主張は、われわれにボウルズが英語圏におけるサルトルの翻訳者でもあったことを想起させる。その意味で『優雅な獲物』の真の主人公とはドリスでもなければ、ムンガル人でもない。期待と獣欲に促された人間たちが次々と卑小な死をとげたあとも、永遠にして不動の静寂を守っている砂漠であり、砂漠にあって確固として実現されている〈意味の彼岸〉である。『優雅な獲物』という題名が意味するものは、ムンガル人が失踪の口実としたガゼルであるとともに、少年ドリスであり、さらに最後に残酷な処刑を施されるムンガル人でもある。ではこの獲物を受け取る主体は誰か。それが砂漠であることは明らかだ。

　ボウルズはこの短編を執筆するにあたって、簡潔ではあるがきわめて印象的な細部の描写を忘れていない。一例を掲げれば、登場人物たちがいずれも酷い死を迎えることと、笛を吹き、鼻唄を歌うこととの間に、本質的な区別はない。また聖所の番をするムンガル人への敬意を忘れない者たちは、たとえ彼が殺人者であると知ったあとも、彼のたてた茶を喫し、夕暮時まで談笑したのちに彼を砂漠へ連行する。こうしたさりげない細部がボウルズを今日のゴシック・ロマンス作者に仕立てあげるのに功を奏していることは、もはや付言するまでもあるまい。

3

ポール・ボウルズの短編は、その舞台となっている場所を基準にして、大きく五つの群に分類することができる。それは書き出してみるならば、中南米を舞台としたもの、ニューヨークもの、モロッコもの、そして作者の幼年時代に材を得たきわめて自伝的色彩の濃いもの、最後に時間も空間もまったく定かでないもの、の五通りである。他にもバンコックとスリランカとを描いたものなどが若干あるが、この際重要ではないので省略することにしよう。

ニューヨークとはボウルズが生を享けた都会、中南米はといえば、ジェインとの新婚旅行も含め二十歳代の彼がもっとも足繁く通った地域である。モロッコについては、あえていうまでもあるまい。一九三一年にタンジェに居を構えて以来、たびたびボウルズが足を向け、ついに四七年以降はみずから選んで流謫の地と定めた場所である。したがって、おのずからこうした場所を特権的に舞台にした短編が執筆されることには、何の疑問もない。ちなみにボウルズは、師ガートルード・スタインを頼って若き日にあれほどパリに夢中になったにもかかわらず、現在にいたるまで自伝『止まることなく』での短い記述を除けば、一度もこの「移動祝祭日」（ヘミングウェイ）の都パリを短編の舞台としてとりあげたことがない。また長編『蜘蛛の家』を書き終えた五五年には日本を訪れ、ドナルド・リチーらと交流し、東京から京都、神戸へと廻っているにもかかわらず、日本についてもいささかの言及もない。残念、というよりも不可思議なことである。

ボウルズといえばモロッコ、とこのところ相場が決まってしまったようだが、長編『世界の真上で』でも明らかなように、中南米、とりわけコロンビアからメキシコのテフワンテペックあたりまでを舞台とした作品群には注目すべきものがある。というより一九四四年に始まる彼の本格的な小説執筆活動の冒頭に、『蠍』が置かれていることはかえすがえす重要なことだ。マヤの神話『ポポル・ヴフ』をその前年に抄訳してみせたボウルズは、タラフマラ族の神話に素材を得たうえで、ひとつの生きられた個人神話の形を採りながら、この短編を江湖に問うたのである。『コラソン寄港』『遠い木霊』『稲妻に導かれて』、それに少しスタイルは違うが『サンタ・クルス港を出てから四日目に』といった作品が、この範疇に入ることだろう。ここで問題とされているのは、一言でいうならば、自然にも人間社会にも、どこにも帰属することができず、永遠に「外部」を彷徨せざるをえない人間の意識の地獄である。

『遠い木霊』の主人公アイリーンはアメリカの女子大生で、春休みを母親といっしょにすごすためにコロンビアを訪れる。だが母親はどうやらレスビアンの恋人らしい若い女と同棲していて、主人公はそれを認めたくないがゆえに暴力的な激情の発作に見舞われ、現地人の青年にむかって根拠のない投石を続けてしまう。アイリーンは自分を取り囲む熱帯世界の圧倒的な現前に身を任せることもできず、かといって一度は信じえた母性へと回帰することも決定的に拒否される。そこで彼女は臨界線上を彷徨《さまよ》い歩き、大いなる叫びと精神の錯乱に見舞われる。もはや彼女に残されているのは、深い夢の世界への退行に他ならない。

　母親とその愛人の葛藤を眺めている子どもという視点は、実は『ブセルハムの役割』のなかでも採用されている。だが『遠い木霊』から三十年の歳月ののち、作者が六十六歳のおりに発表されたこの短編では、子どもの側の直接的な孤立感と苦悶は後退し、かわりに途中から焦点が〈モロッコ人の才智〉という、後期ボウルズを特徴づける主題へと移ってしまって、全体としては達観した話者の姿勢が採用されている。狂気じみた発作もなければ、暴力の噴出もない。ただ簡潔に語られる一切の顚末のうちに、主人公の少年の行き場を見喪った退行への意志が垣間見られるように、微妙な細工が施されている。

帰属の不可能がボウルズの中南米ものの特徴であると先に書いたが、『シェルタリング・スカイ』の読者であるならば、それが何も異国にわざわざ赴かなくとも、登場人物の一人ひとりの内面にあらかじめ原罪のように刻みこまれていることに気付くはずだ。ニューヨークを描いた短編は、数こそけっして多くないが、純粋状態において意識の地獄を描いている点で興味深い。とりわけ『なんど真夜中に』では、結婚を十日後に控えたブルジョワ娘が、いまだに杳として正体のわからぬ婚約者のアパートメントで、訪れる人もなく恐怖の孤独の一夜をすごすさまが、知覚的曖昧さをともなって語られている。最後に彼女は『遠い木霊』のアイリーン同様に発作的行動に走ってしまうのだが、他者こそは地獄であるといういい古された表現をそっと傍に註釈として添えたくなるような、好短編といえる。

4

ボウルズの後期に属する諸短編を特徴づけているのは、モロッコ人が日常生活のさまざまな細部において見せる一種独特の狡猾な仕種を、冷やかな視線のもとに眺めようとする、作者の意思である。

モロッコ人が、いや翻って北アフリカに住まう者たちがいかに残虐で、用心深く、またその地を訪れてきた異邦人にとって脅威であるかという主題は、それまでにも繰り返し描かれてきた。『遠い挿話』も『優雅な獲物』も、そしていうまでもなく『シェルタリング・スカイ』も、かの地を訪れた「他者」が抱くことになる恐怖の感情を作品の核としている。だが「夢見られたモロッコ」の時代が終焉をとげ、タンジェの邑に居を構えて短くない歳月が経過したとき、こうした、ある意味で実存主義的かつロマンチックな「他者」対「他者」の遭遇の物語は後退していった。かわりにより精緻な眼差しをもってモロッコ人の生活を観察し、その世俗的にして卑小なエピソードの積み重ねを通して背後にある、ヨーロッパ人には窺い知れぬ世界観を素描しようという方向が現われてきた。ボウルズがゆっくりとこの流れに身を委ねていったのは、理解のできないことではない。六〇年代のある時期に執筆された『ハイエナ』は、その転換点を示している。そこではみごとにコウノトリを騙しおおせて、その屍肉を腐らせて思いをとげたハイエナが、アッラーにむかってみずからの狡智を深く感謝するといったくだりが描かれている。この狡猾にして敬虔な動物像が、その後のボウルズの作品に登場するあらゆるモロッコ人の原型となった。

七〇年以降の短編では、そうしたわけで、言葉巧みにいいより、相手の隙を見つけては容赦なくそこに取り入って、卑小にして愚かしい悪事を働くモロッコ人の肖像が、いくたびとなく描かれる。たとえば『真夜中のミサ』のタンジェの画家は、いかにも哀れっぽくヨーロッパ人の御曹司に取り入り、彼が母親から譲り受けた邸宅をすらすらと乗っ取ってしまう。『マダムとアハマド』の庭師は、自分の女主人の庭に盗木を植え付けたばかりか、あまつさえ彼を解雇させ、その後釜に居座ろうとするライヴァルを出し抜くために、さらに周到な手段を用いてこれを撃退する。中編エッセイ『時に穿つ』にも登場していたが、この手のモロッコ人のトリックスターぶりはとうてい余人のかなうところではない。ボウルズは日常的にこうした逸話を見聞きしたり、またみずからも関わってきたがゆえに、それを活写することができたのであろう。騙す者がいるとすれば、当然のことながらもう一方に騙される者が存在している。『なまくらな夫』や『ブアヤドの執念』といった短編には、ふとしたきっかけから貴重な羊を次々と失ってしまう、運の悪いモロッコ人が描かれている。だが彼らとてけっして世界の不条理を大声で訴える存在ではない。次にはなんとか騙す側に回りたいものだと思いながら、眈々と機会を待っているという意味で、潜在的にハイエナであるといっていい。ボウルズはけっして彼らに道徳的な裁定を下そうとはしない。ただ少し離れたところから、彼らが別の道徳、別の秩序に属しているという動かしようのない事実を、われわれの前に提示するばかりである。そしてこの秩序の外側にある者、この道徳を受け容れることのできない者は、タンジェの地で孤独にして不毛な生を終えるしかないということを、冷酷に書き記す。具体的にいえば、それはこの地に留まり続けるヨーロッパ人のことだ。『ヒュー・ハーパー』『ナイジェル卿宅での夕食』といった短編の主人公たちのグロテスクな倒錯ぶりに、それは優れて表現されている。

『ジュリアン・ヴリーデン』と『ちっぽけな家』という、毒物をあつかった二編の短編も忘れがたい。いずれもが親殺しの物語である。前者ではアメリカ人の青年は終身刑を宣告され、後者では登場人物の誰もが裁判所で思い思いの偽証を行ない、みごとに全員が釈放されてしまう。ボウルズにとって毒物による殺人という主題は、長い間強迫観念ともいうべきものであった。だが初期の短編である『もし僕が本当のことをいったら』が、犯罪をひとつの実存的投企として企てる一青年の内面を痛烈なアイロニーのもとに描いているとすれば、七〇年以降のこの二短編ではそれとは対照的に視点が遠くに後退し、どこまでも外面から一切が冷たく観察されている。もちろんここでも手練手管を使って勝ちを占めるのがモロッコ人であることはいうまでもない。だがその勝ちが、負けと同様に卑小で愚かしいことであると、ボウルズは語ることを忘れていない。

ボウルズのこうした転換の背後にはいうまでもなく妻ジェインの毒殺死という事件が横たわっているわけであるが、それについては本書補遺の次の文章に赴いていただきたいと思う。

ボウルズ？　会ったことがあるよ、と武満徹さんはいった。もうだいぶ昔だったけど、彼が東京に来たとき、ドナルド・リチーに銀座の服部時計店の前で簡単に紹介されたんだ。テネシー・ウィリアムズの芝居の音楽を担当した人だといわれてね。ぼくは二十歳ぐらいだったよ。

作曲家としてのボウルズの存在については、まだ論じられることが少ないと思う。わたしがタンジェで話しているときに印象深かったのは、彼がなにかのはずみに次のようにいったことだった。長い間小説を書くことは副業のようなものだったから。それに必要以上の野心を抱く必要もなかったし、したがって悪評が出てもいっこうに意に止めなかったね。この言葉は彼の生涯のなかでいかに作曲の比重が大きいかを、逆に物語っている。一九九六年七月に日本で最初のボウルズ作品集のＣＤ（BMGビクター catalyst BVCT1523）が小沼純一の解説をともなって発売されたので、簡単に印象を記しておきたいと思う。

まず思ったのは、ボウルズとその盟友であったヴァージル・トムソンとの、資質の違いである。これは二人がガートルード・スタインから受けとったものを、いかに作曲に結実させたかという事実に、あきらかに現れている。トムソンにとって、スタインは曲の構造なり、音と自然言語の結びつきを思考するうえで、ダダイスティックな霊感の起源であった感がある。一方、ボウルズの曲のなかに登場するスタインは、どこまでも個人的な、通過儀礼のあとに置き去りにしてきた情景といった存在だ。歌曲集『シークレット・ワーズ』の巻頭を飾る「かつて一人の婦人がここにいた」は、おそらく彼女への暗黙の訣別の現れであろうし、「エイプリル・フール・ベイビー」は、baby talk のうちに二人が親密だった日々へのノスタルジアを連想させる。ジョナサン・シェファーによる今回のオーケストラへの編曲は、ありえぬ架空のミュージカルフィルムのサントラのようで、なかなか楽しい。

もうひとつ気がついたのは、モロッコに半世紀にわたって滞在し、一時は本格的な民族音楽採集に従事した経験もある作者の音楽に、マグレブ音楽の影響がまったく感じられないという点だ。バルトークからオーネット・コールマンまで、二十世紀の前衛たちが機会あるたびに北アフリカから音楽的刺激を受けてきたことを考えると、これはいかにも不思議な事実である。二十三歳で書かれた『小オーケストラのための新曲』を聴くと、ストラヴィンスキー的なリズムの微分化への意志と、フランスの同時代の軽快さが巧みにうかがわれ、突如メキシカン・ムードで幕を閉じるというモザイック的構成がなされているが、モロッコとはけだし彼にとって、たやすく引用や参照を許さない、絶対的な音楽的他者であったことが、逆に浮かび上がってくるのである。

ジェイン・ボウルズの栄光と悲惨

勇気を一度も知らなくて、わたしは悲しい。
恐怖が去ろうとしないので、わたしは悲しい。
太陽に近く、熱からは遠く、
わたしの終末はもうそこまで来ていると思う。
ピクニックは賑やかすぎて、足を踏みだせない。
テーブルは強すぎて、わたしは縁《へり》に躄《しが》みついているだけだ。
誰でもいい、わたしは人の肩によりかかる。誰だってわたしよりは暖かい。
勇気を一度も知らなくて、わたしは悲しい。
恐怖が去ろうとしないので、わたしは悲しい。
太陽に近く、熱からは遠く、
わたしの終末はもうそこまで来ていると思う。

ジェイン・ボウルズが二十九歳のときに書いた『ある老女の歌』という詩である。夫であるポールがそれに緩やかな調子の曲をつけた。ここにはジェインの奇矯な文体のみならず、彼女の性格、さらにいえば過去から未来にいたる生の全体がミニアチュールの形で閉じこめられているような印象がある。

「わたしの終末はもうそこまで来ていると思う」

二度にわたって繰り返されるこの一行は、そのままジェインに生涯とりついて離れない観念であった。彼女は友人にむかって、しばしば自分の首に左手を当て、わたしはこれよ、と意味ありげな仕種を見せることが好きだった。本にサインを求められると、「死せるジェイン・ボウルズより」と署名して、平然としていた。終末はつねに彼女の身近にあった。それでいて彼女には、どう終末を片付けていいのか、見当がつかなかった。少なからぬ作品が未完のまま放棄された。死はつねに身近に親しげな表情をして控えていた。そして彼女ほどに死を畏れ、死に恐怖した者もいなかった。

今、ジェインのことを心に思い浮かべてみると、彼女がおよそ考えられるかぎりのスティグマとヴァルネラビリティを備えた女性であったことが分かる。病気に苦しんだ人生、と書き記すだけでは充分ではない。人生そのものが病んでいるのだ。

＊

ジェイン・ボウルズは一九一七年二月二十二日、ニューヨークはロングアイランドのウッドモアに、ユダヤ系のアウアー家の一人娘として生まれた。当時のウッドモアはマンハッタンから電車で一時間ほどのところにあり、主に中産階級のユダヤ人が住む郊外の住宅地であった。

父親のシドニー・メイジャー・アウアーはシンシナティに生まれたユダヤ系二世で、その父はオーストリアから、母はドイツから十九世紀の終わり近くにアメリカへ渡ってきた。彼は本来アイザイア

（イザヤ）という典型的なユダヤ名であったが、二十歳でみずから白人風のシドニーに改名。ミシガン大学で学位を得た。二十世紀の初頭といえば、ユダヤ人が大学を卒業することがちょっとしたものだと考えられていた時代である。ニューヨークに出たシドニーは「ゲイシャ・ブラウス」の看板を掲げ、衣服製造業を開始した。彼はここでクレア・スタジャーと出会い、一九一三年に結婚した。クレアもまたハンガリー系ユダヤ人の二世であり、当時は教師をしていたが、結婚後に職を退いた。そして四年後に授かった娘に野心を託すことに、もっぱら情熱を注いだ。夫婦は二人ともすでにユダヤ教の正統的信仰からは遠いところにいたが、生活習慣において深くユダヤ的環境のうちにあった。鉄道線路の傍の家で伯母たちの口喧嘩を耳にしながら育ったジェインにとって、ユダヤ人であることは自明のことであった。というより彼女は、自分が歴史的にきわめて特殊な宿命のもとにある民族に帰属していることを、十四歳になってＷＡＳＰの私立女子中学へ編入するときまで、まったく自覚しないでいた。

ジェインがまだ物心つかぬ二〇年代のあるとき、父親は不況からブラウス製造工場を畳み、卸商に転じた。さらにこれにも失敗して保険会社に勤務することになった。彼は一九三〇年に失意のまま四十五歳の生涯を閉じた。万事に慎しみ深く、それでいてジェインを男名前で呼ぶことが癖だった。一方母親は小柄で大袈裟でいつも忙し気にしていて、娘を「百万ドルのベイビー」と呼んで憚ることのない、要するに典型的なジュウイッシュ・マザーであった。小学生のジェインに大嫌いなフランス語の家庭教師をつけたかと思うと、娘が成人してからも外出の際には一時間もかけて着せ替え人形のように彼女の身繕いに時間を惜しまなかった。父親の死後、ジェインはこの万事に構いすぎる母親と二人だけで顔をつきあわせて生きることになり、それがしばしば彼女を苛立たせた。母親は母親で、ときに娘に度を越して接近してしまった自分に啞然とし、恐ろしい気持に見舞われた。

わたしは今、ミリセント・ディロンの手になる、風変わりにして精緻なジェイン・ボウルズ伝『小さな原罪』(その後、篠目清美訳『伝説のジェイン・ボウルズ』として邦訳が晶文社より刊行された)に依拠しながらジェインの生涯を素描しようと試みている。どうしてかくも些細な事実に拘泥するかといえば、それはひとえに彼女の小説の難解さが幼少時に育まれたユダヤ的環境に由来するところが小さくないと、睨んでいるためである。早世した父親は、娘の人格の上に目に見えぬ呪文を残していった。内なる律法の存在と、それをめぐる憎悪愛である。ジェインの小説のなかで、女主人公はつねに自分が忌避してやまぬ架空の戒律に捉えられ、倦怠のうちに救済を思い描く。そして『サマーハウスにて』に顕著なように、母親はしばしば娘をガミガミと叱りつけ、彼女の人生に干渉する存在である。そこには小説家がいかに現実の母親の桎梏からの解放を求め、またその挫折を予見していたかが優れて語られている。ジェインより二週間先に生まれた従姉の回想によれば、彼女には童話の王子様に憧れるといったロマンチックな傾向は、幼少時より皆無であった。マーサ・フィンリーが著し、すでにその当時は時代遅れになっていた『エルジー・デンズモア』の主人公のように、親に疎まれて信仰の途に生きる少女こそがジェインのアイドルであり、近所のガレージを襲っては「罪を悔い改めよ」とか「裁きの日は近い」と赤ペンキで大書するというスキャンダラスな事件があったという。

シドニーの死後、クレアは娘を連れてマンハッタンは東八十六丁目の、さらにマディソン街七十七丁目のホテルへと転居した。まずはブルジョワ的な住宅地である。ジェインは寄宿制の女子中学校に編入し、そこで後々にまで深い痕跡を残す孤立感に苛まれることになった。ユダヤ人の少女四人だけが隔離された一室に閉じこめられ、しかも朝起きるとただちに教会堂へ礼拝に向かうという非ユダヤ的環境への対応を要求されたのである。一学年が終わるころ、ジェインは乗馬の最中に落馬し、膝を痛めた。そこに結核菌が侵入し、彼女は学業を中絶して療養に専心することを余儀なくされた。一説によると、赤ん坊であったころ乳母が彼女を床に落としてしまったため、もとより左右の膝に違いが生じ、それが尾を引いて先の落馬の遠因となったともいう。いずれにせよジェインは生涯、軽い跛行を患っていた。

一九三二年、十四歳の少女は右足にギブスを付けたまま、スイスのジュネーヴ近郊のサナトリウムへ向かった。母親は彼女を無事に送り届けるとパリに留まった。トーマス・マンの『魔の山』を思わせる隔絶された環境のなかでジェインは終日フランス語に囲まれ、文学に積極的憧れをもつことになる。ジッド、プルースト、モンテルランといったもっとも新しいフランス文学に熱中する日々が、二年にわたって続いた。三四年、いまだ膝の痛みは去らぬままにサナトリウムを退いた彼女は、生涯を書くことに献げようという強い意志と期待とを心の内に育んでいた。

大西洋を渡る汽船のなかでの出来事である。甲板に出て、当時パリでベストセラーであった『夜の果ての旅』を読み耽っていたジェインに、見知らぬフランス人の中年男が、いったい何を読んでいるのかと声をかけてきたことがあった。生意気盛りの少女が書物の名を教えると、男は自分こそがルイ=フェルディナン・セリーヌであると告げた。のちに反ユダヤ主義者として糾弾されることになるこの文学者は、このとき意気揚々とアメリカに講演旅行に向かう途中だったのである。

十八歳でニューヨークの母親のもとに戻ったジェインは、勝気で我儘で、すっかり手のつけられない娘に変化していた。何年にもわたる、懸命なる骨の牽引とギブスにもかかわらず、両方の足を同時に曲げることはできなかった。身体の不均衡は、思春期の多感な少女の内面に小さからぬ影を投じた。母親はまず娘が恐るべき浪費家になっているのに気付き、驚いた。マンハッタンの繁華街を歩いていて気に入った服を発見すると、彼女はいかなる手段を用いてもそれを手に入れてしまうのだった。いや、服だけではない。ジェインが何かを望んだとき、それを止めることは誰にもできなかった。彼女は絶対にそれを遂行する義務があると固く信じこんでしまうのである。そのためには誰と寝ようといっこうにかまわない、という面さえあった。

母親はといえば、不憫な娘を可哀想と思うあまりに、彼女の願いごとを残さず叶えてみせようと涙ぐましい努力を重ねながら、娘がいつの日か立派な殿方を連れて帰る日を、心のなかで待ち望んでいた。だが、ときおりジェインが紹介するのが、グリニッジ・ヴィレッジに屯する芸術家気取りの正体不明の男だったり、アル中の赤毛娘だったりするので、すっかり当惑していた。

十代が終わろうとするとき、ジェインはそのレスビアン趣味によって、ヴィレッジではちょっと名の知れた存在だった。彼女はひとたび気に入った女友だちを発見すると、ただちにどんな犠牲を払っても洋服をプレゼントして口説き、飽きるとすぐに次の恋人を探しに街へ赴くといった生活を送るようになっていた。

惜しむらくは現在失われているのだが、ジェインが一九三五年から三六年にかけて書いた小説に『偽善者のファエトン』*Le Phaéton Hypocrite* と題したものがあったと伝えられている。フランス語で書かれたこの作品は、ギリシャ神話に登場する太陽神ヘリオスの息子ファエトンを主人公としている。ファエトンはあるとき父親の太陽の馬車を無断で借り出し、定められた軌道を大きく外れて運転を続けたため、地上に大きな混乱をもたらしてしまう。オリンポスの神々は困り果てる。ゼウスが放った稲妻によってファエトンは落馬し、川へ墜落する。ジェインが処女作になぜこの物語を採りあげたのかは、現在となっては知る術もない。執筆中に障害者としての彼女の生涯を決定づけた落馬事件のことが念頭にあったかどうか。いずれにせよ、解放への冀求とその挫折とがこの当時から彼女の文学的強迫観念であったことを、われわれは知るべきだろう。と同時に、彼女がすでに当初から、書くことをめぐる困難に突き当たっていたことも事実である。

日付けの定かでない手紙のなかで、ジェインは友人のミリアム・レヴィにむかって、次のように書き送っている。

わたしは長椅子のところから自分の文房具を、まるでナチスのように忌まわしいもののように眺めているところです。

紙にペンを降ろそうと考えるだけで嘔気がこみあげてくるのです。目的が文学だろうとなかろうと、関係なく。この行為をめぐるわたしの不能はますますひどくなるばかりです。コルセットを身につけるにも、それを何時間も見つめたあとでなければできないのです。

わたしは万事につけ完全に真剣で厳粛な気持ちでいます。

*

二十歳のとき、この文学少女は地毛の黒髪を赤く染め、マンハッタンの狭い芸術家サークルに何人かの知り合いを得ていた。彼女はのちに作家となるジョージ・マクミランといっしょにベッドに入り、D・H・ロレンスの詩を読みあったりもしたが、けっして男性とは性的交渉をもとうとしなかった。一九三七年二月の終わり頃、友人のジョン・ラトゥーシュが彼女とエリカ・マン（トーマス・マンの娘）とを誘って、プラザ・ホテルのロビーで新進の作曲家ポール・ボウルズに引き会わせた。ポールはジェインより六歳年長で、フォーマルな服装をし、丁寧な物腰と機知に富んだ青年だった。彼はすでに自分がモロッコにいくたびか旅行したことがあるといった。四人はハーレムへ車を飛ばし、彼地でマリファナに興じた。ポールは初対面の赤毛娘に少しも魅力を感じなかった。一方、ジェインの方は彼を一目見るなり、ある予感に襲われた。のちに彼女は書いている。「彼は作曲家だということだったが、謎めいていて不吉だった。最初に会ったとき、わたしは友人にいったものだ。あの人はわたしの天敵よ、と」

数日後、ヴィレッジに住む詩人e・e・カミングズのアパートで開かれたパーティで、二人は再会した。このときは気分が上々で、その場に居合わせた四人のメンバーが意気投合して、メキシコへ旅行に行こうという話になった。ジェインはその場から母親に電話し、母親はただちにポールを電話口に呼び出した。うちの娘といっしょに旅行なされるという御方でしたら、その前に一度お目にかかりたく思います。ポールは冷静にこの申し出に応じた。

メキシコ旅行は支離滅裂の連続だった。二人は行く途中、互いの性体験を冗談半分にフランス語で語りあった。ポールは男性と女性の両方を、ジェインは女性だけを。メキシコシティに到着した直後に、ジェインは謎の失踪を遂げた。ポールをはじめとする三人が安ホテルに陣取り、懸命になって行方を探索すると、三日後になってようやく行方が判明した。彼女は赤痢に患り、高級ホテルの一室で息も絶え絶えのさまだった。周囲は花屋から届けさせた色とりどりの花でいっぱいだった。熱が引くとジェインはふたたび姿を消した。呆れ果てた三人は彼女を忘れて行動することにした。

四か月後、すっかりこの気紛れな我儘娘のことを忘れていたポールのもとに、突然にジェインから電話がかかり、二人は作曲家のヴァージル・トムソンをともなって、ニュージャージーの貸別荘で夏の週末をすごすことになった。交際は再開され、ほどなくしてポールはジェインをベッドに誘ったが、彼女は頑強にそれを拒絶した。ぼくたちが結婚するとなれば周囲はゾッとするだろうね、とポールはいった。すると信じられないことではあったが、ジェインはあっけらかんとその申し出に応じた。彼女は結婚をちょっと特別な社会の約束事以上には考えておらず、あの口うるさい母親から逃れるためにも、ここらで前途有望な作曲家と結婚しておくのも悪くはあるまいと踏んだのである。一方、ポールはといえば、これまで会ったこともないエキセントリックな女性にすっかり魅惑されていた。二人は一九三八年二月二十一日、ジェインが二十一歳となる前日に結婚式をあげた。ジェインが生まれ落ちたとき以来ユダヤ的環境に包まれ、それを自然のこととして受け容れていたのに対し、ポールは対照的な環境のもとに成長した。ボウルズ家は曾祖父がドイツより渡ってきたユダヤ人であった。しかし、民族的出自の問題は一家では厳重な禁忌であり、ためにポールはかなりあとになるまで自分にユダヤ人の血が流れていることを知らないでいた。彼の祖父の兄弟はすべて鼻をハンマーで潰した痕跡があったが、これは出自を隠蔽するために曾祖父がとった処置であった。

ジェインとポールが行なった新婚旅行については、『ふたりの真面目な女性』の第二部、コパーフィールド夫人の件《くだり》にも関係してくることなので、ここに少し詳しく記しておきたい。

結婚式の翌日、二月二十二日に二人は日本の貨物船カノウ丸に乗ってパナマへと向かった。いかにも当時のアメリカ人の旅行らしく、彼らは二つの衣裳ケース、二十七のトランク、タイプライターそれにレコードプレーヤーをともない、しかも行先でルイス・キャロル全集と巨大なオウムを購入するというおまけまでがついた。パナマ市に到着したジェインはひどく上機嫌で、町中の誰とでも口を聞きたがろうとし、書店から本を万引したりして、結婚したての夫を困らせた。それは普段より慎しみ深く、知らない人間とは距離をもって接することに慣れていたポールとは対照的な仕種だった。彼は文学の師であるパリのガートルード・スタインにあてた絵葉書に、次のように書きつけている。「ぼくは自然など大嫌いな女の子と結婚してしまいました。というわけで二人して火山と地震と猿でいっぱいの場所に来ています」

パナマからコスタリカへ。ここには一か月近く滞在した。最後にグァテマラに移ったとき、思いがけぬ事件が生じた。つねに自分を脅かしてやまない場所になぜか魅惑されてしまうジェインの性癖が、彼女を危機に陥らせたのである。

その晩二人はさるホテルで、たまたま出会った学生たちと意気が合い、文学談義に興じていた。夜が更けていたのでポールは自室に戻り、ジェインは残ってなおも話を続けることになった。ポールは彼女をしばらく待っていたが、やがて眠ってしまった。深夜になってようやく彼女は戻ってきたが、ひどく血相を変えていて、なにか深刻な事態を体験してきたばかりであることが一目で判った。ポールはあえてそれを尋ねず、ジェインの方も口を閉じて言おうとしなかった。

ジェインがその「恐ろしい一夜」の話をポールに告白したのは、それから長い歳月が経ってからのことである。その話によると、ポールが帰ったあと彼女と学生たちは売春婦の話題で大いに盛りあがり、その勢いで町外れにある売春宿を見学しに行こうという話になった。その場所に到着してみると、当時グァテマラの独裁者であった人物の親衛隊長が、家来どもをずらりと率いてキャデラックで来ており、ジェインを一目見て商談をもちかけてきた。学生たちがいくら彼女は素人の旅行客なのだと説明しても、親衛隊長はいっこうに聞く耳をもたなかった。ジェインは売春婦たちの計らいで奥の部屋に匿われ、裏窓から避難しようと企てた。騙されたと知った隊長は逆上し、部下どもに命じて彼女の行方を探索させた。ジェインはキャデラックのサーチライトに追い駆けられながら売春窟の迷路を逃げ回り、ほうほうの態でホテルに帰ってきたのだった。

グァテマラからル・アーブル行きの船に乗ってパリへ。ミュンヘン会議の時分で、船内はナチスの兵隊で満員だった。ポールにとってもジェインにとっても久方ぶりのパリだったが、この新進作曲家はなぜかスタインのもとにジェインを連れていこうとしなかった。そのかわりにジェインは夫とともにカルチェ＝ブレッソンやエルンストといった芸術家に会い、シュルレアリストはすべて狂人であるという、偏見に限りなく近い確信を得ることになった。彼女はホテルに遅く帰りつくたびにしきりといい寄ってくる自堕落なアメリカ人に閉口したが、それがヘンリー・ミラーという名の小説家であると知ったのはずっとのちのことだった。ジェインの彷徨癖はパリという歓楽の地を見つけて、いっそう甚しいものとなった。極寒の冬の朝方近くに靴もはかずホテルに帰ってくるなど、ザラであったようである。いったいなぜ君はこんなふうに出掛けるのかとポールは尋ねた。訳は聞かないで、とジェインは答えた。もし出掛けなかったとしたら、わたしは次の日になって鏡に写る自分と直面しなければいけなくなったとしても、それができなくなってしまうのよ。わたしがそこへ行ったのは、そこがどうしても行きたくない、恐ろしい場所だったからよ。

『ふたりの真面目な女性』の読者は、こうした作者の性癖が彼女の長編の二人の主人公に優れて投影されていることに気付くことだろう。第三部で場末のバアを訪れたゲーリング嬢が少女にむかって口にする科白を引いてみる。

「わたしは楽しい時を過ごしに来たわけじゃないの。夜ひとりで外出するのは本当に嫌だったし、家を離れたくなかったし、だから、かなり自分で無理して出てこなくてはならなかったわ。それなのに、そうやって無理に出てきたのに、結果的にはこんな場所に来てしまって……」(以下、清水みち訳)

こうしてボウルズ夫妻の結婚生活が開始された。二人は深く愛しあい、ついに魂の血族に巡りあえたという悦びをわかちあった。ジェインがポールを一目見た瞬間に思いついた「天敵」という感想は、結果として彼らの生涯をより強く結びつけることになった。

彼らの間に生涯を通じて性的交渉があったかという問題は、これまで伝記作家たちをもっとも悩ませてきたといえる。ジェインがレスビアンであったことは先に述べた通りだが、ポールもまたゲイであったためである。二人はつねに親しげに語りあっていたが、三八年にマンハッタンのチェルシーホテルに移り住んで以来、どこでも別々に部屋をとって暮らした。たまに同じ住居に住むことがあっても、寝室は厳格に分かれていた。ポールの長編小説『シェルタリング・スカイ』の冒頭には、こうした夫婦の暗黙のとり決めがそのまま描かれている。二人は隣どうしの部屋にいながら、壁越しに、現在執筆中の小説や作曲について感想を求めたり、意見を語りあったりしていたのだった。先に名を掲げたトムソンは、次のように回想している。「わたしの知るかぎり、ジェインは誰と寝ようといっこうに構わなかった。それが女であるかぎり」

*

ジェインが二十一歳のときに手掛け、四年越しでようやく完成させた長編小説『ふたりの真面目な女性』は、ひどく風変わりな作品である。自伝的といえばこれほどジェインの性格や世界観を告白しているものもないほどだが、ではどこが彼女の来歴に重なるかといえば、パナマ行くらいしか思いあたらない。ただ全体がいかにも作者の生の混乱ぶりに対応している。彼女の精密な伝記を著したディロンによれば、ジェインは「知りえた恐怖と昏迷と、それにささやかな卑屈さ」をこの長編に注ぎこんだのだという。

一応の主人公はクリスティーナ・ゲーリングなるブルジョアの令嬢である。作者がナチ高官から想を得たという姓をもつこのドイツ系アメリカ人は、ともかく子供のころより周囲の誰からも嫌われるという、独特の性格をしている。第一部のプロローグで彼女は十三歳のおり、姉の友だちで大人しいメアリーを奇怪な遊戯に誘う。言葉巧みに彼女を森の奥へ連れ出し、裸にして頭の上から麻袋をすっぽりと被せると、軀に泥を塗りたくり小川のなかへ漬ける。それはメアリーの罪をきれいに洗い流すためにゲーリング嬢が考案した、最上の方法なのであった。

歳月が過ぎ、ゲーリング嬢は成人するが、性格はいささかも変わっていない。彼女はとあるパーティで、旧知のコパーフィールド夫人と出会う。小説はここより第二部に入って転調し、旅行好きの夫に従ってパナマへと赴くこの夫人を中心に進むことになる。

コパーフィールド夫人は旅行の間中、周囲の環境に病的な恐怖を感じ、それをアルコールで紛らわせている。あるとき彼女はパナマの町外れでバスを降りた瞬間に夫を捨て去り、行方をくらましてしまう。熱帯の風光に心奪われて悔いない夫をよそに彼女は市内にむかい、ふとした偶然からパシフィカという名の娼婦のもとに滞在する。夫人はパシフィカに誘われて、生まれて初めて泳ぎを習うことになる。このあたりの描写は、冒頭のゲーリング嬢の奇妙な儀礼を思い出させて興味深いのだが、ともかく夫人はこれまで自分の人生を縛ってきた緊張から解放され、甘やかなノスタルジアのうちに魂の安らぎを覚える。

第三部はふたたびゲーリング嬢を中心に展開する。母親が遺した美しい家を処分し、決意して郊外の廃屋で生活を開始する。彼女は第一部のパーティで知りあったアーノルドを呼びよせ、そこに家を出奔した、一風変わったアーノルドの父親が加わる。過去の記憶のいっさいから訣別しなければ心の救済は得られない、というのがゲーリング嬢にとりついた強迫観念である。彼女は場末の酒場に足を向けては、正体も定かでないゴロツキやチンピラ相手に管《くだ》を巻き、ベッドへ引き摺りこむ。なぜか自分を脅やかし、不安に陥れる男にばかり牽きよせられていくのだ。その程度はどんどんひどくなっていくが、ゲーリング嬢はそれを「快楽のためにではなく、必要に促されて」行なう。彼女は堕落するにも堕落の律法を必要としているのだ。小説の終わりごろ、二人の女性は再会する。

コパーフィールド夫人はパシフィカを連れてパナマから戻ってきたばかりだ。わたしは粉々に砕け散ってしまった。それはもう長い間待ち望んできたことで、今の自分はなれるだけ罪深くなれて幸福よ、と夫人はいう。

ゲーリング嬢はいう。罪に罪を重ねることで、わたしは確かに聖女により一歩近づけたようだわ。猟色と深酒が災いしてか、若くして彼女の容貌はすでにひどく衰えており、思考にもかつての閃光はない……。いったいこれは何をいわんとした小説なのだろうか。

『ふたりの真面目な女性』が一九四三年にクノップフ社から刊行されたとき、その反応は実に冷ややかなものだった。ジェインが献辞を扉に書き入れた当時の恋人ヘルヴェティア・パーキンスは、この作品があまりにレスビアン的であるといって、露骨に嫌悪感を示した。夫のポールは「きみはこの本のなかでぼくを完全に馬鹿に仕立てあげてみせたね」という感想を口にした。旅行好きのコパーフィールド氏に、彼の性癖がひどく戯画化されて写しとられていたからである。モデルという点でもう少し立ち入ってみると、アーノルドにはジェインをポールに引き合わせた友人のラトゥーシュが投影されており、その奇矯な父親にはポールの父親がヒントになっているという。第三部に登場するベンには、想像するにジェインが場末のバアで知りあった男たちが影を投じているのだろう。主役となった二人の女性が多分にジェイン本人の行動様式を連想させることは、ここまでわたしの論考に付き合ってくださった読者にはあえて説明するまでのこともないだろう。

それにしても『ふたりの真面目な女性』は、そのことについて思いを廻らせるたびに、奇妙さがいや増してくるような仕組をもった作品である。冒頭に短い旋律が提示される。それは次々と変奏され、第三部は第二部のほとんど反復に見える。文体は無表情でとっつきが悪く、けっして読む者を心理的な浄化作用へと導こうとしない。あるものごとを強く主張したかと思うと、次の瞬間にそれをあっさりと放棄し、とるに足らぬものとして排除してしまう。読み進めてゆくうちに次々と伏線らしきものが登場こそするのだが、それらはいずれも問題として定式化されず、したがって解決もされずに次へと移ってしまい、読者の期待をどこまでも未決定な状態に置いてしまう。ひどく停滞したシークェンスが長々と続くかと思えば、その逆に重要な出来事が思いきって省略されていたり、きわめて貧しい言葉で描写されるに留まっていたりする。

ゲーリング嬢とコパーフィールド夫人は鏡に写る像のように、互いに似通っている。彼女たちは不思議と何の説明もなく旧知の間柄であり、この小説のなかでは第一部の中頃と第三部の終わり頃に再会する。この二度目の再会はド・サドの『美徳の不幸』の末尾を連想させなくもない。そこでは生き別れとなったジュリエットとジュスティーヌが再会し、悪の化身である前者が後者に引導を渡すさまが描写されている。『ふたりの真面目な女性』においても同様で、女たちは道徳と官能、罪と救済、恐怖と悦楽、そして定住と放浪のはてに巡りあい、すぎこし方を振り返って語りあうのである。コパーフィールド夫人はいう。

「もう自制心はすっかり粉々になってしまったわ。でも、それこそ、長い間、自分で望んでいたことだったの。自分があたうかぎり罪深い存在であることは知っているけど、そんなわたしにも幸福はあって、それを狼のように必死で守っている。それに今では自分を正当化しているし、ある程度は思いきったこともしているの。わたしがこんなふうになったのは、あなたの記憶でも、これが初めてでしょうね」

ゲーリング嬢の内面には、みずからを脅かす事物を進んで受け容れ、嫌悪と苦悶を通してこそ人はまったき救済に到達することができるという、戒律めいた信念が横たわっている。彼女はこの指針に導かれて幼少時より狂おしいばかりの試練をわが身に招き寄せ、最終的に疲弊して、おのれの宿命のうえにへたり込む。コパーフィールド夫人はというと、神という超越者の不在があきらかとなった現在にわが身の救済を保証する者を求めて、直截的な快楽に耽ったり、ノスタルジアに向かおうとする。彼女の企てもまた挫折する。世界を遍歴したあげくに暗礁に乗りあげた二人の女たちは、最後に向かいあい、合わせ鏡を閉じるようにして小説の幕を閉じる。アーノルドも、その父親も、ギャメロン嬢も、パシフィカも、ありとあらゆる登場人物は合わせ鏡が閉じられた瞬間に、映像として消滅してしまう。ただおそらくはコパーフィールド氏だけが二人の女性の編んだ悪夢の外側に立っていて、生起する事件のいっさいを、いくぶん冷やかに、批評的な距離を保ちながら眺めているといった印象がある。

わたしはこの文章の冒頭に『ある老女の歌』というジェインの詩を引いた。『ふたりの真面目な女性』の全体を覆っているのもまた、これに似た決定不能性と逡巡である。二人の女たちは食事において、旅行先のホテルにおいて、住居において、つねに優柔不断な態度を見せ、そのことを過度に道徳的に眺めてしまってさらなる袋小路へと追い込まれてゆく。ゲーリング嬢はベンに向かっていう。「わたしが決心する機会のくる前にステーキが焼きあがるといいけれど」。こうして決断は先へ先へと延期され、なぜかある瞬間にあまりに恣意的に決定される。主人公たちはかくも選択に拘泥するにもかかわらず、最終の段階に至ってあっさりと他人の定めた選択を受動的に受け容れてしまい、自分自身の要求の欲望に対して徹底した無関心を見せてしまうのだ。

こうした選択をめぐるアンビヴァレンスが繰り返し物語られることで、『ふたりの真面目な女性』は一種の道徳的矛盾を抱え込み、それが全体の奇怪な構成と共鳴することになった。マタイ伝の放蕩息子の話でもよい。あるいは先に掲げたド・サドのピカレスク小説でもよい。二人の主人公の遍歴が描かれた場合、読者はいずれが正しく、いずれが価値のあるものであるかという選択の前に立たされる。それが物語の一般的な約束事である。ところがこの作品に関するかぎり、コパーフィールド夫人をとるか、ゲーリング嬢をとるかという問いは、ほとんど無意味なものと化している。彼女たちが先にも述べたように、互いを反復しあうばかりの不幸な存在であって、二者択一という行為そのものを決定的に無関心の淵へ追いやってしまうためである。

ディロンの伝記的記述によれば、当初この小説は『三人の真面目な女性』と題され、もう一人の女性主人公の出現が予定されていたという。グァテマラの娼婦で、死を恐怖し、いかに罪の罰から逃れるかという問題に囚われ、寝台に横たわって苦悶に喘ぐマリア。そのマリアを田舎へ導き出し、滝壺にみずから落下するラミレス氏。その妻で、セックスのことしか頭にないラミレス夫人。マリアは清冽な水辺にあっても、自分を待ち構える獄火のことしか考えられず、岩に頭を打ってひどい出血を見る。さらにパリでブティックを開くことを夢見てラミレス氏を誘惑し、金を入手したものの恐ろしい欲望の虜となるコルドバ嬢。『三人の真面目な女性』という題名はスタインの『三人の女』を強く想起させるが、ともあれ小説に組みこまれなかったラミレス夫人、マリア、コルドバ嬢の物語は、やがて独立して『グァテマラの牧歌』や『野外での一日』といった短編に結実することになった。

『ふたりの真面目な女性』が発表当時、人々を当惑させるばかりであったことについては、先に述べた。もっともポールは、創作に全霊を打ちこむジェインを目のあたりにするうちに、自分もまた小説を執筆してみたいという衝動にいつしか駆られるようになった。作曲の傍らに二、三の短編を書きあげ、それが好評と分かると、いよいよ本腰を入れることになった。ジェインはといえば、長編発表の後もいくつかの注目すべき短編を次々と発表した。だが、それと同時に彼女は次第にアルコールに深く依存し始め、ポールはその酒乱ぶりに悩まされることになる。

一九四七年、ポールはある気がかりな夢に促されるような形で、モロッコへ向かった。地中海に面した美しい港町タンジェにひとたび居を構えると、内陸の砂漠へと旅立った。

ここで、ジェインが執筆した唯一の戯曲であり、ブロードウェイでそれなりの成功を獲得した『サマーハウスにて』について、記しておきたい。ポールが『シェルタリング・スカイ』の着想を抱いてモロッコに渡ったのち、ひとりニューヨークに残された彼女が書きあげた作品である。

舞台は南カリフォルニアの陽当たりのいいプライヴェイト・ビーチ。少女趣味のキッチュな服装が美しい未亡人ガートルードが、そのサマーハウスの持主であり、冒頭ではひとり長々と独白を続けている。どうやら彼女はこれまでの人生に不満しか覚えていないらしい。いくら口を酸っぱくしていっても一向に金銭に無頓着だった亡夫の思い出。期待もなく実現した妊娠と出産。今の家に下宿人を置いて家計の足しにする算段。いや、いっそ富裕な知りあいのメキシコ人と再婚して、メキシコへ行こうかという計画。さまざまな思いがこの中年女性の脳裏を横切るが、なんといっても悩みの中心は一人娘モリーのことである。あの子はサマーハウスに来て以来、おかしい。いったい何を企んでいるのかしら。

十八歳のモリーはいつも眠たげな顔をして、のらりくらりと漫画ばかり読んでいる。母親の神経症的な小言にも生返事を返すばかりで、心はあてどない夢想の世界に遊んでいる。メキシコ人の陽気な一家がピクニック気分で到来し、さらにヴィヴィアンが押しかけてくる。彼女はガートルードの置いた下宿人だが、我儘で、攻撃的で、まだ十五だというのに貪欲に快楽を求めている。彼女は崖から海へ転落して不慮の死を遂げる。それが事故なのか、それとも傍にいたモリーの殺意によるものかは、謎である。ともあれヴィヴィアンを猫可愛がりしてきたガートルードは、以後絶望的なアル中に陥る。モリーもまた明言しがたいメランコリアの虜となる。そして突然、母親への愛情の発作に見舞われて、ガートルードを驚かせる。

モリーは近くのレストランに勤めている青年ライオネルと結婚する。彼は宗教活動を足掛かりとして政界に進出したいという野心をもっていて、この戯曲のなかではただ一人モリーを理解しうる人物である。モリーは母親から訣別する希望のすべてを、ライオネルに託す。

ガートルードはメキシコ人と結婚し、ほどなくしてすっかり不幸になってサマーハウスへ戻ってくる。彼女はヴィヴィアンの死をめぐってモリーを非難し、ライオネルと別れるように要求する……。

ジェインはここまで執筆してきて、結末をどうつければよいのか、すっかり迷ってしまった。母親が無理矢理にモリーを引き摺り出すことに成功する場合。それに抗ってモリーが逃げ出し、自殺を遂げる場合。モリーがライオネルのもとに戻り、母親を一人きりにしてしまう場合。結局、複数の終わりが『サマーハウスにて』には残されることとなった。

一九五三年、『サマーハウスにて』は、ポールが音楽を担当、三〇年代にルビッチ映画でならしたミリアム・ホプキンスがガートルード役で、ひとまず上演された。テネシー・ウィリアムズはこの作品について、「先行するものも、後に続くものも皆無の、まったく孤絶した戯曲」であると絶賛した。もっとも新聞の劇評は芳しくなかった。登場人物のほとんどが精神障害を患っている芝居で、観客の反撥と恐怖を招くだけだという主旨である。同じ年の暮に演出者とキャストを変え、結末をいくぶんブロードウェイの観客に合わせて改訂したものが再演されたときには、カルト的な熱狂が巻き起こり、二か月のランが続いた。ジェインは楽《らく》の日のパーティに盛大な拍手をもって迎えられると、翌日には女友だちを連れて颯爽とメキシコへ発ってしまった。

『サマーハウスにて』の全体を天蓋のように覆っているのは、対象を欠いた、目に見えない罪悪感である。モリーとヴィヴィアンという二人の少女は、ともに亡き父親の不在に悩み、母親から訣別する方法を探している。そして母親は娘にむかって過剰な心的結びつきを要求してやまない。問題は何ひとつ解決されず、いっそう混迷の度合いを深くしたあたりで幕が閉じる。ここにジェインが母親をめぐって抱いていた固執と反撥のアンビヴァレンスを読みとることは、けっして困難ではない。事実、この戯曲は彼女の人格に似て、目的と終末を欠き、きわめて微妙で不安定な構造をもっている。高い綱の上を渡ってみせる芸人のように、一呼吸間違えば、あるいは一台詞が異なればすべてが谷底へ転落してしまいかねない、危うい均衡のもとに、とりあえず作品の形を保っているにすぎない。

ともあれこの作品の成功が、ジェインがニューヨークで知りえた最後の栄光の瞬間だったことは間違いない。彼女は三十六歳になっていた。そしてその翌年の五四年、二人の女友だちを連れてタンジェのポールに合流したジェインを待ち受けていたのは、謎の女シェリファからの誘惑であり、ジンの深酒であり、絶望的な鬱病の発作だった。この三者はまるで疫病神のように彼女の精神と肉体を蝕み、残酷にも一歩一歩、彼女を廃人の身へと近づけていったのである。

シェリファはタンジェの市場に住む、無学文盲のモロッコ女性である。ジェインは一目で彼女が気に入り、家に連れて帰るとさまざまな贈物を与えた。やがてシェリファは彼女を意のままに操る術を覚え、宝石に始まり家屋の名義までを我物とするまでになった。一説には黒魔術を扱ったともいわれている。当然のことながらポールはシェリファと激しく対立し、ジェインをその邪悪な手から引き離すのに大きな努力を払った。だがそれも所詮は虚しく、彼が少しでも目を離した隙に、ジェインはふたたびこの魔性の女に陥落させられてしまうのだった。

一九五七年、四十歳のジェインを最初の大発作が襲った。習慣となった深酒に加えて大量のマジューンを服用したのが原因で、彼女は失語症に陥り、右半身と視力に著しい障害を得た。記憶喪失と精神錯乱がこれに続いた。精神病院で電気ショック療法を施されたジェインは、一時は心身の安定を得たかのように見えたが、それも長くは保たれなかった。六〇年代にポールはほとんど文学作品を遺していない。文字通り、狂気に陥った妻の看護と介抱に忙殺されていたのである。いくたびか復帰して、もう一度ペンをとろうとするジェインの努力は、すべて水泡に帰した。タンジェを訪れた観光客たちは、ホテルのバアで見知らぬ誰彼に酔って話しかけウィスキーをねだる哀れな中年女性を見ては、眉をしかめるのだった。もっともわたしはこれ以上それを描写するに忍びない。ただ、地中海を隔ててあるマラガの精神病院とタンジェを往復している間に、彼女の精神は回復不可能なまでに荒廃を重ねていったとだけ、記しておこう。

一九六七年、ニューヨークで出版されている作家辞典のために、ジェインは短いながらも自伝的なエッセイを寄稿している。もはやみずから筆を手に取ることはできず、病褥から傍のポールに口述筆記させたものであるが、簡潔にして省略の多い文体にさながら彼女の人生が映しだされている。「わたしは十五のとき書くことを始め、学校では作文を強制された。すべてのことのなかで書くことはいつも一番嫌でたまらないことだと思っていたと、今でもそう考えている。けれども同時にわたしは、書かなければいけないとも感じていた。(……)最初に到着した日から、モロッコは現実よりもさらに夢のように思えた。わたしはそれまで自分が知っていたすべてから切り離されたような気がした。二十年にわたってここに住んだが、書けたのは短編が二つだけ、後は何もない。モロッコはポールにはいいが、わたしには向いていない」

一九七三年、ジェインは長い苦悶の末、五十六歳で身罷った。死の三年前、彼女が意識も定かでないままにカトリックに改宗したと知って、ポールはひどく憤った。彼女はマラガの墓地に葬られたが、夫はどこまでも十字架を立てることに抵抗した。ちなみにジェインの宿痾と死に関しては、シェリファが長き期間にわたって微妙な量の毒を彼女に投与していたという説が存在している。もっとも事の真相は、もはやけっして解明されないだろうが……。

＊

最近物故したヴァージル・トムソンに『若き日の、思い出のかぎりのジェイン・ボウルズ』という、不思議な美しさをもったピアノ曲がある。

天気のよい日に散歩に出かけるかのような平明で快活な出だしの曲だ。もっともそれは最初のうちで、ピアノはただちにもの思いに耽って寄道をしたり、ふと我に返って心細さに立ち止まったり、ジェインの移り気で寂しがりやの性格を可愛らしく描写してゆく。やがて旋律は暗礁に乗りあげ、それを越えようと幾度か突っかかった後に、だしぬけに終わる。閉じられた扉に頭をぶつけるような、ユーモラスな二つの低音を残して。

アメリカのサティと諢名されたトムソンは、作曲家として弟子にあたるポールから、その才気煥発な妻を紹介され、ニューヨークの下町で親交を温めあった一九四〇年代の初めに、この曲をひとまず作った。そしてジェインが他界してはるかに後の八五年に、それを改訂した。*Early and as Remembered* という題名のつけ方がなかなか憎い。演奏してみれば、一分半ほどで弾き終えてしまうほどの短い曲だが、すでににしてジェインの生涯を知っているわれわれにしてみれば、みごとに彼女の人格が活写されているような感じがする。思い出のかぎりのジェイン・ボウルズ……。トムソンは約半世紀の後に、この曲に何を付け加えたのか。思うに、たぶん何も付け加えなかったにちがいない。齢九十に近い最晩年の作曲家の記憶のなかで、ジェイン・ボウルズはいつまでも利発で、我儘で、神経質で、ロマンチックで、そのくせ誰よりも人生を真摯に受けとめている二十五歳の女性小説家だったのである。

参考引用文献

1 一般的なもの

『コーラン』全三巻　井筒俊彦訳　岩波文庫　一九五七－五八

イブン・バットゥータ『三大陸周遊記』前嶋信次訳　角川文庫　一九六一

Ibn 'Arabi, *Le Dévoilement des Effets du Voyage*, trad. par Denis Gril, Éditions de l'Éclat, 1994.

『イスラム事典』日本イスラム協会監修　平凡社　一九八二

2 モロッコ研究

Jacques Borgé et Nicolas Viasnoff, *Archives du Maroc*, Michèle Trinckvel, 1995.

Francesco Gabrieli ed altri, *Maghreb Medievale*, Jaca Book, 1991.

William Betsch, 'Le Fontane di Fez', in *Il Teatro delle Acqua*, Edizioni dell'Elefante, 1992.

Richard Lebeau e Xavier Richer (foto), *Meraviglioso Marocco*, Istitute Geografico de Agostini, 1993.

Paul Bowles and Barry Brukoff (photo), *Morocco*, Harry N. Abrams, 1993.

Gerard Rondeau (photo), *Figures du Maroc*, Eddif, 1997.

éd. Jean-Francois Clément, *Maroc: les Signes de L'Invisible*, Autrement, 1990.
Jean Ganiage, *Histoire Contemporaine du Magreb*, Fayard, 1994.
Yvonne Knibiehler et autres, *Du Français au Maroc*, Denoël, 1992.
Jean-Pierre Lozato-Giotart, *Le Maroc*, Karthala, 1991.
Jack Cowart and others, *Matisse in Marocco: The Paintings and Drawings, 1912–1913*, Thames and Hudson, 1990.
François Bonjean, *Contes de Lalla Touria*, 2 vols., Fleuve et Flamme, 1988.
Dr. Mustapha Akhmissc, *Médicine, Magie et Sorcellerie au Maroc*, Dépôt Légal, 1985.
Douglas Porch, *The Conquest of Morocco*, Fromm, 1986.
Ahmed Aydoun, *Musiques du Maroc*, Eddif, 1995.
Mohammed Ben Chneb, *Proverbes Populaires du Maghreb*, Alif, 1989.
Simy Danan et Jacques Denarnaud, *La Nouvelle Cuisine Judéo-Marocaine*, ACR, 1994.
Mounia Bennani-Chraïbi, *Soumis et Rebelles les Jeunes au Maroc*, CNRS, 1994.
Maroc: Littérature et Peinture Colonales (1912–1956), Publications de la Faculté des Lettres, 1996.
Groupe d'Etude Maghrebines, *L'Interculturel au Maroc*, Afrique Orient, 1994.
ガリマール社・同朋舎出版編『望遠郷7　モロッコ』同朋舎出版　一九九五
ベシーム・S・ハキーム『イスラーム都市』佐藤次高監訳　第三書館　一九九〇
アブデルケビル・ハティビ『異邦人のフィギュール』渡辺諒訳　水声社　一九九五

川田順造『マグレブ紀行』中央公論社　一九七一
今村文明『迷宮都市モロッコを歩く』ＮＴＴ出版　一九九八
保坂修司『乞食とイスラーム』筑摩書房　一九九四
私市正年『イスラム聖者』講談社　一九九六
「現代思想」臨時増刊　総特集「イスラーム　オリエンタリズムと現在」青土社　一九八九年十二月号
平田伊都子『赤いラクダ　ポルサリオ解放戦線体験記』第三書館　一九九六
新郷啓子『蜃気楼の共和国？　西サハラ独立への歩み』現代企画室　一九九三

Edmondo de Amicis, *Marocco*, Messaggerie Pontremolesi, 1989.
Miguel Asín Palacios, *Dante e l'Islam*, Nuova Pratiche Editrice, 1994.

3　ポール・ボウルズ関係

Paul Bowles, *Days: Tangier Journal, 1987–1989*, Ecco Press, 1991.
ed. Jeffrey Miller, *In Touch: The Letters of Paul Bowles*, Farrar, Straus and Giroux, 1994.
ed. Gena Dagel Caponi, *Conversations with Paul Bowles*, University Press of Mississippi, 1993.
trad. by Paul Bowles, *She Wake Me Up, So I Killed Her*, Cadmus, 1985.

ポール・ボウルズ『シェルタリング・スカイ』大久保康雄訳　新潮文庫　一九九一
ポール・ボウルズ『優雅な獲物』四方田犬彦訳　新潮社　一九八九
四方田犬彦・越川芳明編　ポール・ボウルズ作品集　全六巻　白水社　一九九三―九五

四方田犬彦監修「現代詩手帖」特装版「ポール・ボウルズ」思潮社　一九九〇
「ユリイカ」特集ポール・ボウルズ　青土社　一九九四年三月号
「現代詩手帖」特集2　ポール・ボウルズその後　一九九一年四月号

Christopher Sawyer-Lauçanno, *An Invisible Spectator*, Ecco Press, 1990.
Millicent Dillon, *You Are Not I*, University of California Press, 1998.
ロベール・ブリアット『ポール・ボウルズ伝』谷昌親訳　白水社　一九九四

4　ポール・ボウルズの周辺

Paul Bowles et Jellel Gasteli (photo), *Tanger*, Sand, 1991.
Iain Finlayson, *Tangier: City of the Dream*, Flamingo, 1993.
ダニエル・ロンドー『タンジール、海のざわめき』北代美和子訳　河出書房新社　一九九三
ミシェル・グリーン『地の果ての夢　タンジール』太田昭子他訳　河出書房新社　一九九四
Jane Bowles, *The Collected Works of Jane Bowles*, Farrar, Straus and Giroux, 1966.
ジェイン・ボウルズ『ふたりの真面目な女性』清水みち訳　思潮社　一九九四
ミリセント・ディロン『伝説のジェイン・ボウルズ』篠目清美訳　晶文社　一九九六
「マリ・クレール」特集ジェイン・ボウルズ　中央公論社　一九九二年一月号
アルベール・カミュ『転落・追放と王国』佐藤朔・窪田啓作訳　新潮文庫　一九六八
エドワード・W・サイード『文化と帝国主義』大橋洋一訳　みすず書房　一九九八—

ホルヘ・ルイス・ボルヘス『不死の人』土岐恒二訳　白水社　一九六八

ジャン・ジュネ『恋する虜』鵜飼哲・海老坂武訳　人文書院　一九九四

Edmund White, *Genet: A Biography*, Knopf, 1993.

ムハンマド・ショクリー『裸足のパン』奴田原睦明訳　「グリオ」第五号（平凡社、一九九三年四月）
　ただし四方田犬彦他編『世界文学のフロンティア』第五巻、岩波書店、一九九七に抄出

奴田原睦明「タンジェのショクリー」　前掲「グリオ」に発表

Mohamed Choukri, *Le Fou des Roses*, La Découverte, 1992.

Mohamed Choukri, *Le Temps des Erreurs*, Seuil, 1992.

Mohamed Choukri, *Jean Genet et Tennessee Williams à Tanger*, Quai Voltaire, 1992.

Mohamed Choukri, *Paul Bowles: le Reclus de Tanger*, Quai Voltaire, 1997.

Mohammed Mrabet, *M'Hashish*, Peter Owen, 1988.

モハメッド・ムラベ『声』木村恵子訳　前掲『世界文学のフロンティア』第六巻に収録　岩波書店　一九九七

5　その他

石川三四郎『石川三四郎著作集』第二巻　青土社　一九七七

石川三四郎『放浪八年記』三徳社　一九二二

石川三四郎『古事記神話の新研究』改訂増補版　ジープ社　一九五〇

大原緑峯『石川三四郎　魂の導師』リブロポート　一九八七

山田吉彦『モロッコ』岩波書店　一九五一

6　本書で言及したモロッコをめぐるフィルム（カッコ内はビデオ発売会社）

ジョゼフ・フォン・スタンバーグ『モロッコ』アメリカ・一九三〇（IVC／ジュネス企画）
マイケル・カーティス『カサブランカ』アメリカ・一九四二（ワーナー・ホーム・ビデオ）
愛川欽也『さよならモロッコ』日本・一九七一
ダニエル・シュミット『ヘカテ』スイス＝フランス・一九八二（アミューズビデオ）

後記

今日、すなわち一九九九年十一月十九日の朝、わたしは新聞でポール・ボウルズの死を知った。タンジェの病院で心臓発作で亡くなったのだという。八十八歳だった。そうか、この本をついに手渡すことができなくなってしまったなというのが、わたしが最初に抱いた感想である。その霊の安からんことを祈りたいと思う。

この書物の中心をなす『モロッコ流謫』は、一九九八年の十二月から翌年二月にかけて、途中にニューヨーク滞在を含みながら、一気に書き上げられた。ポール・ボウルズに関心をもち、彼に会うためにはじめてモロッコの地を踏んでから、いつしか十年以上の歳月が流れてしまった。「ここに二週間もいれば、どんなアメリカ人でも、フランス人でも、それならば自分だって一冊本を書いてみようという気になるものだよ」最初のころにポールが冗談めかして語っていたことが思い出される。わたしはいつかはタンジェについて、モロッコについて、纏まったものを書いておきたいという気持ちを抱いていたが、それがようやく実現されたわけだ。執筆の契機を与えてくださった新潮社の鈴木力氏と古浦郁氏に、感謝の言葉を申しあげたい。それからわたしが学んだ多くのモロッコ関係の書物を書かれたり、翻訳された方々にも、引用の御礼を申し上げておきたい。石川三四郎に関しては、井上俊子氏からご教示を受けた。

補遺に収録したいくつかの文章は、ボウルズの周辺をめぐってこの十年ほどの間に執筆したものから採った。一九九〇年代に入ると白水社から著作集が刊行されたり、雑誌が特集を組んだ。そしてジェインの代表作と彼女をめぐる詳しい伝記までが刊行された。ボウルズ夫妻の文学はこうして日本で、きわめて幸福かつ理想的な形で受け入れられたと思う。ハムドゥリラー。

一冊の書物に纏めあげるにあたって、表紙にわたしの大好きなマチスの絵を用いることができたのは、うれしいことである。この絵を眺めているうちにまたしてもタンジェに行きたくなってしまう気持ちを、わたしは押さえることができない。たとえもうそこにポールがいなくなっていても。

単行本の編集に際しては、矢野優氏のお手を煩わせた。感謝の気持ちをここに記しておきたい。

一九九九年十一月十九日
於芝長応寺跡
著者識

初出一覧（本書収録にあたり、改訂を施し、題名を一部改めた）

「プロローグ」「蜃気楼の港」……『新潮』一九九九年四月号

「蜘蛛の迷路」……『新潮』一九九九年五月号

「砂と書物」……『新潮』一九九九年六月号

「地中海の余白」「エピローグ」……『新潮』一九九九年七月号

＊

「天蓋と王国」……『ユリイカ』一九九四年三月号

「砂漠／蜘蛛」……『現代詩手帖特装版　ポール・ボウルズ』思潮社　一九九〇年

「ボウルズの短編と音楽について」

1・2……『國文學』臨時増刊号「幻想文学の劇場」一九八九年十二月

3……『ポール・ボウルズ作品集1　遠い木霊』（越川芳明訳、白水社、一九九四年）解題

4……『ポール・ボウルズ作品集2　真夜中のミサ』（越川芳明訳、白水社、一九九四年）解題

5……『現代詩手帖』一九九六年九月号

「ジェイン・ボウルズの栄光と悲惨」……ジェイン・ボウルズ著『ふたりの真面目な女性』（清水みち訳、思潮社、一九九四年）解説

〈著者略歴〉

一九五三年、西宮に生まれる。東京大学で宗教学を、大学院で比較文学を学ぶ。七九年にソウルの建国大学に招かれて日本語と日本文学を講じる。コロンビア大学、ボローニャ大学の客員研究員を経て、現在は明治学院大学教授として映画史を教えるかたわら、映画、文学、都市論、漫画と多様な領域での批評を行なう。主な著書に『貴種と転生・中上健次』（新潮社）『電影風雲』（白水社）『空想旅行の修辞学』（七月堂）『日本映画のラディカルな意志』（岩波書店）、『摩滅の賦』（筑摩書房）『ハイスクール1968』（新潮社）がある。また翻訳にボウルズ『優雅な獲物』（新潮社）『蜘蛛の家』（白水社）サイード『パレスチナへ帰る』（作品社）がある。『月島物語』（集英社）で第一回斎藤緑雨賞を、『映画史への招待』（岩波書店）で第二〇回サントリー学芸賞を、本書で伊藤整文学賞、講談社エッセイ賞を受けた。

モロッコ流謫《るたく》

二〇〇〇年三月 五 日発行
二〇〇四年九月二〇日六刷

著者　四方田《よもた》犬彦《いぬひこ》
発行者　佐藤隆信
発行所　株式会社新潮社
東京都新宿区矢来町七一
郵便番号一六二―八七一一
電話（編集部）03―三二六六―五四一一
（読者係）03―三二六六―五一一一
http://www.shinchosha.co.jp
印刷　大日本印刷株式会社
製本　大口製本印刷株式会社

© Yomota Inuhiko 2000,
Printed in Japan

価格はカバーに表示してあります。
乱丁・落丁本は、ご面倒ですが小社読者係宛お送り下さい。送料小社負担にてお取替えいたします。

ISBN4-10-367103-3　C0095

貴種と転生・中上健次　四方田犬彦

古今東西のテクストと交配しつつ、先鋭的な現代性を突きつける中上文学を緻密に論じた『貴種と転生』(87年刊)を大増補・改訂。ついに完結した決定的作家論＝物語論。

ハイスクール１９６８　四方田犬彦

１９６８年、ビートルズも三島由紀夫も毛沢東もまだ生きていたこの年、進学校の雄「教駒」に入学したわたしは、いかなる運命を辿ったか？　話題沸騰の批評的自伝。

鏡川　安岡章太郎

長い間、私の中に詩を囁きうずくまっている男がいる。桑の葉ごしにキラキラ流れる鏡川を見るとき、やはり土佐郷士だった母方血族の生きた近代の息遣いが聴える！

三島由紀夫・昭和の迷宮　出口裕弘

生涯をかけた転生譚はなぜ『暁の寺』で失墜したか？　『葉隠』を、バタイユを、三島は実はどう読んでいたか？　同時代を生きた著者が解く、死に到るまでの迷宮の謎。

日本・現代・美術　椹《さわら》木《ぎ》野《の》衣《い》

藤田嗣治、岡本太郎から現代若手作家まで、戦後前衛美術に通底する「くらさ」と分裂性を大胆に提示し、美術論の新たな地平を拓いた記念碑的美術批評＝日本批評。

CD-ROM版 シェイクスピア大全

坪内逍遙、福田恆存、小田島雄志の全訳業など、全戯曲37篇の邦訳が180本。アーデン版の原作も収め、訳文の比較も簡単に！　まさに「シェイクスピア全集の全集」！